JN044492

# ブッダ臨終の説法

## 完訳 大般涅槃経

②

田上太秀
*Tagami Taishu*

大法輪閣

# まえがき

本書は『大般涅槃経』第十一巻から第二十巻までの現代語訳である。南本の品名では第十八現病品から第二十一嬰児品までである（既刊の第一冊の一八―二〇頁の対照表を参照されたい）。

第一冊の最後はブッダが右脇を下にして横になり、妙寂（涅槃）に入る場面であり、我々俗人の言い方では死の世界に入るところである。ところが第十一巻の出だしはブッダが病に罹っているのは衆生救済の方便であって、いわゆるブッダの死ぬ姿を現わしているのではないことを強調し、延々と説法が続く。

第十一巻の始まりはブッダは死んでいないという設定である。ブッダは深奥な三昧の境地に入って人々を観察しているのであって、物が消え失せるように、姿が消えるように世間から消滅するのではないと繰り返し述べる。

したがってブッダがカッサパ菩薩や文殊菩薩を相手に説法する場面が第二十巻まで続く。

本書の中でもっとも興味深い内容は第十六章と第十七章であろう。阿闍世王の病、その病の原因などについて阿闍世王自身が述べ、それを癒す方法について臣下たちがすぐれた他宗の教えを紹介する。この後、王の主治医であるジーヴァカ医がゴータマ・ブッダを紹介し、この人こそすぐれた、本物の名医であると称え、王自らブッダのもとに行くことを決心させる。王はブッダに直接面会し、教えを受けてのち、心の安らぎを得て王舎城に帰った。

この二つの章にわたって記述されている内容は四つの真理（四諦）を基にしたものと考えられる。つまり阿闍世王の病の現状を最初につぶさに述べる。これは苦についての真理（苦諦）に基づく叙述である。のちに臣下にこの病は父を殺害した報いであると王が打ち明ける。これは苦が起こる原因についての真理（集諦）に基づく叙述である。そして六人の思想家たちを挙げて、彼等の教えが病を癒すのにどれほどの効果があるかを臣下たちは進言するが、王は彼等の言葉に信用がおけなかった。ジーヴァカ医に紹介されたブッダ自らが王に病を治癒する方法を説明することになる。これは安らぎの境地に到る歩みについての真理（道諦）に基づく叙述である。ジーヴァカ医は王自身が素直にブッダのもとに行こうという気持ちになるまでブッダについての話をいろいろとする。王自身がブッダのもとに行こうと決心しているところが注意すべき点である。そして最後に阿闍世王は病が癒えて舎衛城へ帰った。これは安らぎの境地についての真理（滅諦）に基づく叙述である。

既刊の前書がブッダの本性の叙述を中心としたのに対して、本書はブッダの行状の叙述が中心であるように思われる。すなわちブッダが病に罹っていることも衆生救済の方便であり、その方便として種々の行状がブッダにあると言い、最後の嬰児のような行動は常人を超えたブッダのみがもつ衆生救済の方便であるという一貫した叙述はブッダの行状についてのそれ以外ではない。

今回も本書が刊行されるまで桑室一之氏、ならびに井上敏光氏にひとかたならずお世話になった。両氏にお礼を申し上げたい。

平成八年七月十一日

訳者　誌す

**お詫び**　本文中に性差別や障害者差別など人種差別にかかわる表現がみられ、それらはもとより削除されるべきであるが、翻訳書の性質上、内容をありのままに伝える意味で、削除しないで刊行したことをお許し願いたい。

**新装再版に際して**

この翻訳書が刊行されてから二十年あまり経ちます。出版当時は大学の講義や研究などのほかの所用も多く、原稿の校正をひとりで行ったために目が届かないところが多々あった。それでも大蔵出版の編集部では大目に見て下さり、出版して下さった。

このたび大法輪閣編集部から新装再版したいとの申し出があり、改めて原本を読み直して翻訳文や語彙の表現に訂正する箇所がかなりあった。

新版時とおなじような作業となり、編集部の石原英明氏にはほんとうにご面倒を掛けてしまった。ここに心から感謝の意を表したい。

令和四年四月三日

田上太秀

ブッダ臨終の説法②

# 目次

装幀　山本太郎

# 凡　例

1、現代語訳の本書の題名「ブッダ臨終の説法」は原典の題名「大般涅槃経」（大いなる完全な死についての経）とはかけ離れているが、経典の内容を汲んで臨場感を出すためにつけた。

2、涅槃の語には種々の訳語があるが、本書では「妙寂」と訳した。現代の国語辞典などでは、「妙」に不思議な、深奥な、言葉に尽くせないなどの意味があると説明し、また「寂」は相対の世界を超えた安らぎの境地とか、ひっそりした静けさの漂うさまとか、僧の死とかの意味を持つとある。現代語辞典で理解できる範囲の言葉を使うとすれば、「妙寂」が解りやすい。

3、会話文では、大括弧は「　」で、その中の会話文は『　』で区切りを付けるのが一般的であるが、本書ではこれを逆にした。ブッダの会話部分が長く、箇所によっては数ページにも亙ることがあるために、大括弧を『　』に統一した。また、（　）は訳語の原語・漢訳語を表わす。〈　〉は自分の思念している文や独り言の文を表わす。

4、人物名の訳はパーリ語・サンスクリット語・漢語などで表わされていて統一していない。有名な人物、たとえば舎利弗をパーリ語で表わすとサーリ・プッタであるが、この表現は我々にはなじみがなく、『般若心経』や他の有名な経典では「舎利子（しゃりし）」「舎利弗（しゃりほつ）」の呼称が知られている。本書では舎利子で表わした。目連の場合も原語の表示では舌をかみそうな名前で我々にはなじまない。彼の場合も目連と訳した。このように、わが国でいささかなりとも仏教の知識を持つ人たちに知られている人物に関しては原語の呼称はさけた。また、カタカナ表示の場合、パーリ語かサンスクリット語のいずれかに統一することが研究者の良識であるが、ここではそれをあえて避けた。たとえば「迦葉」をパーリ語ではカッサパ、サンスクリット語ではカーシャパと表示するが、我々の発音ではこの場合、パーリ語の「カッサパ」が受け入れやすい。したがって本書では「カッサパ菩薩」と表示した。このように我々が発音しやすい、そして抵抗なく読み進むことができるようなカタカナ名にした。

5、本文の上部にある、たとえば123a、123b、123cの表示は大正大蔵経第十二巻のそれぞれ「一二三ページの上段、一二三ページの中段、一二三ページの下段」という意味である。

6、本書は厳密にいうと四十巻本『涅槃経』の完訳ではない。文中、前後の文章のつながり、あるいは文体の流れなどの上から、どうしてもだれかが説明のために挿入したとしか考えられない部分、あるいは現代人が読んでもまったく意味がないと思われる部分、また、会話体でやりとりする部分で同人物が何度も繰り返される部分などは原文の数行を割愛したところがある。

# 解　説

## 各章のあらまし

第七章（現病品）はブッダが病に倒れた理由を述べている。要するにブッダの病は仮病であり、人々が煩悩に迷わされて身心共に病む姿に接し、病とはなにか、病を治療する方法、そして治療した身心の安らぎなどについて説述している。

まず病の原因にむさぼり・怒り・無知、そして侮り（あなど）りの四つがあると述べる。これら四つは宗教的・倫理的な病の原因であることを知る。したがってここで述べる病とはいわゆる身体的・生理的病ではない。そこで経典はカッサパ菩薩に病の中でも大病といわれるものとは煩悩の障り、悪業の障り、そして悪業の報いの障りの三つだと言わせている。

この三つの障りがブッダの身体にはない。なぜか。ブッダの身体は四つの要素（地・水・火・風）によって構成されていて、それらの調和がとれている。この調和が崩れた状態を病という。ブッダの身体には力があり、衰弱がない。したがってブッダの身体に病があるわけがないとカッサパ菩薩は述べている。

これを聞いていたブッダは突然、全身から光を放ち、十方を照らし、全身の毛穴から無数の蓮華が現われ、咲きだした。この光は八寒地獄や八熱地獄にまで達し、光を浴びた者はみな苦しみから解放されたという。また、一つ一つの蓮華に種々のはたらきを現わすブッダがいるという描写は多仏信仰を助長する内容である。

この後ブッダは数えきれないほどの過去にすでに一切の病から解放されていて、いま病を現わしているのは自分の真実の姿ではないと説く。そして自分は死滅するのでなく、永久に深奥な三昧の境地に安住し続けると説く。

第八章（聖行品一）からは求道の人が修めるべき高潔な修行としての五つの行についての説明が続く。この章ではまず正しい習慣を身に付けなければならないと説く。

求道の人はどのような誘惑があっても、どのような状況に遭遇しても決して正しい習慣を破ることはしてはならないといい、基本的にすべての悪を断ち、悪を防止すること、そしてすべての善いことを積極的に実行することの二つの習慣を身につけることを説く。

この二つの習慣を基本にした修行は最後は動じない、堕ちない、退かない、乱れないという不動の境地を得るという。具体的には三毒の煩悩がなく、一切の罪を離れ、俗生活に戻らず、他の教えに迷わない境地という。

第九章（聖行品二）では世間とわが身の現実を正しく観察しなければならないことを教える。

まず身体の諸部分の名前を挙げて、どの部分が不滅の実在であるか、そしてどの部分に不滅の実在はあるのかなどを思索しなければならないと述べる。ここで骨想観、つまり身体は種々の骨の組み合わせで出来上がっていることを詳細に述べる。この後、身体の構成要素と実在との関わりの有無について説明が続く。

この章の途中から、四つの真理（四諦）の説明が始まる。四つの真理とは苦についての真理（苦諦）と苦の起こる原因についての真理（集諦）と、苦を超克した安らぎについての真理（滅諦）とその安らぎに至る歩みについての真理（道諦）をいうが、これら四つの真理をブッダは高潔な行と説いている。つまり世間の現実と理想の在り方をまとめたものであり、現在ある姿とあるべき姿とを述べているものであるから、これを正しく理解し、生き方の上に具現化しなければならないのである。

ここでは苦についての真理の中でまず四苦八苦を詳説している。生まれ、老い、病み、死ぬという四つの苦についての詳細な意味と比喩を用いた説明はだれにも解りやすい。この後に愛するものと別れる苦、憎み合うものと出会う苦、求めて得られない苦などがブッダとカッサパ菩薩の問答の中で説明される。

第十章（聖行品三）はブッダはなぜ病むのかというテーマであるが、ここではブッダの病は仮病であること、そしてその真意を説く。

ここでは病は単に身体的病だけをいうのではなく、身心に起こるさまざまな煩悩を総じて病といっている。四つの真理（四諦）を取り上げながら、煩悩に迷った人の病状と病の原因と健康状態と治療方法を説明する章である。

そこでまず苦しみの原因は種々の愛着にあると説く。たとえば身体への愛着、所有物への愛着、感覚対象への愛着、業によって起こる愛着、煩悩によって起こる愛着などの一般的愛着のほかに、出家者の四つの愛着を挙げる。

次に善への愛着と不善への愛着があるという。善への愛着は求道者の愛着で、これにも下劣な教えを求める不善の愛着と大乗の教えを求める善の愛着があるという。求道者の愛着に対して愚者の愛着は不善の愛着とする。

また、愛着に九種類あるという。一、負債のような愛着、二、悪鬼のような愛着、三、毒蛇のような愛着、四、むさぼり食うような愛着、五、淫らな女のような愛着、六、つる草のような愛着、七、かさ肉のような愛着、八、台風のような愛着、九、彗星のような愛着。

以上のような内容から考えると、病の原因は愛着にあると述べているようである。

次に経典は四つの真理の中の妙寂（滅）を述べる。二十五種の迷いの存在を離れた、一切の煩悩を断ち、世間の事象にまったく関心を持たなくなった境地を妙寂と説いている。

次に四つの真理の中の妙寂への歩み（道）を述べる。ここでは八つの正しい道が妙寂への唯一の道であると強調している。この八つの道は総じて何を観察するかというと、恒常と無常の違い、迷いの境地と迷いを超えた境地の違い、生類と無生物でないものの違い、物と物でないものの違い、苦と楽との違い、私と私でないものの違い、清浄と不浄の違い、煩悩と煩悩でないものの違い、善悪の行ないと善悪を超えた行ないとの違い、真実と真実でないものの違い、大乗と大乗でないものの違い、知識と知識でないものの違い、ヴァイシェーシカ学派の九種の実体とそうでないものの違い、霊魂があるとないとの違い、さとりとさとりでないものの違い、解脱と解脱でないものの違いなどであるという。

ここまでブッダが説いたところで、カッサパ菩薩が八つの正しい道が唯一の妙寂への道だと説いたのは、他の修行方法では妙寂への道とはならないのかという質問に対して、ブッダは「方便」の意味を説き、その質問に答えている。ここに種々の比喩を用いて説明しているところは判りやすい。

方便説法とは世間の在り方にしたがって説く方法と、世間の在り方を超えたところから説く方法があり、ここに世間の真実と世間を超えた真実があるという二つの真実を述べている点は注意すべきであろう。これに関連してブッダは五種の世間があると説き、世間を超えた真実とはブッダそのものであり、ブッダになる可能性であると述べている。

ここで文殊菩薩が登場し、読者がもっとも知りたい点を代表して質問している。ブッダは唯一の清浄の道は八つの正しい道であると説いているが、これと他宗の道との違いはなにかを訊ねる。そしてブッダが不変とか不滅とかいうものは他宗でも説くが、一体何が異なるかなど、『涅槃経』の核心を突く質問をしている。これは次の第十一章まで続き、この経典の思想を知る上で重要な部分である。

第十一章（聖行品四）は前章に続く内容から始まる。他宗が不滅なもの（我）と似て非なるものとしてブッダになる可能性（仏性）を取り上げ、これは作られたものではない、虚空であり、ブッダであり、教えであり、修行者の集まりであると説明する。ここではブッダになる可能性だけが本物の不滅であり、他宗の不滅説は正しくないと断言する。

ブッダは作られたものについて肉体と感覚作用を取り上げ、種々の例を引いて説く。

次に他宗のいくつかの実在説を再度詳しく紹介している。

一説、心を一点に集中する行為自体は実在するものがあることを証明する。

二説、記憶があることは実在するものがあることを証明する。

三説、遮るものがあるから実在するものがあることが判る。

四説、連れと連れでないものがあるから実在するものがあることが判る。

五説、名字があるから実在するものがあることが判る。

六説、誕生直後に赤子は乳を求めることから実在するものがあることが判る。

七説、姿や形があるから実在の私の存在を知ることができる。

八説、食べ物を見て涎(よだれ)を流すことから実在の私の存在を知ることができる。

このような他宗の実在説を挙げて、いずれも愚かな考えに基づく説であることを乳の色についての問答を通して明かす。

次にブッダはこれまで何一つ説法していないという叙述が続く。つまり私というものが一人自分の力で法を説くということはない。あらゆる条件が相乗して、つまり衆縁和合(しゅえんわごう)して法を説くということが成り立つのであるから、「私」が説法するという道理は成り立たないというわけである。喩えの一つを紹介すると、鼓があり、虚空があり、革があり、人があり、撥(ばち)があり、これらが揃い和合して音が出るのであって、この場合、鼓は〈私が音を出している〉とは考えていない。また鼓が音を出しているのではない。また他のものも同じである。これと同じようにブッダも「私」は何一つ説法していないという結論となる。

次にカッサパ菩薩が高潔な修行の意味を問うている。ここでは二十五種の三昧がその答えとなっている。

これら三昧の目指すところは大乗の妙寂の境地であるが、この教えが次々に説かれる。ブッダが苦行者であった時に帝釈天と出会い、真理のためにわが身をすてた経緯を自身が述べ、これは大乗の教えのためであったと説明する。

第十二章（梵行品一）はブッダの慈悲と知見を中心に説いている。

まず、求道の人が修める禁欲の行は七つの方法で成就されることが述べられている。一、教えを守ること。二、意味を知ること。三、時を知ること。四、足るを知ること。五、自らを知ること。六、大衆を知ること。七、尊い人と卑しい人を知ること。

次に四つの量り知れない心、つまり慈しみ、憐み、共に喜ぶ、差別しないなどの四つをもって禁欲の行は成就されるという。とりわけ慈しみの心について延々と説明が続く。このような説明があった後で、カッサパ菩薩が量り知れない四つの心は考え方としては理解できるが、現実的に考えると机上の空論ではないかと厳しい質問をしている。

これに対してブッダはカッサパ菩薩は真実の慈しみの意味を理解していないと言って布施の行を中心に説明するが、このなかで原始経典のなかで有名な毒矢の喩えが引用されているのが面白い。施す場合、食べ物を施す時、乗物を施す時、衣服を施す時、香油を施す時、寝床や敷き物を施す時、家を施す時、それに明かりを施す時などそれぞれに心の持ち方があることを教えている。

この章の最後では慈しみは善根そのものであることを説き、これが大乗の教えの根本であり、ブッダそのものであり、妙寂そのものであるという。

第十三章（梵行品二）は慈しみには神通力があることをまず強調する。不思議な現象がブッダの回りに起こるが、それらは慈しみの力であるという。

この章でもっとも興味深く思えるのは、ここにブッダの名号を「ナム・ブッダ！　ナム・ブッダ！」と声を出して唱えると、窮地に追い込まれた人が助かると述べられている点である。『涅槃経』に称名念仏、つまりブッダの名号を唱えてブッダを念ずるという信仰方法が説かれていたことは注意すべきである。

この章は前章の四つの量り知れない心を受けて説明しているのだが、これら四つの心の境地はわが一子をこよなく愛する親の心に通ずるといい、極愛一子の境地と表現している。

どんなものを施すにしろ、それは相手の寿命を施していることだとブッダは説く。また、自らも正しい習慣を身に付け、他と争うことがないようにすれば、長寿を得ることになると教える。

慈しみと十一種空との関わりが説かれる。すべてのものを空と見る修行を通して慈しみの心はどのように起こされるかを説くところは興味深い。この空の見方ができる人は虚空に等しい境地に安住できるとブッダは述べ、ここで八種の知が説かれる。

第十四章（梵行品三）は最初にカッサパ菩薩が世間のありさまをよく知れば、なにか得になるのだろうかと質問するところから始まる。これに答えて、ブッダはものについての自在力、ものの意味についての自在力、言葉についての自在力、そして演説についての自在力の四つの利益が得られると教える。

世間では物事をよく知ることはそのことに没頭すること、いわゆる虜になることであるが、カッサパ菩薩が教えを知っていて執着しないというのはどういうことかを問う。ブッダは執着は自在力を失うことであるから、それは教えをよく知るということにはならないという。さらにブッダは孤独なブッダ（縁覚）や説法だけを頼りとする修行者（声聞）などには自在力はないという。

禅の思想ともつながる無所得の意味が強調される。無所得とは文字どおりになにも得ているものがない、あるいはなにも得るものがないという意味であるが、ここでは先の四つの自在力、つまり自在力が無所得であり、世間の道理を了解していることが無所得であり、すべての煩悩を断ち切った境地が無所得であり、ブッダの最高のさとりが無所得であると述べている。

後半で、過去にあったことが現在になく、過去になかったことが現在にあるという道理があると説き、一方、過去・現在・未来の三世に通じてものそのものは実在しないという道理をブッダは説いているが、この二つの考えは矛盾するのではないかとカッサパ菩薩が質問する。これについてのブッダの詳細な説明は存在と時の関係を知る上で重要なところである。

ブッダが方便説法と嘘との関わりについて述べるところが興味深い。

人の道と知見についての説明がある。人の道に不滅の道と無常の道があり、これはさとりの場合にも不滅の道と無常の道があり、妙寂においても同じであるという。この二つの道を知見するにあたり、形によって知見する場合と、ありありと知見する場合とがあると説く。

最後になぜ正しい習慣を守らなければならないかをカッサパ菩薩が質問するが、ブッダは世間で守る習慣と求道の人が守る習慣とがあると説く。ブッダの比喩を使った説明は判りやすい。この説明の中で喜びと楽しみの違いが述べられている。

第十五章（梵行品四）は正しい信仰の在り方を詳しく述べている。まず、ブッダ（仏）、教え（法）、修行者の集まり（僧）、習慣（戒）、布施（施）、天に生まれること（生天）の六つをつねに念頭に置き、忘れないこと（念持）が正しい信仰だという。六つの中で前の三つは三つの柱（三宝）であり、後の三つは三つの説論（三論）である。

ブッダを念持するとはブッダは不変であり、不滅であると認識し、ブッダに種々の呼び名がある理由を知るべきであると説く。そこで如来十号、つまり十種の呼び名の由来を説明している。この後にブッダの心の内容を解かりやすい言葉で表わしている。

教えを念持するとは教えは人々の拠り所であり、あらゆる苦しみの火を消すはたらきがあり、ブッダたちの住むところであり、不滅であると認識して信仰することであるという。

修行者の集まりを念持するとは修行者たちの心は調えられ、柔軟であり、彼等の心はみな平等であり、一つになって正直で不変であることを認識し、信仰することであるという。

正しい習慣を念持するとは正しい習慣を身につけると盗まれることも、火に焼かれることも、水に流されることもない。そしてブッダのさとりを得ることができ、自分の思うように活用できることを認識し、信仰することであるという。

施しを念持するとは施しによって人々に安楽を施し、力を与えることになると認識し、信仰することであるという。

天に生まれることを念持するとは信心を持ち、正しい習慣を守り、多くの説法を聞き、施しに精進し、知慧を得て、第一級の神に巡り合いたいと念願することであるという。

これら六つのことをつねに念頭に置き、信仰する人は求道の人であると述べるが、その人は自らさとりを求める心を起こす人であり、さとりを求めるために身命を惜しまない人であり、人々のために苦しみを代わって受ける人であり、まったくくじけない、不退転の人であり、人々を救済するために願って輪廻する人であるとブッダは説明する。

この章では仏法の存続の問題が論じられている。

ブッダの無上の教えは世間に永く流布するでしょうかというカッサパ菩薩の質問に対して、聖行（しょうぎょう）（習慣と注意と知慧の三つの行ない）、梵行（ぼんぎょう）（苦をなくし、楽を得る行ない）、天行（てんぎょう）（自然の理に従う行ない）、病行（苦悩する人と同じ苦しみを自らに現わす行ない）、そして嬰児行（えいにぎょう）（慈悲から小善を行なうこと）などの五つの行為を弟子たちが受け伝え、読み、唱え、書き写し、そしてその意味を解説すれば、仏法は滅びないとブッダは述べる。さらにブッダが説く教えで、世間の考え方に沿って説いた教えは滅びるが、世間を超えた究極の立場に立って説いた教えは常在であり、不滅であるとも述べている。

仏法の流布する条件をこの後に詳細に説いているところは注目すべきである。そしてブッダがいなくなった後の世相と修行者の姿を予想して破戒僧たちについて述べる。

第十六章（梵行品五）には暴虐な王として知られる阿闍世王が登場する。悪性の腫物（はれもの）に悩まされ、これは父王を殺害した報いだと自覚し、到底安らかな来世はなく、地獄に落ちるのが必定であることを自覚した王は少しでもこの苦しみから解放され、その上、できることであれば地獄に落ちないで済む方法を教えてくれる人はいないかと臣下たちに訊ねる。そこで臣下たちは代わる代わる王にすぐれた師の思想を紹介する。ブッダの在世中に活躍したよく知られる六人の思想家（六師外道）である。

ここに登場する六人の思想家たちの思想について『涅槃経』が紹介する内容は原始仏教経典の一つ『沙門果経』で紹介される内容とは一致しない。たとえばマッカリ・ゴーサーラが七つの要素説を説いていると紹介しているが、これは原始経典ではパクダ・カッチャーヤナの説である。このように『沙門果経』にある人の説が『涅槃経』とは一致していない。それにしても『涅槃経』の作者による六師外道の解説は大層興味尽きない内容を提供する。

六師外道のあとでジーヴァカ医がゴータマ・ブッダを紹介する。そしてジーヴァカ医は、帝釈天に神々の寿命が終わろうとする時に現われる五つの衰滅の相が王自身に現われたので、この寿命の長らえることを願ってブッダのところに赴き、教えを請うた経緯を長々と説明する。そしてジーヴァカ医は、ブッダは無上の医者であることを王に伝え、すぐにブッダのもとに駆け付けるように勧める。

それでも王はブッダのところに行くことをためらう。すると天空から声がする。それは阿闍世王の父ビンビサーラ王の声であった。父は「私は君の父ビンビサーラ王だ。君はジーヴァカ医の言ったようにしたまえ。あの六人の外道の者たちの言葉に惑わされてはならない」と告げた。

これを聞いた阿闍世王は悶絶して倒れ、身体の腫物は一層激しく痛み、臭さを増したという。そこで王はブッダのもとに行くことを決心したのである。

第十七章（梵行品六）はいよいよブッダと阿闍世王の対面を述べる。

出だしでブッダは阿闍世王が悶絶して倒れ、苦しんでいる姿を神通力で知り、回りの大衆に「今しばらく私は阿闍世王のために妙寂に入る時を延ばし、この世に止どまることにしたい」と告げる。これに対してカッサパ苦薩は「これまで無数の人々がもっと永く止どまってくださいとお願いしたのに、この願いを聞いてくださらなかった。ところが阿闍世王ただ一人のためにどうして妙寂に入ることを引き延ばされるのですか」と解せない心中を打ち明けた。これに対してブッダは「……のため」と言っているのは阿闍世王だけのためでないと、いろいろの場合を挙げて説明する。ここではブッダの説法は月の光が人々の心を和らげるようなはたらきを持つ、月愛三昧（がつあいざんまい）のなかで行なわれていると経典はいう。

この月愛三昧の光をブッダは阿闍世王に向けて発する。これを受けて阿闍世王は目が覚める。そこで阿闍世王がジーヴァカ医にブッダについて真剣に訊ねる叙述が続く。ここでジーヴァカ医が告げているのはブッダはすぐれた名医であるということである。身体ばかりでなく、心に関してもブッダは名医であるという説明は仏教が医術と深い関係があることを示唆していると考えられる。

阿闍世王はブッダと対面するが、その時の王はおろおろして落ち着きのない猿の子のようであった。ブッダの声を間近に聴いた王の驚きは言葉では尽くせなかったであろう。

王はブッダからまず自分自身の身体を二十の面から観察するように教えられる。これを聞いて、王がいままで自分自身をどれほど知らなかったかを知らされたと反省し、懺悔の心を起こす。ブッダはすべてのものは不定であるから、いまからでも正しい行ないを積むならば地獄に落ちないであろうと説く。そして悪について、そして四つの倒錯について諄々と説明する。

最後に阿闍世王は懺悔し、安らぎを得て、今後ブッダの教えに帰依して生きていくことを誓い、王舎城に帰って行った。

第十八章（嬰児品）はブッダの特徴を説く部分であるが、意外なことにブッダは嬰児に似ていると自ら述べている。

嬰児といえば立ったり、坐ったり、歩いたり、話したりすることが大人に比べて十分にできない。その嬰児の振る舞いの特徴をそのままブッダに当てはめることができると説く。嬰児は物を見て物と名称とを一致して理解したり、見たりしないように、ブッダも同じであるという。嬰児は苦楽や昼夜や母父などについてよく分別できない。ブッダも同じだという。意外なことが説かれているが、その理由については本文を読んで理解してもらいたい。第八章から始まった五つの高潔な行についての説明はこの章をもって終わる。

# 法数一覧

それぞれの法数については、本文を読むうえで予備知識程度の簡単な説明に止どめ、詳しいことについては仏教関係の辞書で調べられることを望む。

**一乗**（いちじょう）　原語では一つの乗物という意味であるが、一はすべてを統一した「全」という意味がある。そして乗は「教え」という意味である。したがってすべての教えを統一した、包含した、総合した、完全な教えという意味で、別にブッダの乗物、あるいはブッダの教えと理解されている。

**一味**（いちみ）　文字どおりひとつの味、それは塩味のことをいう。あらゆる河川の水は大海に流れ込み、みな塩味になってしまうところから、このようにすべての事象も真理も帰するところ無差別であり、平等であることを表わす言葉。

**二根**（にこん）　男性の生殖器と女性の生殖器の二つをいう。

**二十五有**（にじゅうごう）　三界、あるいは六趣を二十五種に分類したもので、生類が住み、輪廻する領域を細分化したにすぎない。神話のなかで作られた世界観であり、現実となんの関わりもないので、詳細は省く。

**二乗**（にじょう）　乗はもと乗り物という意味だが、仏教用語では人々をさとりに導くために用意された教えを喩えたもの。これに声聞乗・縁覚乗・菩薩乗の三乗があるが、このなかで前の二つを菩薩乗に劣る乗り物として二乗と蔑称する。

**二辺**（にへん）　対立する二つの極端な見解のこと。たとえば有と無、得と失などをいう。宗教的には苦行主義と快楽主義の対立、来世の存在を認めるか認めないかの対立など。

**三有**（さんう）　三界のそれぞれの生存領域のことで、有とは生存の意味。三界の生存の言い換え。

**三界**（さんがい）　生類が生死を繰り返し輪廻する迷いの世界を三つに分けてみた世界。さまざまな欲望が渦巻く領域とこれより少しましな、婬欲と貪欲を離れた生類が住む領域と、これよりましな、物質欲を離れ、高度な精神的境地に達した生類が住む領域の三つの世界をいう。

**三帰**（さんき）　三宝帰依の略。ブッダ（仏）・教え（法）・修行僧の集まり（僧）は仏教教団の柱にあたるもので、これを宝石に喩えて三宝という。これを頼りにし、心の支えにして信仰することを三帰、また三帰依という。

**三結**（さんけつ）　聖者の流れにはいった人が断つ三つの煩悩のこと。結は煩悩をいう。我見と、誤った習慣を解脱のもとになると考えること、正しい道理を疑うことの三つをいう。

**三業**（さんごう）　身口意（しんくい）の三業といい、体で行なうこと、口に言うこと、心に思うことの三つのはたらきをいう。それぞれが善いことを行なえば三善業といい、悪いことを行なえば三悪業という。

**三十二相八十種好相**（さんじゅうにそうはちじゅっしゅごうそう）　ブッダに備わる偉大な、すぐれた特徴を挙げたものである。三十二相は主となる瑞相で、八十種相は副となる瑞相。一般には三十二相で表わされ、三十二大丈夫相（だいじょうぶそう）、三十二大人相（だいにんそう）という表現もある。興味あるものを挙げよう。全身の毛が一つ一つ右巻きになっている。眉間に白い右巻きの毛がある。目が青い。歯が一般人より八本多い四十本もある。舌が広く、長く、顔を覆い、耳にまで届く。男性であるが、男根が馬のように隠れている。（童貞の意味か）

**三請**（さんしょう）　ブッダは相手が質問した時に、それにすぐに答えず、三度同じ質問をして願い（要請）出たところで、おもむろに答えたといわれる。これを三度の請いという。

**三障**（さんしょう）　煩悩の障りと悪業の障りと悪業の報いの障りの三つをいう。詳しくは原典四二八cに説明されている。

**三千大千世界**（さんぜんだいせんせかい）　仏教神話にある世界観で、いまの太陽系を一世界としてこれを千個集めたものを小千世界、小千世界を千個集めたものを中千世界、中千世界を千個集めたものを大千世界といい、この三つを総称して三千大千世界という。この三千大千世界が一ブッダの教化領域といわれる。

**三尊**（さんぞん）　一般にブッダは縁覚（孤独なブッダ）と阿羅漢（あらかん）（ブッダにつぐ聖者）の三人をさすが、涅槃経では三宝をさしている。

**三点**（さんてん）　ブッダの教えそのもの（法身）・知慧（般若）・解脱の三つが一如である意味をサンスクリット語 i の悉曇（しったん）文字形で表わしたもの。

**三宝**（さんぼう）　ブッダ（仏）・教え（法）・修行僧の集まり（僧）は仏教教団の柱にあたるもので、これを宝石に喩えて三宝という。

**三法衣**（さんぼうえ）　三衣（さんえ）ともいう。僧侶が個人で所有を許された三種の衣。大衣と七条衣・五条衣の三つ。大衣は正装の衣服で托鉢に出かける時や王宮に招待された時に着用する物。七条衣は礼拝や聴講や反省会などの時に着用する物。五条衣は日常の作業や就寝の時に着用する物。

**三悪道**（さんまくどう）　六趣（六道）のうち、地獄・餓鬼・畜生の生類の住む世界のこと。これら三つの世界は生類の世界でももっとも厳しい苦しみを受けるところであるが、それは極悪行を重ねた者だけが生まれ変わってくるところであるために、悪道と呼ばれている。

**四果**（しか）　上座部仏教では修行の段階を四つに分けて考える。果はさとりのことをいい、聖者のさとりを段階的に四つに区別したものである。聖者の流れにはいった人のさとり、欲の世界に一度だけもどり、そこから再び修行生活に入り、さとりにはいった人、決して欲の世界にもどることなくひたすら最高のさとりを求めて修行する人のさとり、次にすべての煩悩を断ち切り、最高の聖者の位に達した人のさとりなど四つがある。最後の聖者を阿羅漢という。

**四過**　言葉の上で四つの過ちをいう。二枚舌・悪口・嘘・べんちゃらの四つで十悪のなかに数えられる。

**四海**　古代インド人が考えた神話における世界の中心となるスメール山（須弥山）を囲む四方の大海をいう。

**四事**　本経典では飲食と衣服と寝具と医薬の四つのことで、これらは修行僧の必需品である。

**四沙門果**　修行者が修行を積んで到達するさとりの境地の四段階をいう。沙門とは仏教の修行者のこと。果はさとりのこと。さとりとは修行の果報として得るもので、現代語訳すれば「理解」と訳すことができよう。

**四趣**　三悪道にアスラ（阿修羅）の住む領域を加えたもの。

**四衆**　四部衆ともいう。男の出家者（比丘）、女の出家者（比丘尼）、男の在家信者（優婆塞）、女の在家信者（優婆夷）をいう。仏教教団を構成するメンバーのこと。

**四重禁**　四重罪・四波羅夷罪ともいう。女性と通ずること、盗み、殺人、聖者であると偽ることの四つをいい、これを犯すと教団から修行者は追放される。

**四姓**　一般には「しせい」と読まれる。インドの四つの階級をいい、一般には「四つのカースト」として知られる。

①バラモン（バラモン教の司祭者）のカースト
②クシャトリヤ（王族）のカースト
③ヴァイシャ（庶民）のカースト
④シュードラ（奴隷）のカースト

**四聖諦**　四諦とも表わす。諦とは真理という意味。したがって四聖諦とは四つのすぐれた真理ということ。

仏教の根本教説で、世間のあらゆる生存はみな苦であること（苦諦）、その苦なる生存を起こす原因は、のどの渇きに似た飽くなき欲望であることと因果道理について無知であること（集諦）を認識して、この生きざまに比べて理想とすべき生きざまはなにかを説き、欲望を鎖め、ものの道理を正しく観察してとらわれのない境地にいたること（滅諦）、そしてその境地にいたるために正しい修行を修めるべきであること（道諦）を説いたもの。

**四禅**　三界のなかの一つで、欲界の上で清浄な世界といわれるが、まだ物質性が残っているところという。瞑想によって達せられる境地を象徴するものを四つに分けていると考えられているが、今日、この境地をいくら説明しても、わが国ではだれも経験していないのでどんな境地であるかを知るよしもない。

**四大**　大とは要素という意味。地・水・火・風の四つをいう。

**四顛倒**　顛倒とは逆さまに見ることで、四つの誤った考えや生き方をいう。本文中に説明があるので省く。

**四天王**　四王天、あるいは四大天王ともいう。古代インドの神話に出る守護神であったが、仏教に取り入れられてブッダに帰依して守護神となった。東方は持国天、南方は増長天、西方は広目天、北方は多聞天（毘沙門天）が配置されている。

**四道果**　妙寂に向かうための四種の道であるが、内容は余りにも専門的であるのでくわしいことは省く。

**四如意**　如意とは神通力の基礎という意味。神通力を獲得する基礎となる意欲・思念・努力・思惟の四つをいう。

**四念処**　四念住ともいう。さとりを得るための四つの修行方法をいう。身体は不浄である、感覚は思うようにならない、心は無常である、ものに私の物や私はないなどと観察して、修行することが仏教では求められている。

**四百四病**　人の身体は地・水・火・風の四つの元素からなっているが、これらがそれぞれバランスを崩すといいろいろの病を生じる。風の元素で起こる風病、地の元素で起こる黄病、火の元素で起こる熱病、水の元素で起こる痰病のそれぞれに一〇一病あるといわれ、合計して四〇四種の病があると考えられている。

**四兵**　古代インドの四種の軍隊のこと。象の軍隊、馬の軍隊、戦車隊、歩兵隊の四つ。

**四魔**　人々を迷わせ、悩ませる邪魔者の四つ。魔は善行を妨害するものをいう。

①むさぼりや怒りなど身心を悩ます魔（煩悩魔）

②さまざまな苦しみを引き起こす肉体や感覚器官などの魔（陰魔）

③人々の生命を奪う魔（死魔）

④人々の善行を妨害する鬼神（他化自在天）という魔（他化自在天魔）

**四無量心**　四無量ともいう。限りない、量り知れない、利他の心を四つ挙げたもの。博愛の心を表わす慈、生類の苦しみへの同情を表わす悲、生類に喜びをあたえ、一緒に喜び合う心を表わす喜、そしてすべての生類を差別なく救済しようとする平等の心を表わす捨の四つ。

**五陰**　五蘊とも表わす。あらゆる存在を物質と精神の五つに分類したもの。物質一般、肉体を表わす色、感受作用を表わす受、表象作用を表わす想、意志、あるいは形成作用を表わす行、そして識別作用を表わす識の五つで、受・想・行・識の四つは感覚器官のはたらきであり、これを総じて心と考えている。狭義には、五陰は我々の身体を構成する要素と考えてよい。

**五戒**　仏教で制定されている多くの規律のもっとも根本となる規律で、生きものを殺さない、盗まない、嘘をつかない、不倫をしない、酒を飲まない、の五つの規律のこと。

**五逆罪**（ごぎゃくざい） 五逆ともいう。母を傷つけること、父を殺すこと、ブッダの身体に傷をつけ、出血させること、仏教教団の平和を乱し、分裂させることなどの五つの罪を犯すことをいい、重罪として扱われる。この重罪を犯した人は無間（むけん）地獄という、地獄のなかでもっとも重い罰を受ける地獄に堕ちると仏教経典は揃って説く。

**五蓋**（ごがい） 心にとって障害となる、むさぼり、怒り、寝ぼけたような無知蒙昧、躁鬱（そううつ）、疑いの五つをいう。

**五見**（ごけん） 見とはここでは誤った見解という意味。五つの誤った見解とは、身体に実体的自我があり、ものはわがものであるという考え、すべてのものは刹那的であり、また永続的であるという極端に偏する考え、因果の道理はないとする考え、自己の見解がすべてであるとする考え、外道の戒律や誓いをもって解脱できるとする考えなどである。

**五眼**（ごげん） ブッダたちが備えている眼のことで、肉眼（人々の苦しみ、患う姿を見る目）・天眼（てんげん）（六趣に住むあらゆる生類の身心の苦しみを見る目）・慧（え）眼（人々の心の内容の違いを読み取る眼）・法眼（人々をブッダの教えのなかに導く眼）・仏眼（自由自在な三昧の境地にはいり、解脱の境地を見る目）の五つ。

**五根**（ごこん） 根とは本来能力を意味するが、一般には感覚の能力、感覚器官をいう。この意味では眼・耳・鼻・舌・身（触覚器官）の五つを指す。別の意味の五根がある。それはさとりを得るための、すぐれた能力である信（信仰）・勤（努力）・念（思念）・定（瞑想）・慧（知慧）の五つをいう。

**五辛**（ごしん） ニラ・ねぎ・ニンニク・生姜（あるいは山椒）などの臭みのつよい五種の野菜のこと。仏教教団では臭みが強いこと、そして精力がつくことで食することを禁じた。

**五通**（ごずう） 五つの神通力（じんずうりき）のこと。神通力は人力を超えた量り知れない自在力をいい、一般に知られている六神通のうち、飛行・変身などの神通力を除く五つの神通力のこと。

**五通仙** 五神通力を習得した仙人という意味。「五通」を見よ。

**五道** 五道の道は世界を意味する。仏教の世界観では地獄・餓鬼・畜生・修羅・人・天の六種の世界を考えているが、修羅を除いて五道という。

**五熱炙身** 五体、つまり頭・両手・両足を火で燃やし、太陽の熱に炙って苦行すること。仏教以外の異教で行なわれ、今日でもインドで行なわれている。

**五欲** 眼・耳・鼻・舌・皮膚の感覚器官が、それぞれ色（光）・声（音）・味・触りなどに接して起こす執著の欲望をいう。また、金銭欲・色欲・飲食欲・名誉欲・睡眠欲を五欲ということもある。

**五力** さとりを得るための、すぐれた能力のこと。五根が順次にそれぞれ欺瞞・怠惰・怒り・恨み・怨みなどの五つの障害を克服することをいう。

**六牙** 六牙白象の略。ブッダを懐妊した時、生母マーヤー夫人が六つの牙を持つ白象が胎内に入る夢を見たといわれるところから、ブッダの懐妊を象徴する言葉となった。

**六趣** 六道ともいう。趣も道も世界という意味である。六つの世界という意味で、地獄・餓鬼・畜生・修羅・人・天という六種の生類の住むところをいう。

**六種震動** 六震ともいう。大地が揺れる種類とその時に起こる音を挙げたもの。横揺れ・縦揺れ・直下型揺れ（湧きだすような揺れ）という大地の三つの揺れの種類、これはドカンという音をともなう地震、ゆさゆさと来る地震、ゴォーという音をともなった地震を加えて六種震動という。これはブッダが説法する時の瑞相を表わす喩え。

**六天** 天界は十九天あるが、そのなかでもっとも低い界であり、人間界とまだ完全に縁を切っていない天界、つまり性欲が少し残っている神々の世界、それを六欲天、また六天という。下から順に四天王・三十三天（ここの主は帝釈天）・夜摩天・覩率天、化楽天・他化自在天をいう。

**六波羅蜜（多）**　六度ともいう大乗仏教の求道の人たちが実践すべき修行項目である。波羅蜜多の原語はパーラミターといい、完成・完全という意味である。具体的には向こう岸に渡ったということである。施すこと、正しい習慣を守ること、辱しめに耐えること、怠けないこと、あらゆることに注意すること、道理を正しく理解することの六つが完成されることを教えるもの。

**六味**　苦い、酢っぱい、甘い、辛い、塩辛い、淡い、の六つの味のこと。

**七覚支**　心の状態に応じて存在を観察するうえで注意・方法を七つにまとめたもので、さとりを得るための修行項目。教えのなかから本物を選び取り、偽物を捨てる方法、努力する気持ちを持ち続ける方法、本物の教えを実行する喜びを持続する方法、身心を軽やかに快適にする方法、ものに囚われる心を捨てる方法、心を集中して乱さない方法などの七つ。

**七宝**　「しっぽう」とも読む。七種の宝石のことだが、その種類は経典によって異なり、一定していない。一例を挙げると、金・銀・瑠璃・玻璃（水晶のこと）・車磲（貝の一種）・珊瑚・瑪瑙の七種。

**七方便**　真の聖者（見道）の位に入る前の準備段階の三種の賢者（三賢位）と四種の善根を修める賢者（四善根位）を総称したもの。

**七滅諍法**　教団の争いを鎮めるための七種の決まり。

**八解脱**　あらゆる煩悩を離れた最高の瞑想の境地（滅尽定）に至る八種の解脱。一々についての説明は省略するが、最後の境地になると外界の空間や心境を超越した根源に至り、その根源になる場がつねに現実に示される境界に達するという。要するにもとの境地に戻るようである。

**八大河**（はちだいが）　経典でいう、スメール山の南に位置するジャンブドヴィーバ（閻浮提）洲に流れるガンジス河・ヤムナー河・サラユー河・ヒラニャヴァティ河・マヒー河・シンドゥ河・ヴァクシュ河・シーター河の、代表的な八つの大河。これらのうち、ガンジス河・シンドゥ河・ヴァクシュ河・シーター河の四つは多くの経典に四河として出る。

**八大人覚**（はちだいにんがく）　大人（だいにん）とは力量のすぐれた人物のことで、菩薩をはじめとするすぐれた修行者たちをさす言葉。八大人覚とはこれら修行者たちがつねに心がけている、少欲や知足などの八種の事柄をいう。

**八部衆**（はちぶしゅう）　仏教を守護する八種の神で、天龍八部衆・龍神八部ともいう。

①天　サンスクリット語でデーヴァといい、仏教の経典では神、また、神が住む場所をも意味する。仏教の世界観の一つ、三界、あるいは六趣のなかで最高の場所に位置することで、ここにも低い段階から高い段階へと順序がある。文献によると二十七種の神が住んでいるともいわれる。このなかでもっとも低い段階に住む神が四天王である。

②龍　サンスクリット語でナーガといい、蛇、とくにコブラを神格化したものといわれる。仏典ではブッダを守護し、仏法を聞くものとして八大龍王が挙げられるようになる。『涅槃経』のなかにも龍王の名前が頻繁に出てくる。

③夜叉（やしゃ）　サンスクリット語でヤクシャといい、恐ろしい鬼神であるが、人に恩恵を与える神ともいわれ、森林に住んでいる。水と縁が深い神として知られる。

④乾闥婆（けんだつば）　サンスクリット語でガンダルヴァといい、天国の音楽家である。仏教のなかではこの神は人が死んだあと新たな生を受けるまでの一種の霊魂と考えられた。

⑤阿修羅　サンスクリット語でアスラといい、闘争

を好む鬼神といわれる。この神はもとは善神であったが、インド神話のなかで帝釈天の敵とみなされて悪神と考えられた。仏教ではブッダに帰依し、ブッダを守護する神となっている。

⑥**迦楼羅**（かるら）　サンスクリット語ではガルダといい、金翅鳥（こんじちょう）と訳される。これについては人名・動物名一覧を参照。

⑦**緊那羅**（きんなら）　サンスクリット語でキンナラといい、美声の持ち主で、天国の歌手である。あるいは楽士ともいわれる。姿は半人半獣（頭部は馬、体は人）である。仏教では守護神として知られる。

⑧**摩睺羅迦**（まごらか）　サンスクリット語でマホーラガといい、蛇神である。仏教の守護神。

**八万四千**（はちまんしせん）　実数ではなく、無数とか一切とかの言葉を数字で表わしたものと考えていい。たくさんという意味。

**八勝処**（はっしょうじょ）　八解脱を修めた後、自己の内外のあらゆる事象を観察することに熟達し、自在に清浄と不浄の境地を見ることができる状態をいう。

**八法**（はっぽう）　本経典では世間の八法というが、浮き世の八つのならわしというほどの意味。利益と損失、誉れと謗り、非難と称賛、楽しみと苦しみなどの八つ。

**九十六種毒虫**（きゅうじゅうろくしゅどくちゅう）　毒虫の種類は不明であるが、経典が喩えとして挙げた意図は古代インドに現われた諸宗教、たとえば六師外道それぞれから独立した弟子十五人がそれぞれ唱えた宗教が合計九十六となるので、これを毒虫に喩えたのであろうか。

**九部経**（くぶきょう）　九分教とも表わされる。十二部経と同じくブッダの教えの全集であるが、これが最初にまとめられて、この成立のあとに教えを追加して十二種の分類が成立したと考えられている。

**〔沙弥〕十戒**（しゃみ じっかい）　沙弥とは七歳から二十歳未満の出家者をいい、見習い僧である。この出家者たちが守る十種の規律のこと

**十方**（じっぽう）　十方世界ともいう。十の方角のことだが、東西南北上下四維と呼んでいる。四維とは東南・西南・東北、そして西北の四つをいう。それぞれの方角に生類が住む領域があるところから十方世界という。

**十号**（じゅうごう）　ブッダに対する十種の称号。

①如来　修行を成就した人
②応供（おうぐ）　供養と尊敬を受けるに値する人
③正遍知（しょうへんち）　正しく理解し尽くした人
④明行足（みょうぎょうそく）　知慧と行ないが完成した人
⑤善逝（ぜんぜい）　彼岸に渡った人
⑥世間解（せけんげ）　世間を知り尽くした人
⑦無上士　この上ない人
⑧調御丈夫（じょうごじょうぶ）　人々の調教師
⑨天人師（てんにんし）　神々と人々の先生
⑩仏世尊　真理にめざめ、尊敬すべき人

**十地**（じゅうじ）　最初の段階よりも長く積み重ねた修行の段階にはその内容に大きな違いがある。これは菩薩の修行過程を十段階に分類したものだがブッダの世界に入る最後のステージである。

**十善**（じゅうぜん）　殺し・盗み・不倫・嘘・二枚舌・悪口・おべんちゃら・むさぼり・怒り・誤まった見解などの十悪を行なわないこと。

**十二因縁**（じゅうにいんねん）　人々の老いや死を代表とする四苦八苦はいかにして成立するかを考察し、その原因を追究して十二の項目の系列をたてて説いたものである。学派によると、人々が過去に積んだ業によって現在の果報を受け、また現在の業によって未来の果報を受けるという因果の関係を十二に分類して説いたものである。詳しくは仏教辞典を参照されたい。

**十二入**（じゅうににゅう）　十二処ともいう。十二の拠り所、あるいは場という意味。眼・耳・鼻・舌・身・意の六つの感覚器官とその対象である色形・音声・香り・味・触れられるもの・考えられるものの六つの総称。

**十二部経**（じゅうにぶきょう）　十二部ともいう。仏教の経典を内容の上で十二種に分類したもので、これをもってブッダの教えを全部まとめたことになっている。つまりブッダの教えの全集と考えていい。

**十八界**（じゅうはちかい）　人の存在を構成する要素として十八種あるとするもの。六根（眼・耳・鼻・舌・身・意の知覚器官）と六境（色形・音声・香り・味・触れられるもの・考えられるものの対象の世界）と六識（六根の認識作用）の総称。これをもって主客すべての世界とする。

**十八不共法**（じゅうはちふぐほう）　ブッダにだけしかない、だれにも共通するものでないブッダ特有の特徴が十八あるということ。十種の特有の能力（ブッダの十力）、なにものにも怖じけない四種の能力（ブッダの四無所畏）、つねに、生類に眼を注いで心に止めている三つの心構え。（ブッダの三念住）

**十力**（じゅうりき）　ブッダ特有の十種の能力で、十八不共法のなかに含まれる。

**三十六物**（さんじゅうろくもつ）　人の身体にある三十六の不浄な物をいう。外相として、髪・毛・爪・歯・目やに・涙・よだれ・つばき・糞・尿・垢・汗の十二種と、構成物として皮・肌・血・肉・筋・脈・骨・髄・脂・肪・脳・膜などの十二種と、内容物として肝・胆・腸・胃・脾・腎・心・肺・生蔵・熟蔵・赤痰・白痰などの十二種とを合わせた数。

**三十七助菩提之法**（さんじゅうしちじょぼだいのほう）　三十七菩提分法（さんじゅうしちぼだいぶんぽう）・三十七道品（どうぼん）・三十七品（ほん）ともいう。さとりへのステップを総合した修行方法のこと。四念処・四正勤（ししょうごん）・四如意（しにょい）・五根・五力・七覚支・八正道を合わせた総称。仏教の最初期の経典ではもっとも代表的な実践論である。

**九十五種外道**（きゅうじゅうごしゅげどう）　仏教以外の宗教や哲学派などを外道といい、仏教の思想と相容れないところから邪教、あるいは邪法などと軽蔑する時に使う呼称である。外道の原語の意味は宗教改革者・宗祖といい、決して悪い意味の言葉ではない。六師外道は原始仏教文献で有名であるが、他にも十三外道・十六外道・二十外道・三十外道などが挙げられている。『涅槃経』のほか『摩訶僧祇律（まかそうぎりつ）』のなかに九十五種の外道があったというが、具体的な名称は挙げられていない。外道に対して仏教を内道という。

# 人物・動物一覧

## 人　物

**世尊**　ブッダの尊称の一つ。世間で尊敬に値する人。

**如来**　ブッダの尊称の一つ。真理の側から来た人。

**羅睺羅**（らごら）　訳文ではラーフラと表わした。ブッダの実子。

**摩訶迦旃延**（まかかせんねん）　訳文ではマハーカーティヤーヤナと表わした。ブッダの十大弟子の一人。討論第一といわれた。

**薄倶（拘）羅**（ばくら）　訳文ではヴァックラと表わした。少欲知足で閑静な所を好み、修行に明け暮れた弟子で、一六〇歳で没した。

**優波難陀比丘**（うばなんだ）　訳文ではウパナンダと表わした。男性の仏弟子。

**拘陀羅**（くだら）　訳文ではクダーラと表わした。女性の在家信者。

**善賢**　訳文ではスバドラと表わした。女性の仏弟子。

**優波難陀**（うばなんだ）　訳文ではウパナンダと表わした。女性の仏弟子。

**海意**　訳文ではサーガラマティーと表わした。女性の仏弟子。

**海徳菩薩**　訳文では漢訳名のまま。菩薩の名。

**無尽意菩薩**　原名はアクシャヤマティであろうが、訳文では漢訳名のまま。他の経典にも多出する菩薩の名。

**威徳無垢称王**（いとくむくしょうおう）　原名はヴィマラキールティであろうが、訳文では漢訳名のまま。この名称は有名な維摩居士の尊称。男性の在家信者。

**善徳**　訳文では漢訳名のまま。男性の在家信者。

**寿徳**　訳文では漢訳名のまま。男性の在家信者。

**徳蔓**（とくまん）　訳文では漢訳名のまま。男性の在家信者。

**毘舎佉**（びしゃきゃ）　訳文では漢訳名のまま。男性の在家信者。

**浄無垢蔵**（じょうむくぞう）　訳文では漢訳名のまま。リッチャヴィー都のクシャトリア出身の男性の青年。

**浄不放逸**（じょうふほういつ）　訳文では漢訳名のまま。リッチャヴィー都のクシャトリア出身の男性の青年。

**恒水無垢浄徳**（かんすいむくじょうとく）　訳文では漢訳名のまま。リッチャヴィー都のクシャトリヤ出身の男性の青年。

**月無垢王**（がつむくおう）　ヴァイシャーリー都の王の名。原名はチャンドラ・ヴィマラであろうが、漢訳名のまま表わした。

**阿闍世王**（あじゃせおう）　原名はアジャータシャトルであろうが、漢訳名が知られているために漢訳名のままに表わした。マガタ国のビンビサーラ王の子デーヴァダッタにそそのかされて父を殺し、ブッダの死の八年前に即位。のちに大臣ジーヴァカの奨めでブッダに帰依した。

**愛徳夫人**　阿闍世王夫人。訳文では漢訳名のまま。

**三界妙夫人**（さんがいみょうぶにん）　阿闍世王夫人。訳文では漢訳名のまま。

**無辺身菩薩**　訳文では漢訳名のまま。東方の音楽美音という仏国土の虚空等如来の使いとして娑婆世界のブッダの妙寂を見舞うために到来した菩薩。

**文殊師利法王子**（もんじゅしりほうおうじ）　原名はマンジュシリーであるが、漢訳では文殊師利の表現もある。訳文では周知の文殊菩薩で表わした。完全な知慧を備え、ブッダに代わって説法を行なう菩薩として知られる。

**純陀**（じゅんだ）　訳文では原名のチュンダで表わした。金属細工人でブッダにきのこ料理を布施したことで有名。じつこれがもとでブッダは激しい腹痛に見舞われ、亡くなった。

**摩訶迦葉尊者**（まかかしょうそんじゃ）　原名はサンスクリット語ではマハーカーシャーパであるが、訳文ではパーリ語のマハーカッサパで表わした。衣食住において少欲知足に徹した修行（頭陀行（ずだぎょう））を終生続けた仏弟子。ブッダ十大弟子の一人で、頭陀第一と呼ばれた。

**阿難尊者**（あなんそんじゃ）　原名はアーナンダであるが、訳文では漢訳名のまま。ブッダのいとこで、ブッダのそばに二十五年間影のように仕えて、つねにブッダの説法を聞き続けたといわれ、聞法（もんぽう）第一と言われた。ブッダ十大弟子の一人。

**迦葉菩薩**　訳文ではパーリ語のカッサパで表わした。マハーカッサパとは別人物。後者はブッダの臨終に間に合わなかったので単に名前だけ出るが、前者は人々を代表してさまざまな質問をする中心人物。

**難陀**　原名も漢訳も同じ音であるので訳文では漢訳名のまま。本文ではナンダが布施した乳粥（ちちがゆ）をブッダが食したことでさとりを開いたという。

**難陀波羅**（なんだばら）　訳文では漢訳名のままで表わした。

**金剛密迹**（こんごうみつしゃく）　金剛の武器を持ってブッダを守護する神々の総称。密迹力士に同じ。

**覚徳**　かつてブッダが有徳という名の王であった時、戒律を正しく守った修行者として有名。

**有徳王**（うとくおう）　ブッダがある過去世でなった王の名。覚徳という修行者を養護するために悪徳修行者と戦った。

**耶輸陀羅**（やしゅだら）　訳文では原名のヤショーダラーで表わした。ブッダが出家前、太子であった時の正妃。ラーフラの生母。後にブッダの養母マハーパジャーパティと出家。

**摩耶**（まや）　訳文では原名のマーヤーで表わした。ブッダの生母。ブッダの誕生後七日目に死亡。

**波斯匿王**（はしのくおう）　訳文ではパーリ語の原名パセーナディで表わした。コーサラ国とカーシー国を統治した国王。ブッダと同年。妻子と共にブッダに帰依し、教団を援助した。八十歳で没したという。

**尼乾子**（にけんし）**（尼健）**　パーリ語の原名はニガンタ・ナータプッタという。ブッダと同時代の修行者で、ジャイナ教の開祖といわれる。訳文ではジャイナ教で表わした。

**摩訶波闍波提憍曇弥**（まかはじゃはだいきょうどんみ）　訳文ではパーリ語の原名マハーパジャーパティーで表わした。仏教教団で最初の尼僧。ブッダの養母。ブッダの生母マーヤー夫人は姉にあたる。

**瞿師羅**（くしら）　訳文ではパーリ語のゴーシタで表わした。本文では『瞿師羅経』（くしらきょう）（南伝大蔵経第一五巻、一八四―一八五頁。大正蔵経経典番号一五）という経典名が見られるが、ブッダの弟子のアーナンダ尊者と問答している短い経典である。この経典では彼はコーサーンビー国の人で広大な果樹園を持つ長者となっている。

**歓喜**（かんぎ）　訳文は漢訳名のままで表わした。クシナーラ都に住む不可触民。ブッダから将来さとりを得るだろうと予言を受ける。

**善賢**（ぜんげん）　訳文は原名スバドラーで表わした。王舎城に住む女性。離婚後、ブッダに帰依。女性は男性のように自由に能力を発揮できないことを陳べ、出家していき方を変えようとした女性。

**殺羝徳**（くていとく）　原名は不詳。ウッジャイン国に住むバラモン。

**舎利弗**（しゃりほつ）　原名はサンスクリット語ではシャーリプトラであるが、訳文では周知の漢訳名舎利子で表わした。ブッダより年長で、ブッダに並ぶほど人々に尊敬され、知慧第一といわれた。ブッダ十大弟子の一人。ブッダの実子ラーフラの後見人。

**目犍連**（もっけんれん）　原名はサンスクリット語ではマウドガルヤーヤナというが、訳文では周知の目連で表わした。女性の修行者ウッパラヴァンナ（蓮華色（れんげしき））と並ぶ神通力第一といわれ、ブッダ十大弟子の一人。神通力で異端者や外道の者を追放してブッダの身辺を護衛したともいわれる。

**仙頂**（せんちょう）　ブッダが前世インドのある国の王であった時の名前。訳文では漢訳名のままで表わした。原典の四三四c参照。

**善住**（ぜんじゅう）　前世に存在した王の名前。訳文では漢訳名のままで表わした。詳しくは原典の四三七c参照。

**頂生**（ちょうしょう）　原名はサンスクリット語でムールダタであろ

う。善住の子供の名前。原典の四三八a参照。訳文では漢訳名のままで表わした。

**憍陳如**（きょうじんにょ）　訳文ではパーリ語のコーンダンニャで表わした。一般にはアンニャ・コーンダンニャと呼ばれている。ブッダと六年間一緒に苦行し、後にブッダがさとりを開き、本格的な最初の説法を聞いた五人の仲間の中で、その内容を最初に理解して阿羅漢になった修行僧。

**釈摩男**（しゃくまなん）　訳文はコーリタで表わした。ブッダの従兄弟にあたり、鹿野苑（ろくやおん）で最初の説法を聞いた五人の比丘の一人。

**提婆達多**（だいばだった）　原名はデーヴァダッタであるが、訳文では漢訳名で表わした。アーナンダ尊者の兄といわれ、ブッダの従兄弟にあたり、ブッダより二十歳も若かったらしい。ブッダに帰依して弟子になり、後にマガタ国王の王子阿闍世の支持を得て、教団のなかで力を持つようになる。ある時老境に入ったブッダに引退を勧めるが、呵責される。これを根に持って反逆することになる。彼は阿闍世に父王を殺すようにそそのかし、自分はブッダを殺害しようと計画する。王子は父王の殺害を成功させるが、デーヴァダッタはブッダの殺害に失敗する。このほかにも彼は教団に対して恨みを晴らそうとして悪巧みをする。したがって彼は後に典型的な極悪人として知られることになる。『涅槃経』においても同じである。

**富蘭那**（ふらんな）　原名はパーリ語でプーラナ・カッサパといい、漢訳名は富蘭那迦葉（ふらんなかしょう）ともいう。訳文では原名で表わした。いわゆる六師外道の一人。因果律を否定し、道徳否定論者で有名。善悪の行為の報いはないと説いている。

**末伽梨拘舎離**（まつかりくしゃり）　原名はパーリ語でマッカリ・ゴーサーラという。訳文では原名で表わした。いわゆる六師外道の一人。すべての生類は輪廻の生活のなかで、無因無縁であり、解脱するものも無因無縁であり、自己を支配する力も意思の力もなく、ただ運命・状況・本性に支配されていると主張した。一種の決定論、運命論を説いている。彼はアージーヴィカという古い宗教の一つに所属していた。

**刪闍耶毘羅胝子**（さんじややびらていし） 原名はパーリ語でサンジャヤ・ヴェーラティプッタという。訳文では原名で表わした。いわゆる六師外道の一人。形而上学的な問題についてあいまいな表現に終始し、確定的な答えをしなかったといわれ、彼の意見は不可知論の一種とされ、また懐疑論者とも言われた。彼はマガタ国の首都に住み、多くの弟子を擁して有名であった。彼の弟子であった舍利子と目連の二人がブッダに帰依したことをきっかけに二百五十人の弟子がブッダのもとに走ったので、サンジャヤは自殺したという。

**阿耆多翅舍欽婆羅**（あぎたししやきんばら） 原名はパーリ語でアジタ・ケーサカンバリンという。訳文では原名で表わした。いわゆる六師外道の一人。彼は地・水・火・風の四つの元素だけが実在で、ものはみなこれら四つの元素から構成されており、霊魂の存在はないと主張した。この立場から彼は唯物論者である。また、死後の存在を認めないので現世の享楽を求めることを勧めることから、快楽主義者とも言われる。

**伽羅鳩駄迦旃延**（からくだかせんねん） 原名はパーリ語でパクダ・カッチャーヤナという。訳文では原名で表わした。いわゆる六師外道の一人。彼は人の身体は地・水・火・風の四つの元素と苦・楽・霊魂の七要素から構成されると説いた。これらは不変であると考え、霊魂不滅説を掲げた。来世の存在を主張した。

**尼乾陀若提子**（にけんだにやだいし） 原名はパーリ語でニガンタ・ナータプッタという。略して尼乾子ともいう。すでに尼乾子で出ているが、ここでは原名で表わした。

**韋提希**（いだいけ） 韋陀希とも漢訳される。原名はパーリ語でヴェーデーヒーといい、勝身と意訳されている。訳文では原名で表わした。ヴァイデーハ国の王女でビンビサーラ王の妃となり、阿闍世王を産む。後に阿闍世王が父ビンビサーラ王を殺そうとして閉じ込めた牢獄にひそかに蜜を贈り、助けようとしたが発見され殺されそうになった。この『涅槃経』ではこのような経緯は書かれていないが、阿闍世王が腫物で苦しんでいるのを見兼ねて種々の薬で手当てをしたが、治るどころかますます痛みは増したことが記されている。

**月称**（がっしょう）　阿闍世王の臣下で、六師外道の一人プーラナ・カッサパを紹介した大臣。訳文では漢訳名のままで表わした。

**蔵徳**（ぞうとく）　阿闍世王の臣下で、六師外道の一人マッカリ・ゴーサーラを紹介した大臣。訳文では漢訳名のままで表わした。

**実徳**（じっとく）　阿闍世王の臣下で、六師外道の一人サンジャヤ・ヴェーラティプッタを紹介した大臣。訳文では漢訳名のままで表わした。

**悉知義**（しっちぎ）　阿闍世王の臣下で、六師外道の一人アジタ・ケーサカンバリンを紹介した大臣。訳文では漢訳名のままで表わした。

**吉徳**（きちとく）　阿闍世王の臣下で、六師外道の一人パクダ・カッチャーヤナを紹介した大臣。訳文では漢訳名のままで表わした。

**無所畏**（むしょい）　阿闍世王の臣下で、六師外道の一人ニガンタ・ナータプッタを紹介した大臣。訳文では漢訳名のままで表わした。

**耆婆**（ぎば）　原名はパーリ語でジーヴァカ・コーマーラバッチャという。訳文では原名ジーヴァカで表わした。娼婦の子で捨てられたが、アバヤという王子に拾われて長じて医者となる。ブッダ時代の名医として有名。種々の治療例から外科医であったと推測される。

**羅摩**（らま）　原名はラーマであろう。経典では国王とあるが、『ラーマーヤナ』に出るラーマを指しているのか不詳。訳文では原名で表わした。

**跋提**（ばつだい）　原名はサンスクリット語でバドリカといい、釈迦族のクシャトリヤ出身で、ブッダの異母弟ナンダたちが出家したあと、釈迦族の王位についた人物であろうか。原典の四七五ｃに出る。訳文では原名で表わした。

**毘盧真**（びるしん）　原名はサンスクリット語でヴィルチャという。『阿含経』では比丘の名前で知られるが、『涅槃経』では国王の名前である。詳細は不明。原典の四七五ｃに出る。訳文では原名で表わした。

**那睺沙**（なごしゃ）　原名はサンスクリット語でナフシャであろう。原典では国王の名前となっている。詳細は不明。訳文では原名で表わした。原典の四七五ｃに出る。

**迦帝迦**（かたいか）　原名は不明。原典では国王の名前となっている。訳文では漢訳のままで表わした。原典の四七五ｃに出る。

**毘舎佉**（びしゃきゃ）　原名はサンスクリット語でヴィシャーカーであろう。原典では国王の名前となっている。詳細は不明。訳文では原名で表わした。原典の四七五ｃに出る。月光明・日光明・愛・持多人などの名前の国王が原典の四七五ｃに出るが詳細は不明。

**瑠璃**（るり）　原名はサンスクリット語でヴィルーダカといい、訳文では原名で表わした。一般の経典には瑠璃王という呼称で知られる。コーサラ国のパセーナディ王の王子で長じて父王を殺害して王位を奪い、その上釈迦族を滅ぼした悪名高い王である。悪性王というあだ名さえある。この経典では悪王となっている。

**優陀那**（うだな）　原名はパーリ語でウデーナといい、訳文では原名で表わした。ヴァンサ国のコーサンビーの王。ヒマラヤの山中で生まれ、苦行者に育てられた。長じて父王の死後王位を継ぐ。文献によっては王の伝説が異なり、悪王というイメージが作り上げられて、この経典では悪王として取り扱われている。

**蓮華**（れんげ）　原名はサンスクリット語でプンダリーカといい、訳文では原名で表わした。この名の王としては『百縁経』や『弥勒所問本願経』に出るが、蓮華王はいずれにおいてもブッダの前世の姿であったという。人々の病をいやし、身命を顧みずに救済に努めた慈悲深い王として描かれている。『涅槃経』では悪王の一人に挙げている。原典の四七五cに出る。

**浄飯**　原名はサンスクリット語でシュッドーダナといい、釈迦族の王でブッダの父である。訳文では原名で表わした。

**瞿曇**　原名はパーリ語でゴータマといい、ブッダの姓である。訳文では原名で表わした。

**悉達多**　原名はパーリ語でシッダッタといい、ブッダの名である。訳文では原名で表わした。

**般遮尸**　原名はサンスクリット語でパンチャシキンといい、船遮尸棄とも漢訳する。頭に五つ（パンチャ）の髻（シキン）を持つことでパンチャシキンと呼ばれた仙人。原典では帝釈天の臣下となっている。訳文では原名で表わした。

**釈迦牟尼**　原名はサンスクリット語でシャーキャムニといい、釈迦族出身の大仙人というほどの意味。ブッダに対する尊称。訳文では漢訳のままで表わした。

**不害**　原名はサンスクリット語でアヒンサーといい、コーサラ国舎衛城のバラモン出身の青年である。長じて次々と人を殺し、ブッダをも殺害しようとしたが、教化されて出家した。殺した人の指を切り取り、首輪にしていたのでアングリ（指）マーラ（鬘）とあだ名された。音訳して鴦崛魔という。

**須毘羅**　原名はサンスクリット語でシュビーラであろう。訳文では原名で表わした。詳細は不明だが、原典では王子となっている。原典の四七八c参照。

**気嘘**　原名は不明。舎衛城の不可触民である。訳文では漢訳のままで表わした。原典の四七九a参照。

**阿逸多**　原名はサンスクリット語のアジタであろう。ベナレス市のある長者の子。訳文では原名で表わした。原典の四七九a参照。

**善賢**（ぜんげん）　原名はサンスクリット語でスバドラであろう。すでに同名の女性が原典に出るが、ここはある村の長者。詳細は不明。訳文では漢訳名のままで表わした。原典の四七九b参照。

**広額**（こうがく）　ベナレス市の肉商人。訳文では漢訳名のままで表わした。原典の四七九b参照。

**龍印**（りゅういん）　北インドのある国の王。原名は不明であるので、訳文では漢訳名のままで表わした。原典の四七九b参照。

**蓮華・蓮花**（れんげ）　原名はパーリ語でウッパラという。同名の女性が文献には数多く出るが、『涅槃経』でも二人の同名のウッパラが出ている。①原典の四七九bに出るウッパラはウッパラヴァンナ（蓮華色比丘尼）として知られる有名な尼僧。訳文では原名ウッパラヴァンナで表わした。舎衛城の長者の娘で、色白な美女であったことから出家前も出家後も男性の誘惑が絶えなかった。尼僧のなかで神通力第一と言われた。②原典の四七九cに出る蓮花（ウッパラ）は同じ原名であろうが、売春婦である。訳文では原名ウッパラ（?）で表わした。

**跋提迦**（ばつだいか）　原名はサンスクリット語のパドリーカであろう。訳文では原名で表わした。原典ではある国の王となっているが、おそらくブッダの最初の説法を聞いた五人の比丘の一人であろう。

**優波離**（うばり）　原名はサンスクリット語でウパーリという。カピラ市の出身で釈迦族に仕える理髪業者であった。ブッダの十大弟子の一人。訳文では原名で表わした。

**須達多**（しゅだった）　原名はパーリ語でスダッタというが、あだ名としてアナータピンディカという。給孤独（きっこどく）（貧しい人に施しをする人）と訳される。舎衛城の大富豪で、ブッダのために祇園精舎（ぎおんしょうじゃ）を寄進した長者として知られる。原典には同名の貧者も挙げているが、この貧者のことについては不明。

**周梨槃特**（しゅりはんどく）　原名はパーリ語でチューラパンタカといい、

この音訳である。王舎城、あるいは舎衛城の、いずれかのバラモンの出身とも言われる。出家をしたが、生まれつき愚鈍であったためにものおぼえが悪く、修行がなかなか進まない。そこでブッダは外来者の草履の埃を払う仕事を与え、これを修行として努めるように勧めた。これによって彼はさとりを得たといわれる。訳文では原名で表わした。

**難陀**（なんだ）　原典の四七九ｃの難陀はブッダの異母弟に当たる人。ブッダの出家後釈迦族を継ぐ人であったが、ブッダに勧められて出家した。ここでは原名で表わした。

**優楼頻螺迦葉**（うるびんらかしょう）　原名はパーリ語でウルヴェーラ・カッサパという。マガタ国の出身。拝火教を弘め、五百人の教徒を擁していた。二人の弟がいて、彼等もそれぞれ教徒を率いていた。兄がブッダに教化されたことで弟二人も教徒を引き連れてブッダに帰依した。

**富多羅**（ふたら）　原名はパーリ語でプラーナといい、富蘭那（ふらんな）とも漢訳される。ブッダの弟子五百人を率いて南山で修行していたといわれる尊者である。ブッダの死後マハーカッサパ尊者を中心にしてブッダの教えの編集会議があった時にプラーナと五百人のブッダの弟子たちは遅れて行ったために参加することができなかったと言われる。訳文では原名で表わした。

**頻婆娑羅王**（びんばさらおう）　原名はパーリ語でビンビサーラという。ブッダより五歳年下。十五歳の時にマガタ国の王となり、王舎城に住む。竹林精舎を仏教教団に寄進し、信者となる。晩年、王子の阿闍世王に殺害される。訳文では原名で表わした。

**郁伽**（いくが）　原名はサンスクリット語でウグラといい、最首・功徳などの意訳がある。舎衛城の有名な長者。ブッダに帰依して信者となり、多くの教えを受け、よく施しをしたことで有名である。そこで布施第一と言われた。訳文では原名で表わした。

**離婆多**　原名はパーリ語でレーヴァタといい、離日とも漢訳される。マガタ国のバラモン出身。舎利子の弟。兄の出家に惹かれて自ら出家し、瞑想を好み、さとりを得たという。訳文では原名で表わした。

**婆私咤**　原名はヴァシシタという。バラモンの出身の女性で、六人の子を一度に失い、狂乱状態になり、裸で町中を走り回ったという。ブッダに出会い、本心に戻り、帰依し、信者になった。訳文では原名で表わした。

**末利**　原名はパーリ語でマッリカーといい、摩利とも漢訳される。勝鬘と意訳する。舎衛城の花屋組合の長老の娘で、長じてパセーナディ王の第一夫人となる。訳文では原名で表わした。

**尸利毬多**　原名はサンスクリット語でシュリーグプタという。室利毬多とも漢訳される。王舎城に住む長者。ブッダを殺害しようとしたが、かえって諭されて、懺悔して信者となる。訳文では原名で表わした。

**瞿伽離**　原名はパーリ語でコーカーリカという。倶伽離とも漢訳される。提婆達多（前掲）の弟。同名の者が仏典に出る。ブッダの弟子になるが、事件があり、兄と共に教団を去る。訳文では原名で表わした。

**須那刹多**　原名はパーリ語でスナカッタという。須那刹多羅とも漢訳され、善星・善宿と意訳される。ヴァイシャーリー都のリッチャヴィ族クシャトリヤの出身。仏弟子としてブッダの付き添い人となるが、わがままなことを行ない、ブッダに諭され、それを根に持ってブッダのもとを去る。悪弟子の一人として有名。訳文では原名で表わした。

**持一切菩薩**　原典の四八二cを参照されたい。詳細不明。訳文では漢訳名のままで表わした。

# 動物

## 哺乳類

狐
狼
獅子(しし)　ライオン
豹(ひょう)
豺(さい)　山犬のこと
犬
狗(く)　番犬のこと
牛
馬
象
羊
水牛
虎
驢(ろ)　うさぎうま
騾(ら)　らば〈牝馬と雄ろばの混血種〉

## 鳥

鵄(し)　とび
梟(きょう)　ふくろう
鷲(しゅう)
烏(う)
鵲(しゃく)　かささぎ
孔雀(くじゃく)
鴛鴦(えんおう)　おしどり
鳧(ふ)　かも
雁(がん)
鸚鵡(おうむ)
鴝鵒(くよく)　ははっちょう。九官鳥の一種
白鶴(びゃくかく)　つる
娑羅娑鳥(さらさちょう)　sārasa?　おおとり
迦蘭伽鳥(からんがちょう)　迦陵頻伽鳥(かりょうびんがちょう)。kalavinka
美声の鳥で極楽浄土に住むといわれる。

## 爬虫類

蛇
蝮(ふく)　まむし
亀
鼈(べつ)　スッポン

## 昆虫

蜂
蚊(ぶん)
虻(ぼう)
蝎(がち)　かみきり
蜋(ろう)　かまきり
蚕
蟻
糞ころがし

犢（とく）　こうし

鼠

猪

猫

獼猴（みこう）　猿

鹿

兎

命命鳥（みようみようちよう）　耆婆耆婆鳥（ぎばぎばちよう）。jīvanjīvaka　鳴き声を擬して付けられた名。人の顔して鳥の体。両頭を持つ鳥。

鶏

迦隣堤鳥（かりんだいちよう）　迦蘭陀鳥（からんだちよう）　kalandaka　かささぎに似て、竹林に群れをなして住む。

鵝（が）　がちょう

鴟（し）　とび

倶翅羅鳥（くしらちよう）　kokila　インド特産の黒いカッコウ。美声で知られる。

金翅鳥（こんしちよう）　garuda　インド神話に出る鳥。ヒマラヤの下に住み、龍を食べる獰猛な鳥。

婆嗜伽鳥（ばきがちよう）　valaka?　鶴?

雉

鳩

舎利鳥（しやりちよう）　sārika　朝鮮ウグイスのこと。

鵰鷲（ちようしゆう）　大鷲、秀鷲。

# 第七章〃ブッダはなぜ病むのか

## 人々の病の原因はなにか

その時、カッサパ菩薩はブッダに申し上げた。

『世尊、ブッダはすでにすべての病を癒して、患いや苦しみをことごとく除かれており、もはやなにも心配されることがありません。これに対して人々には四つの毒矢があります。それが病の原因となっています。

その四つとは、むさぼりと怒りと無知とおごりです。これらの原因がさまざまな病を起こしています。病といえば肺病・熱病・吐き気・皮膚病、心の乱れ、下痢・しゃっくり、眼や耳の痛み、背や腹の膨張、精神の錯乱、鬼神に憑かれるなどですが、このような身心の病はブッダにはまったくありません。

このことから考えて、今日、ブッダはどうして文殊菩薩に命じて「私はいま背中が痛む。だから私に代わって人々に説法したまえ」と言われたのですか。

考えるに、二つの理由からブッダには病がないのではないでしょうか。

428c

一つはすべての人々を憐愍されるかぎり病はないはずです。二つは病人に薬を与えることを考えられているかぎり病はないはずです。

つまりブッダはすでに量り知れないむかしに菩薩の道を修め、つねに人々に慈しみの言葉をかけてこられ、人々に量り知れない利益を与え、苦しみを取り除いてこられたはずです。そして病人に種々の薬を施してこられました。それがいまになって急に自分は病人だとおっしゃるのですか。

世尊、世間の病人は坐っていても寝ていてもいつも苦しんでいます。飲食はほしいものを求め、病で臥していても家の者たちに命令して仕事の段取りを指図します。ところがブッダはどうして黙って臥していらっしゃるのでしょうか。弟子たちや信者たちに正しい習慣を身につけること、心を静めること、道理を正しく理解することなどを教えて、それらを正しく修行するようにどうしてお諭しくださらないのでしょうか。どうして深奥な大乗の教えを説法されないのですか。どうして数多くの方便をもって、私をはじめ、多くの勝れた聖者たちを最後まで怠けることなく、ブッダのさとりを求め修行するように導こうとされないのですか。どうして悪い修行者たちが修行者として手にしてはならない、ふさわしくない所持品を受け取ったり、蓄えたりしないように改心させようとされないのですか。

ブッダには本当は病などないはずです。どうして黙して右脇を下にして臥していらっしゃるのですか。

求道の人はおよそ病人に対しては、薬を与えることで得る功徳を自分だけのものにせず、すべての人々に施し、共に最高の知慧を得ることに向けられるのだと考えます。そのような求道の人の行ないは人々の煩悩の障(さわ)り、悪業(あくごう)の障り、そして悪業の報いの障りなどを除こうとするためのものでしょう。

煩悩の障りとは、むさぼり・憎しみ・無知・怒り・こだわり・焦り・ねたみ・けち・だまし・諂（へつら）い、自らの罪を恥じない、罪を恥じて許しを乞うことをしない、劣った人には自分が勝っているといい、等しい人には自分は等しいというおごり、等しい人には自分が勝っているといい、勝っている人には自分は等しいというおごり、人が勝っているのにそれより自分は勝っているというおごり、私という実体があり、私のものがあるという考えにとらわれているおごり、十分に理解していないのに理解し尽くしているというおごり、人がはるかに勝っているのに少しだけその人より自分は劣っているだけというおごり、悪行をしていながら言い訳をして正当化しようとするおごり、怠け・高飛車な態度、恨み・争い、素行が悪く不規則な生き方、人々を驚かすような格好をしたり、限りなく利益を求めたり、あくどい稼ぎ、敬うという気持ちがなく、人の忠告や教えに耳を貸さず、悪友と付き合い、儲けてもむさぼり飽くことを知らない、迷信にこだわり反省の心がなく、悪欲・欲に染まり、わが身の不滅を信じ、死後の世界があると信じ、また死後の存在はないと信じ、ひんぱんにあくびして睡眠をむさぼり、ぼけっとして楽しいことがなく、飲食をむさぼり、心は朦朧（もうろう）としていて、幻覚に踊らされ、善くないことを企（たくら）み、すること言うこと悪いことばかりで、おしゃべりで、五官は衰え、言うことに嘘が多く、いつもむさぼりと怒りといじめのことばかりでいっぱいです。これらを人々にとって煩悩の障りというのです。

　悪業の障りとは、母を殺すこと、父を殺すこと、最高の聖者を殺害すること、仏教教団を誹（そし）り、掻き乱すこと、ブッダを傷つけることなどの五つの重罪、殺し・盗み・淫ら・二枚舌・悪口（あっく）・嘘・べんちゃら・ねたみ・憎しみ、そしておごりなどの十種の悪業の病を言います。

悪業の報いの障りとは、地獄や畜生や餓鬼の世界に生まれること、そして正法を謗ること、極悪人の一闡提（いっせんだい）の輩となることです。

以上の三つの障りを大病と言います。多くの求道の人たちは量り知れない時間をかけてさとりに向けて修行する時に、すべての病人に薬を与えるにあたって、これらの三つの障りの重病から解放されるようにと願っています。

429a また、求道の人たちは、人々が永くあらゆる病から回復し、ブッダのような堅固不滅の身体になるようにしてあげたいと願っています。

また、求道の人たちは人々が不死の薬を得て、その薬ですべての悪毒を除けるようにしてあげたいと願っています。

また、求道の人たちは人々がブッダの最高のさとりを怠けることなく求め、ついにはブッダになり、すべての煩悩の毒矢が抜き取られるようにと願っています。

また、求道の人たちは人々が精進努力して、すべての誘惑にも動じないブッダの堅固な心を得て、不思議な教えの薬を作り、あらゆる病を治癒し、人々の争いが生ずることのない状態を実現するようにと願っています。

また、求道の人たちは人々が毒矢を抜き取り、ブッダのこの上もない知慧を体得し、ブッダの知慧という妙薬の不可思議な教えの世界に入ることができるようにと願っています。

世尊、求道の人たちは数えきれない、量り知れない時間、これらの悲願を起こし、ついには人々をみな病のない状態にしたのです。このことを考えた時に、ブッダだけがどうしていま、病に罹っているとおっしゃったのでしょうか。

世尊、世間で病人というのは坐ったり立ったり、仰向けになったり横になったり、歩行したりすることは困難です。飲食が思わしくなく、尿の出が悪いのです。病気になっていると子供の教育や家業を進めることができません。そうなると母父や妻子や兄弟や親戚や知人たちはみなもう死期も近いと考え始めます。世尊、ブッダのいまの状態もこれと同じです。右脇を下に臥してなにも説いてくださいません。世間の愚かな者たちはブッダはまもなく亡くなられると考えることでしょう。ブッダが死滅されるという考えを彼らは起こすかもしれませんが、私はブッダの本質は決して死滅するとは考えていません。それはブッダは常住で不変であるからです。だから、世尊、「私はいま背中が痛む」と言わないでください。

また、世尊、世間では身体が衰弱して俯せになったり横になったりして床に寝ていると、家の者たちはその状態を観て、死ぬかもしれないと最悪のことを考えるものです。ブッダのいまの状態はそれと同じです。その状態を他の宗教者たちが見て軽蔑し、永いことはないだろうと考えることでしょう。そして「彼の状態を見ると、われわれが本体とか本性とか言っている真理は常住であり、不変であると説くこととは異なっていることになる。ゴータマは無常な存在にすぎないし、変容するただの人間にすぎなかったのだ」

と彼らは言うことでしょう。このことを考えてもブッダはいま黙って横になっていてはなりません。

世尊、病に罹ることは身体を構成する地・水・火・風の四つの要素の調和が崩れたことを意味します。

429b その時は坐ったり立ったりすることが困難で、床に臥していても苦しいのです。しかしブッダの身体を構成する四つの要素は調和がとれ、力があり、まったく衰弱するところがないはずです。

たとえば、十頭の小牛の力は、一頭の大きな牛の力にはかないません。十頭の若い黒牛の力は、一頭の普通の象の力にはかないません。十頭の普通の象の力は、一頭の野性の象の力にはかないません。十頭の野性の象の力は、一頭の二つの大きな牙を持つ象の力にはかないません。十頭の二つの牙を持つ象の力は、一頭の四つの牙を持つ象の力にはかないません。十頭の四つの牙を持つ象の力は、一頭のヒマラヤに住む白象の力にはかないません。十頭のヒマラヤに住む白象の力は、一頭の発情期の象の力にはかないません。十頭の発情期の象の力は、一頭の青象の力にはかないません。十頭の青象の力は、一頭の黄象の力にはかないません。十頭の黄象の力は、一頭の赤象の力にはかないません。十頭の赤象の力は、一頭の白象の力にはかないません。十頭の白象の力は、一頭の山のような象の力にはかないません。十頭の山のような象の力は、青蓮華のような象の力にはかないません。十頭の青蓮華のような象の力は、一頭の赤蓮華のような象の力にはかないません。十頭の赤蓮華のような象の力は、一頭の白蓮華のような象の力にはかないません。十頭の白蓮華のような象の力は、一人の力士の力にはかないません。十人の力士の力は、パッカンディーという一天神の力にはかないません。十のパッカンディー天神の力は、ナーラーヤナという天の一力士の力にはかないません。十のナーラーヤナ力士の力は、菩薩の修行段階で最高の十地にある菩薩の腕の一節の力にはかないません。

俗人たちの身体は節々がばらばらですが、力士の節々は寄り集まっています。パッカンディー天神の身体の節々は互いに接触し、ナーラーヤナ力士の身体の節々は頭が引っ掛かっています。十地の菩薩の節々は溶解してくっついています。丸くなっている龍の節々は結びあっています。このようなことから、菩薩は何よりも最大の力を出すことができるのです。

ブッダは、かつて修行中の身であった時、菩提樹のもとに坐り、さとりを得られました。その時、十種の力を獲得されました。そのブッダが、いま赤子や小児のような姿を見せてはなりません。赤子や小児は愚かで無知で、なにも語ることができません。だから赤子や小児がごろっと寝転がってもだれも咎める人はおりません。しかしブッダの場合は異なります。ブッダは大いなる知慧があり、あらゆる人々に光を与えてくださる人です。人間界の龍に喩えられます。勝れた威厳と功徳を具(そな)え、また、神通力を完成している人です。最上の仙人です。一切の悩みや疑いを解決し、毒矢を抜き去っている人です。行住坐臥に安定と正理を具えられ、まったく怖れるものがなくなった境地でいらっしゃいます。そのようなブッダがいま
429c どうして横に臥して、人々や神々を悲しませ、悩ますようなことをなさるのですか』

そしてカッサパ菩薩はブッダの前で次のような詩偈を詠みあげた。

『ゴータマ大聖、どうか起きて妙法を説いてください。小児や病人のように床に臥すことをなさらないでください。

人類の偉大なる調教師であり、神々や人々の教師である方が、二本の樹木の間に臥していらっしゃるお姿を見て、俗人たちはブッダは死滅されるというでしょう。

彼らは大乗の教え、深奥なるブッダの生活がどんなものかを知らず、不思議な教えの奥深いところを

見ていません。ちょうど眼をつむると道を見ることができないように。ところが文殊菩薩などの求道の人たちはこの深奥な教えを理解しておられます。たとえば勝れた射的者のように。過去・現在・未来のあらゆるブッダたちの心は大悲に根ざしています。いまのブッダのお姿を見るとどこにこの大悲があるといえましょう。もし大悲がないのならば、ブッダとはいえません。ブッダが死滅されれば、ブッダは常住とはいえないことになります。無上の尊者であるゴータマ大聖、私たちの願いを受け入れて、悩める人々に利益を与え、そして他の誤った宗教の信奉者たちを改心させられるようお願いします』と。

## ブッダの威光放たれる

その時、世尊は大悲の心を起こし、人々の一人一人の思っているところを察知し、ためになることをしようと考え、起き上がって坐禅の姿をとられた。その尊顔は喜びに溢れ、柔和で、金が溶けているような様子であった。眼は厳か（おごそ）で満月のようであった。お姿は清らかでまったく汚れがなかった。全身から光明を放ち、その光は天空をあまねく照らした。その光は勢いがあり、数十万の太陽をしのぎ、東西南北四維、そして上下のあらゆるブッダが住む各世界を照明した。人々に大いなる知慧の松明（たいまつ）を施し、すべての無知から起こる煩悩を彼らからなくした。そして数えきれない数の人々にさとりへの堅固な心を持たせた。

その時、ブッダの心にはまったく不安がなかった。ちょうどライオンの王のような心境であった。三十二相八十種好相（ごうそう）という身体の特徴を備えていて、その身体の毛孔の一つ一つから蓮華が咲きだしていた。その蓮華は言葉に表わすことができない美しさで、数えきれないほどの葉で包まれていた。金色に輝き、瑠璃（るり）で飾られたような茎をしており、ダイヤモンドのような雄しべ・雌しべがあり、赤いはまなすのようなうてなであった。その形は大きく、丸く、ちょうど車輪のようであった。

この蓮華から青・黄・赤・白・紫・桃色などの、さまざまな色の光が放たれていた。これらの光は間断
なく苦しみを受ける阿鼻（あび）地獄、仮死状態でも苦しみを受ける等活地獄、熱せられた鉄の縄で縛られたり、
熱した斧で切られる苦しみを受ける黒縄（こくじょう）地獄、鉄のくちばしや鉄の葉で苦しめられる衆合（しゅごう）地獄、熱湯を
浴び、また猛火に迫られて苦しみを受ける叫喚（きょうかん）地獄・大叫喚地獄、灼熱にあぶられて苦しみを受ける焦
430a 熱地獄・大焦熱地獄などの世界にも達していた。これら八つの熱地獄のなかの者たちはいつも焼かれたり、
煮られたり、あぶられたり、切り刻まれたり、刺されたり、皮を剥がれたりするさまざまな苦しみを受け
るが、蓮華の発する光を浴びると、たちどころにこれらの苦しみが消え去り、まったく安らぎ、すがすが
しく、快い状態になった。

この光のなかでブッダは秘密の教えを説法された。それはすべての者たちにはみなブッダになる可能性があるという説法である。この説法を聞いた者たちはこの功徳によって、ここで寿命が尽きた後、人間界かあるいは神々の世界に再生することができた。

また、寒さのためにハハという苦しみの声が出るハハヴァ地獄、寒さのためにアタタという苦しみの

声が出るアタタ地獄、寒さのために身体が腫れあがる苦しみを受けるアルブダ地獄、寒さのためにフフという苦しみの声が出るフフヴァ地獄、寒さで身体が青い蓮華のように裂ける苦しみを受けるウトパラ地獄、寒さのために身体が深紅の蓮華のように裂ける苦しみを受けるパドマ地獄、寒さのために身体が赤い蓮華のように裂ける苦しみを受けるクムダ地獄、寒さのために身体が白い蓮華のように裂ける苦しみを受けるプンダリーカ地獄などの八つの寒氷地獄にいる者たちはいつも凍えて、切り裂かれ、砕かれ、互いに傷つけあいながら苦しんでいるが、ブッダの毛孔の蓮華から放たれる光を浴びると、これらの苦しみはたちどころに消え去った。すぐに暖かな、心なごむ、快い気持ちになることができた。

　この光のなかでブッダは秘密の教えを説かれた。それはすべての者たちにブッダになる可能性があるという説法であった。この説法を聞いた者たちはこの功徳によって、寿命が尽きた後、人間界かあるいは神々の世界に再生することができた。

　このようになった時、この世間及び他の世界にあるあらゆる地獄で苦しんでいる者たちもそこから抜け出し、そして一切の罪から解放された。ただし極悪人の一闡提の輩だけは例外であった。

　餓鬼の世界にいる者も飢えや渇きに苦しめられ、髪で身体を纏い、のたうち回って、一万年の間一度も飲み物や食べ物の名前さえ聞かないような状態であっても、ブッダの蓮華の光を浴びると、たちどころに飢えも渇きもなくなった。

　この光のなかでブッダは秘密の教えを説かれた。すべての者たちにはみなブッダになる可能性があると説かれた。この説法を聞いた者たちはこの功徳によって、寿命が尽きた後、人間界かあるいは神々の世界に再生することができた。ただし大乗の平等を説く教えを謗る者は例外である。

　畜生の世界にいる者たちは互いに殺害し、共食いする生きざまを見せているが、ブッダの蓮華の光を浴びると、たちどころに怒りの心がなくなった。この光のなかでブッダは秘密の教えを説法された。すべての者たちにはみなブッダになる可能性があると説かれた。この説法を聞いた者たちはこの功徳によって、寿命が尽きた後、人間界あるいは神々の世界に再生することができた。ただし大乗の平等を説く教えを謗る者は例外である。

　この一つ一つの花にそれぞれ一仏がおられた。ブッダたちから発せられる円かな光はあたりを金色に照らし、煌々としていた。その姿は端厳にして最上にして比べるものがなかった。三十二相八十種好相のめでたい特徴を具えていた。坐っているブッダもおられ、歩いているブッダも、臥しているブッダも、立っているブッダもおられた。雷鳴を轟かしているブッダ、雨をそそぐブッダ、いなびかりを放つブッダ、風を起こすブッダ、煙や炎を出して全身火の塊のようなブッダ、七宝で飾られた山や池や川や林や樹木を現わすブッダなど、さまざまなブッダがおられた。七宝で飾られた国土や城や村や宮殿や住宅などを現わすブッダもおられた。象や馬やライオンや虎や狼や孔雀や鳳凰(ほうおう)などのさまざまな鳥を現わすブッダもおられ
430b た。この世間のあらゆる人々に地獄や畜生や餓鬼のそれぞれの世界を見せるブッダもおられた。

　また、それぞれの生き物たちと、それとかかわりを持つすべての環境は、みな種々の過ちや煩(わずら)いを起こしていると説法するブッダもおられた。この世間の現実とあるべき理想の姿の因果関係について説法するブッダもおられた。世間に起こるあらゆる事象の因果関係について説法するブッダもおられた。ものの常

住と無常について説くブッダもおられた。清浄と不浄について説くブッダもおられた。

また、求道の人たちのために六つの成就すべき修行を説くブッダもおられた。求道の人たちの得るであろう功徳について説くブッダもおられた。ブッダになった者が得るであろう功徳について説くブッダもおられた。

また、未熟な修行者が得るであろう功徳を説くブッダもおられた。最上で唯一の教えにしたがって得るところの功徳について説くブッダもおられた。道を完成するのに三つの修行方法があることを説くブッダもおられた。

また、左脇から水を出し、右脇から火を出す神通力を現わしたブッダもおられた。この世間に誕生し、のちに出家し、さらに菩提樹のもとに坐って説法し、最後に妙寂に入るところまでの一生を示現するブッダもおられた。説法し、集まっている聖者たちに第一段階のさとりの境地から第四段階の最高のさとりの境地に至るまでの修行の在り方、心構えを説き、最高のさとりが実現できるように教えているブッダもおられた。生死輪廻（しょうじりんね）の苦海から解脱できるさまざまな条件を説くブッダもおられた。

その時、もし世間の人々がこのブッダたちの放つ光を浴びたならば、眼が見えない人は色を見ることができ、耳が聞こえない人は声を聞くことができ、言葉を話せない人は話すことができ、足が不自由な人は歩くことができ、貧しい人は財を得ることができ、けちな人には施す心が起こり、気性が荒い人には慈しみの心が起こり、不信心の人には信心が起こった。このように世間にだれ一人として善くないことをしようとする者がいなくなった。ただ極悪人の一闡提（いっせんだい）は例外である。

その時、あらゆる神々は異口同音に
『すばらしいことです。世尊、私たちは多くの利益を受けました』と言ってから躍り上がって喜び、歌い、
舞った。青・黄・赤・白の蓮華をはじめとして、さまざまな花をブッダや修行者たちのうえに散らした。
430c また、沈香や栴檀香やサフラン香などをはじめとする、さまざまな香油を塗ってあげた。また、宝石で飾
られた幡を建て、傘で覆い、箏や笛や琴や琵琶などのさまざまな楽器で音曲を奏で、ブッダたちを供養した。

そして彼らは次のような詩偈で申し上げた。

『私たちは今後、教えにしたがって修行し、最高のさとりを得られたブッダに帰依いたします。ところでゴータマ大聖だけが私たち神々や人々が知らなかったことをよく理解していらっしゃるようです。世尊は、昔私たちを救済するために数えきれない時間をかけて苦行を修められました。生類を救済しようという誓いをかつて立てておられたのに、いま死のうと思っていらっしゃるとはどういうわけですか。

私たち生類は、ブッダの深奥な教えの内容を十分に理解できていないのです。できていないから世間の苦しみから逃れることができないのです。だから相変わらず輪廻し、ついには地獄に堕ちることになるのです。

ブッダがよく例にひかれて「阿羅漢という聖者はみな、いずれは妙寂に到る」と説かれました。そのようなことを申されても、愚かな俗人にはそれがよく判りません。

多くの生類のために甘露に喩えられる教えを説かれるのはさまざまな煩悩を取り除くためでありまし

ょう。もしその甘露の教えを飲み込むことができたら、決して二度とこの世間に生まれ変わることはないでしょう。

ブッダは数えきれないほどの生類の病を治療し、その病をすべて根絶し、二度と罹らないようにされました。ブッダ自身も一切の病から解放された方ですから、第七番めのブッダと呼ばれたのです。

そのような方ですから、いま教えの雨を雨らし、私たちがこれまで積んだ功徳に潤いを与えてください』

このようにお願いしたのち、神々や人々は黙ってしまった。この詩偈を述べている時に、蓮華のうてなの上のすべてのブッダたちは世間からスッダーヴァーサという天界に至り、この詩偈を聞いた。

## 仮病の真意を説く

その時、ブッダはカッサパ菩薩に言われた。

『すばらしいことだ。君はこのような深奥な、すばらしい知慧を備えているので、あらゆる悪魔や外道の者たちの誘惑にも惑わされることがないだろう。君は安住を得ているので、もうあらゆる邪な教えに心を動かされることがないだろう。また、人々の求めに応じて楽しく説法することができるようになった。また、これまで数えきれないほどのガンジス河の沙の数に等しいブッダたちを供養してきた。それだからこそ先ほどのような質問を私にすることができたのであろう。

じつは、私は数えきれないほどの、何億・何千・何百億光年の昔に、すでにすべての病の根源を断ち切っていて、その身体をもって坐ったり臥したりしている。云ってみれば病で臥すことがないのだ。

カッサパ菩薩、数えきれない昔に、この世間にあるブッダが出現されたことがある。そのブッダを無上
431a 勝如来と言った。このブッダはあらゆる修行者のために大乗の妙寂の教えを説法し、その意味を示し、解説し、心を開かせた。私はそのブッダの弟子となり、その教えを受け継ぎ、読み、唱え、理解し、それを書き写し、そして広く人々のために示し、判るように解説した。その行ないはすべてブッダの最高のさとりを得るためにしたことである。このことがあってから、ずっと私は煩悩がなく、悪業によって地獄に堕ちることがなく、正法を謗ることがなく、極悪人の一闡提の輩に堕落することもなく、身体的障害を持って生まれることがなくなり、親に反逆したり、最高の聖者阿羅漢を殺したり、ブッダを祀った塔を破壊したり、教団を乱したり、ブッダを傷つけたりなどの悪行をしなくなった。このことがあってから、私は身心共に安穏で、まったく苦しみや悩みがなかった。それは先の一切の病から解放されたからである。

カッサパ菩薩、多くの人々は大乗の秘密の教えを知らないので、私に病があると錯覚している。それは「ブッダは人のなかのライオンである」という言い方と同じである。実際は私はライオンではない。しかしそういう喩えを使うのは私の秘密の教えなのである。

また、それは「ブッダは人のなかの大龍である」という言い方と同じである。しかしながら私は数えきれない昔に龍のような行ないをすでにしなくなっている。

また、それは「ブッダは人のなかの神である」という言い方と同じである。しかし私は人でもなく神で

もない。鬼神、その他のいかなる神々でもない。創造の神ブラフマンの分身であるアートマンでもない。霊魂でもない。食べ物で養育される身体でもない。勇敢な勇士でもない。運動を起こすものでもない。運動を起こさないものでもない。感覚するものでもなく、感覚しないものでもない。世間の尊敬を受ける者でもなく、説法を聴きながら修行する者でもなく、説法する者でもなく、説法しない者でもない。このような言い方をしているのは、これこそ私の量り知れない秘密の教えを表わそうとしているからである。

カッサパ菩薩、それは「ブッダはちょうど大海にそそり立つヒマラヤのようだ」という言い方と同じである。これは私は塩味がする岩山と同じだという意味ではない。この喩えも私の秘密の教えを表わしている。また、それは「ブッダは白蓮華のようだ」という言い方と同じである。これもじつは私が白蓮華と同じという意味ではない。

また、それは「ブッダは母父のようだ」という言い方と同じである。これも私が母父であるという意味ではない。

また、それは「ブッダは大きな船の船長である」という言い方と同じである。しかしこれも私がじつは船長であるという意味ではない。

431b また、それは「ブッダはちょうど商店の主人のようだ」という言い方と同じである。これも私が商店の主人であるという意味ではない。

また、それは「ブッダはよく悪魔を降伏させる」という言い方と同じである。これも私が悪心をもって降伏させるという意味ではない。

また、それは「ブッダはよく腫瘍を治療する」という言い方と同じである。これもじつは私が腫瘍を治療する医者だという意味ではない。

また、私が先に次のようなことを説いたのを思い出してほしい。

「ある人が振る舞いや言葉や心のそれぞれの行ないを正しく修めていた。ところでその人が命を落としたら、親族の者はその死骸を火葬に付すか、川に流すか、墓場に捨てて狐や狼、あるいは鳥などに競って食べさせるかのいずれかの仕方で処理するだろう。いずれかで処理されても、その人の潜在の心は善いところに再生するはずである。しかしその心そのものには去るとか来るとかの時間的な去来もなく、また、どこかに往くという場所もない。心には時間的に前後の区別がなく、相続していて、その姿になんの相違も見られない」

と言った内容はこれこそ私の秘密の教えである。

また、それは「私はいま病んでいる」と言ったことも同じである。これも私の秘密の教えである。だから文殊菩薩に

「私はいま背中が痛い。どうか君たちで出家者たちや信者たちに説法してくれたまえ」

と命じた。

カッサパ菩薩、私は実際には病んで臥しているのではない。私は結局は死滅するのではない。私が妙寂といっているのは、これまでのブッダたちが行なった深奥な三昧の境地である。このような三昧は未熟な修行者たちの行なうところの瞑想ではない。君が先に

「ブッダはどうして臥したままで、飲食を口にせず、家の者（私たち）に仕事（修行）に精を出すようにと告げられたのですか」

と質問したが、それに答えるとすれば、虚空（こくう）そのものが坐ったり、起ったり、飲食を求めたり、家の者を戒めて仕事に精を出すように指示することはしないということだ。また、虚空そのものが行ったり来たり、生じたり滅したり、老いたり若くなったり、出たり入ったり、傷ついたり、さとったり迷ったりすることはない。虚空そのものが説法したり、他のものに説法させたりはしないということだ。それ自身でさとったり、他をさとらせたりすることもない。安住することもなく、病に罹ることもないということだ。ブッダたちもこの虚空と同じである。どうしてブッダは病に苦しむことがあるといえるだろうか。

世間に治療できない病が三つある。一つは大乗の教えを謗（そし）る病である。二つは親を殺害するなどの五つの大罪を犯す病である。三つは極悪人の一闡提という病である。これらの三つは極め付きの重病である。未熟な修行者や菩薩たちが治療できる代物ではない。

これらの三つは、喩えれば治療しても助かる見込みのない病みたいなものである。もしどんな病状も的確に治す薬があっても、また、なくても、このような三つの病は決して治すことができない。

431c これらの三つの病に罹っている人には、どんな修行者や求道の人たちが説法して聴かせても、また、聴かせなくても、それに関係なく、最高のさとりを求めようという心を起こす気配はまったくありえない。カッサパ菩薩、一般に病状を的確に治す薬があれば、どんな病人でも治すことができるが、これら三つの病に罹っている人たちはそういうわけにはいかない。つまり彼らに対するそのような薬がないからである。

未熟な修行者たちもこれと似ている。彼らはブッダの説法を聴いて初めて最高のさとりを求めようという気持ちを起こすのである。教えを聴かないとその気持ちさえ起こすことはない。

カッサパ菩薩、ある一種の人だけは、病に罹っても、かの薬があるなしにかかわらず治る。この人は未熟な修行者に会うとか会わないとかにかかわらず、また、ブッダに会うとか会わないとかにかかわらず、また、教えを聴くことができるとかできないとかにかかわらず、自然にブッダの最高のさとりを成就することができる。

人のなかには自分自身のために、他人のために、畏(おそ)れを感じたために、名誉や金儲けのために、諂(へつら)いの心から、人をたぶらかすために、この妙寂の教えを書き写したり、暗記したり、唱えたり、供養したり、敬ったり、また、説法する人がいる』

# 第八章　さとりへの高潔な修行について

432a さらに、ブッダは言われた。

『カッサパ菩薩、求道の人はこの妙寂の教えにもとづいて心を集中し、次の五つの修行を忘れてはならない。その五つとは一つには習慣（戒）・注意（定）・理解（道理についての理解・慧）の三つの修行（聖行）、二つには一切の性的行為を離れた禁欲の修行（梵行）、三つには自然の道理にかなう修行（天行）、四つには幼児のように一切の分別を離れた修行（嬰児行）、五つには人々の罪業を治療する修行（病行）などである。

これらのほかに如来行というのがある。これはいわゆる大乗の妙寂の教えを説くものである。

## いかに正しく習慣を守るか

さて求道の人の実践すべき高潔な修行（聖行）とはなんであろうか。

この修行はブッダから大乗の妙寂の教えを聞いて、信心を起こし、

〈ブッダたちには最高の教えがある。それは正しい教えであり、多くの人々が歩むべき正しい道であり、平等の教えであることを知った。私はいまこの平等を説く大乗の教えを求めるために、愛する妻子も親族も、住んでいる住宅も金銀財宝も、身につけているすべての装飾品も、男女の使用人も、飼育している象も馬も、牛も羊も、鶏も犬も、豚も一切合財捨てよう〉

と考えることである。

さらに

〈家に住み、家に縛られるのは牢獄にいるようなことで、これがあらゆる煩悩のもとになっている。出家すれば、そのさわやかなこと、まさに虚空のようである。これがあらゆる善のもとになり、善を増やすもとになっている。もし家に縛られていたら、心安まり、清らかな修行を修めることが死ぬまでできないだろう。いま髪や鬚（ひげ）を剃り落とし、出家して道を学ぶべきである。決心してここに出家し、ブッダの最高のさとりへの道を修めよう〉

と考えることである。

このようにして求道の人が出家した時に、悪魔たちはこの求道の人はいずれ私たちと争うことになるだろうと嘆く。

ところでこの人はどこかで、だれかと争うことがあると思うか。争うわけがないのだ。だから、悪魔と争うこともない。この時、この人がすぐに修行者たちのいる場所に行くと、そこでブッダや弟子たちの振
432b る舞いが厳かで、物腰や言葉づかいが静かで、心やさしい態度と清潔で静かな雰囲気に接して、出家した

い気持ちを告げ、すぐに髪や鬚を剃り落として僧衣（三衣）を着ることになるだろう。出家してから習慣を守り、正しく習慣を身につけて生活するだろう。一挙手一投足が穏やかで、少しも習慣に背くことがなく、わずかな罪を犯しても報いを怖れ、正しい習慣を守る気持ちはちょうどダイヤモンドのように堅固となるだろう。

たとえば、ある人が浮き輪を持って大海を渡ろうとすることを考えてみよう。途中で羅刹（らせつ）という鬼神に出会ったとしよう。その鬼神がこの人に浮き輪をくれと求めた。彼は〈いまこれを鬼神にやったら溺れ死んでしまう〉と考え、

「鬼神、君が私を殺すといっても、この浮き輪を上げるわけにはいかない」

と答えた。鬼神は、

「ではその半分でもいいから分けてくれ」

と頼んだ。しかし彼はこれを拒んだ。鬼神はさらに言った。

「それではその浮き輪の三分の一でもいい。分けてくれ」

これも彼は拒んだ。鬼神はさらに、

「それでは君の手もとのところだけでもくれ」

と頼んだが、これにも応えなかった。鬼神は懇願した。

「手もとのところでさえくれないとなれば、私はすがる物がなく、苦しみながら死んでしまうだろう。どうかわずかばかりでいいからくれまいか」

彼はこれを聞いてから、鬼神に向かって

「君は多くの物を欲しがっていないことが解かったが、しかし私はこれからこの大海を渡らなければならない。これから先、目的地まで遠いのか近いのかまったく判からない。いま君に浮き輪のどの部分であっても少しでも上げたら、空気が少しずつ抜けてしまうだろう。そうなったら大海をどうして渡り切ることができようか。おそらく中途で溺れ死ぬことになる」

と言い、鬼神の求めを拒否した。

カッサパ菩薩、求道の人が正しい習慣を守ることも彼が浮き輪を守り、手放さなかったことと同じである。求道の人が正しい習慣を守る時に、煩悩や悪などの鬼神が誘惑して、

「私が言うことを信じてくれ、決してだますことはしないから。不殺生などの四つの習慣を捨てて、他の習慣を守るようにしたほうがいい。そうすれば君は安らかに死後の世界に導かれることだろう」

と言うだろうが、これを聞いた求道の人は、

「いまの習慣を守ったために阿鼻地獄に堕ちるようなことになるとしても、他の習慣を守って天界に生まれようとは考えていない」

と言うだろう。そうすると鬼神はさらに次のように言うだろう。

「不殺生などの四つの習慣を捨てることができないというなら、これより少しゆるい僧残（そうざん）という習慣を捨ててみたらどうだ。そうすれば君は安らかな死後の世界に導かれるだろう」

これに対しても求道の人はうなずかないだろう。鬼神はまた次のように言うだろう。

「僧残という習慣を捨てられないというなら、これより少しゆるい偸蘭遮罪（ちゅうらんじゃざい）という習慣を捨ててみたらどうだ。そうすれば君は安らかな死後の世界に導かれるだろう」

求道の人はこれにもうなずかなかった。鬼神はさらに次のように言うだろう。

「偸蘭遮罪という習慣を捨てられないというなら、これより少しゆるい捨堕（しゃだ）という習慣を捨ててみたらどうだ。そうすれば君は安らかな死後の世界に導かれるだろう」

求道の人はこれにもうなずかなかった。鬼神はさらに次のように言うだろう。

「捨堕という習慣を捨てられないというなら、これより少しゆるい波夜提（はやだい）という習慣を捨ててみたらどう
432c だ。そうすれば君は安らかな死後の世界に導かれるだろう」

求道の人はこれにもうなずかなかった。鬼神はさらに次のように言うだろう。

「波夜提という習慣を捨てられないというなら、これより少しゆるい突吉羅戒（ときらかい）という習慣を捨ててみたらどうだ。そうすれば君は安らかな死後の世界に導かれるだろう」

この鬼神の言うことを聞いた時に、

〈いま私が突吉羅戒というもっとも軽い習慣でも犯しているのを自ら気づいているいないにかかわらず、とにかくそれを懺悔しなければ、生死輪廻から解脱してさとりを得ることはできない〉

と求道の人は考えるだろう。求道の人はこのような軽い習慣に対してさえもゆるがせにせず堅固に守り続けるべきである。その心はダイヤモンドのように堅固であるべきだ。不殺生などの四つの重い習慣からもっとも軽い突吉羅の習慣に至るまで、どれも等しく、堅固に守るのが求道の人である。

求道の人はまた、二つの習慣を守る。一つはすべての悪を断ち切り、そして悪を防止すること、二つはすべての善いことを積極的に実行すること。

もしすべての善いことを積極的に実行するならば、決して悪を作ることはない。とにかくすべての悪を断ち切り、悪を防止する習慣を守ることを三度繰り返し誓ってのち、実行すべきである。

また、次に求道の人には、重罪を禁ずる習慣と、世間的誹りや嫌がらせなどを受けないための二つの習慣がある。

重罪を犯さない習慣とは、殺し・嘘・盗み・不倫などの四つを犯さない習慣をいう。

世間的な誹りや嫌がらせなどを受けないための習慣とは、秤のメモリより軽く物品を売るとか、見かけより小さい豆を売るとかして人をだましたり、あるいは人のなりふりを見て金品を盗みとったり、傷つけ縛り上げたり、人の成功を妨害したり、明かりを灯さずに寝たり、田畑に種を播かなかったり、家業を怠けたりなどしないことをいう。また、さまざまな動物や鳥類を飼ったり、召使いを雇ったり、宝石類を所持したり、家財道具をそろえたり、穀物を蓄えたりしないことなども含んでいる。

世間的誹りや嫌がらせなどを受けないための習慣には、つねに一日に一回だけの食事をとり、二度の食事をしないことも含まれている。托鉢によって得た食べ物や教団に布施された食べ物について、つねに足ることを知り、特別の食べ物を受けることをしない。肉食をしない、酒を飲まない、ねぎなどの臭いの強
433a い食べ物を一切口にしない。そうすることで身体にそのような強い臭いが付着しない。したがって人々に
敬われ、供養を受け、尊重され、讃えられる。少しの物に足ることを知るために、余分に物を受けようと

しない。

もらった衣服は、たとえわずかなものでも身体を覆うだけで十分である。ちょうど、鳥が二つの翼をいつも用いているように、いつも三種の衣と鉢だけを持ち物とする。

栽培して野菜の根や茎や種などを蓄えることをしない。金銀の財宝を集めたり、食事を用意する炊事場を作ったり、衣装や服飾品などを蓄えたりしない。脚のついた高床、象牙の装飾がほどこされている金色のベッド、色とりどりの織物などを一切用いない。やわらかい布を張った椅子を持たない。象や馬に乗らない。柔かい、美しいシーツを敷いたベッドに眠らない。ダブルベッドを使わない。きれいな赤土で作った枕を用い、金箔の木製の枕を用いない。

象や馬などの競争、車の競争、武士の戦い、男同士や女同士の戦い、牛や羊や水牛や鶏や雉、そして鸚鵡（おうむ）などの戦いを観ない。求めて武士たちのいる陣地に行き、観戦しない。

また、好んで螺貝（らがい）を吹いたり、太鼓を叩いたり、琴や琵琶を弾いたり、笛を吹いたり、歌舞音曲を見たり聴いたりしてはならない。ただブッダに聴かせる時は別である。博打（ばくち）・囲碁・将棋をはじめとする、あらゆる遊びはたしなまず行なってはならない。

手足や顔を美しくするために手入れをしてはならない。鏡や芝草や楊枝や鉢やドクロを使って占いをしてはならない。空を見て星を観察してはならない。ただ眠気を醒ますために見ることは別である。王家の使い走りをして、こっちのことをあっちに、あっちのことをこっちにと告げ口をしてはならない。そして決して人に諂（へつら）って貰い物を受けて生活してはならない。王や家来のこと、盗賊のこと、戦争のこと、飲食のこと、国土のこと、飢饉のこと、怖しいこと、富裕のこと、安穏のことなど、これらについていろいろと話してはならない。

　これが世間的誹りや嫌がらせなどを受けないための習慣という。求道の人は重罪を犯さない習慣と同じようにこの習慣を堅く守るべきである。

## 不動の境地を得る法

　求道の人はこれらの習慣を守りながら、次のような誓いを考えている。

〈燃えさかる猛火の坑のなかにこの身体で飛び込むことがあったとしても、過去・現在・未来のブッダたちが守護してこられた習慣を犯してまで、いろいろの階層の女と関係を持つような不埒（ふらち）なことはしまい〉と。

〈真っ赤に熱した鉄で身体を纏（まとう）ようなことがあったとしても、それでも習慣を破って信者の布施する衣服を受けることはしまい〉と。

〈この口が真っ赤に熱した鉄の塊を飲むことがあったとしても、それでも習慣を破って信者の布施する飲
433b 食物を口にすることはしまい〉と。

〈この身体を真っ赤に熱した鉄のうえに横たえることがあったにしても、それでも習慣を破って信者の布施する敷物や寝具類を受けることはしまい〉と。

〈この身体に三百の鉾（ほこ）を突き刺すようなことがあったとしても、それでも習慣を破って信者の布施する薬を受けることはしまい〉と。

〈この身体を真っ赤に熱した鉄の鍬（くわ）のうえに横たえることがあったとしても、それでも習慣を破って信者の布施する独房や小屋を受けることはしまい〉と。

〈この身体を鉄槌（てっつい）で頭から脚の爪先に至るまで打ち砕くことになっても、それでも習慣を破って王族やバラモンや資産家たちの尊敬・礼拝の応接を受けることはしまい〉と。

〈真っ赤に熱した鉄で両目をえぐり取ることがあったとしても、淫（みだ）らなことを連想して人の色事を見ることはしまい〉と。

〈真っ赤に熱した鉄の錐（きり）で身体中を串刺しにするようなことになっても、興味を持って歌や音楽を聴くことはしまい〉と。

〈刃物でこの鼻を切り落とされるようなことがあっても、興味を持ってさまざまな香水をむさぼることはしまい〉と。

〈斧でこの身体を切り刻むことになっても、興味を持ってさまざまな感触の楽しみをむさぼることはしまい〉と。

ここに誓いとして挙げたことを実行できなかったら、この求道の人は地獄や畜生や餓鬼などの住む、苦しみの世界に堕ちることになるであろう。カッサパ菩薩、これまでに述べてきた正しく習慣を守ることを護持禁戒（ごじこんかい）という。

求道の人がこのような汚れのない習慣を反復し実修し続けるならば、最初の不動の境地に至ることができる。では、不動の境地とはどのような段階をいうのだろうか。

不動の境地になると、動じない、堕ちない、退かない、乱れないのである。喩えればヒマラヤがどんな龍巻や暴風にも動かされたり、退いたり、倒されたりしないことと同じである。求道の人は欲の渦巻く生
433c 類の世間にあっても、視覚や聴覚や嗅覚や味覚に誘惑されない。地獄などの苦しみの世界に堕ちることがない。未熟な修行者たちの心境にまで退くことがない。他の思想や生き方に惑わされずに私のような生き方をするのである。

また、不動の境地とはむさぼり・怒り・おごりなどの煩悩がない境地をいう。

また、両親を殺すなどの四つの重罪を犯さない境地をいう。

また、教団の習慣を守れずに普通の生活に戻るようなことが決してない境地をいう。

また、大乗の教えを謗る人たちに惑わされることのない境地をいう。

求道の人はこのようにあらゆる煩悩に心を迷わされず、悪魔の仲間とならない。私が修行し、さとりを開いた菩提樹の下に坐っている時、悪魔がやってきて誘惑することがあっても、ブッダの最高のさとりを求めようとする私の決意を退かせることはできなかった。このように悪魔に心を乱されることは決してない。

これが求道の人の聖なる行といわれる。

カッサパ菩薩、高潔な修行とは、ブッダや菩薩たちが実践する修行であるから、このように呼ぶ。それはブッダや求道の人を聖人と呼ぶからである。ブッダや求道の人は煩悩に染まらない、清らかな生き方を

しているからである。そしてすべてのものの本性は空にすぎないと観察しているからである。だから聖人といわれる。

ブッダや求道の人には正しい注意力や知慧がある。また、七つの勝れた財産がある。つまり信心、正しい習慣、慚愧、じっくり聴く心、真理についての正しい理解、平等心、とらわれのない心である。

また、ブッダや求道の人はさとりを得る助けとなる七つの方法を修めている。つまりものの真偽を選別すること、努力すること、教えの実行を喜びとすること、いつも身心を軽やかにしておくこと、ものに執着しないこと、何事にも心を集中すること、思いを安らかにしておくことなどである。だからブッダや求道の人は聖人といわれる。

これらのことが高潔な修行といわれる。

# 第九章　世間とわが身の現実を見つめよ

## いかにわが身を観察するか

カッサパ菩薩、また、求道の人の高潔な修行とは頭から足の爪先まで身体の部分をつぶさに観察するこ
とである。身体には、毛髪、爪や歯、不浄物・皮肉・筋骨・脾臓・腎臓・肺・肝臓・胃腸、硬いところと
軟らかいところ、大小便・唾・涙・脂肪・脳髄・骨髄・血液・膿・骸骨・血管がある。これらのものを観
434a 察した時に、どの部分に不滅の実体があるだろうかと見る。そしてそれがどこにあって、どの部分に属す
るものだろうかと観察する。そして骨は不滅の実在なのか、骨がなければ不滅の実在はないのだろうかと
思索する。

その時、皮膚や肉を取り除いた白骨だけを想像して、

〈骨の色を見ると場面によって青であったり、黄であったり、赤であったり、白であったり、鳩色であったりで、これが骨のあり様であり、したがって骨は不滅の実在ではない。なぜなら不滅の実在は青・黄・赤・白・鳩色のような色で表わすことができないから〉と理解する。このように身体について心を集中し

て観察すると、求道の人はしぜんと身体に対する情欲を断ち切るようになる。

　また、次のようなことを考える。

〈この骨格はさまざまな部分が集まってできたものである。足の骨によって踝の骨は支えられ、踝の骨によって膝頭の骨は支えられ、膝頭の骨は膝の骨によって支えられ、膝の骨は腿の骨によって支えられ、腿の骨は尻の骨によって支えられ、尻の骨は腰の骨によって支えられ、腰の骨は脊椎の骨によって支えられ、脊椎の骨は肋骨によって支えられている。また、脊椎の骨は上に項の骨を支え、項の骨は顎の骨を支え、顎の骨は歯や牙を支え、その上に髑髏を支えている。また項の骨が膝頭の骨を支えており、膝頭の骨が尻の骨を支えており、尻の骨が腕の骨を支えており、腕の骨が掌の骨を支え、掌の骨が指の骨を支えている〉と。

　このように観察して、身体のあらゆる部分の骨を一つ一つ分けて観る。この観察によって顔形への執着、からだつきへの執着、肌触りへの執着などをまったく捨て切るようになる。

　青色になった骨を見た時、この大地の東西南北、四維上下にあるものすべてをみな青色に染まったように見る。骨を青色に見た時と同じように、黄や赤や白や鳩色の場合も同じである。

　求道の人はこのように観察した時、眉間から青・黄・赤・白・鳩色などの光を放った。そしてこの一つ一つの光のなかにブッダの姿を見ることができた。このブッダの姿を見て求道の人は質問した。

「私のこの身体は不浄のものが寄り集まってできています。この身体に不滅の実在が存在しないのに、どうして立ったり坐ったり、歩いたり止まったり、屈伸したり、仰ぎ見たり凝視したり、咳をしたり呼吸したり、泣いたり悲しんだり喜んだりするのは、なにがそうさせているのでしょうか」と。

しかし光のなかのブッダはなんの反応も示さず、全身を現わさなかった。そこで求道の人は考えた。

〈おそらく意識が不滅の実在なのだろう。だからブッダは私のためにお答えにならなかったのであろう〉と。

しかしよくこの意識を観察してみた時に、この意識が次から次へと生じては消えて行く。ちょうど水が流れるようである。どうもこれは不滅の実在ではなさそうだということに気づき、また、次のように考えた。

〈もし意識が不滅の実在でなければ、吸ったり吐いたりする息が不滅の実在なのだろうか〉と。

しかし求道の人はこれについても次のように考えた。

〈吸ったり吐いたりする息、これは風そのものである。しかもこの風の性質は地・水・火・風の四つの要
434b 素の一つである。これらの四つの要素はどれも不滅の実在ではない。したがって風の性質は不滅の実在ではない。この身体のどの部分にも不滅の実在は存在しない。ただ心に関していえば、これは風との関わりによってさまざまなはたらきを現わすことがある。それはちょうど魔術や呪いによって姿が現われるように、また、十三弦の琴から弾き手によって種々の音が出るのと同じである〉と。

このように観察してみると、この身体は不浄であることが解る。要するに種々の原因と条件が和合してでき上がっているにすぎないということである。このような身体のどの部分に愛着を持つことができよう。罵（ののし）り、いやしめられても、自分の身体は臭気紛々の三十六の不浄な汚物が詰まったものであるから、相手にどんな怒りや憎しみをもって対応するというのだろうか。またどこに罵（ののし）りと辱（はずかし）めを受けるだけの価値があるといえるだろうか。

もし罵られたら、一つ一つの声に罵る主体があるのだろうか。そしてその声は何を罵るというのだろうかと考えてみよう。一つ一つの声はなにも罵ることはできない。罵るものがなければ、その声を気にすることはない。したがって怒りを起こすことが無意味であることが解る。

また、求道の人は次のように考える。

〈人に殴られたとしよう。その時、殴るという行ないはなにから起こったかを考えよう。手や杖、そして自分の身体から殴るという行ないが生じたのだ。このように考えると、殴られたといっても、手と杖と体の三つがあって生じたことは、わが身にもそれなりの原因があることに気づかなければならない。すなわち自分の身体自身が招いた禍であると言える。自分自身が五つの要素からなる身体を受けて生まれてきたがためである。喩えていえば、的があるから矢が当たるということである。この身体もそうだ。身体がそこにあるから殴られるわけで、殴られた時に耐えきれなくて殴り返すことにでもなると、心は穏やかではなくなる。心が穏やかでなかったら、正しく考えることができなくなる。正しく考えることができないと、善悪の見境（みさかい）が判らなくなる。善悪の区別がつかなくなると悪いことをしていることに気づかなくなる。悪いことをすると地獄に堕ちる結果を招くことになる〉と。

求道の人はこのように観察してから、四つの誤った考えを正す見方を持つようになった。この四つの見方を持つようになって、求道の人としての本格的な修行の最初の段階に到達することができる。この段階に到達すると、むさぼりや怒りなどの煩悩に惑（まど）わされることがなくなる。また、寒さや暑さ、飢渇、蚊や虻、蚤や虱（しらみ）、暴風、他人の触れた不浄な食物、種々の病・悪口・罵り・打擲・鞭打ちなどによる傷害の苦しみを忍耐することができるようになる。つまり身体に生じるすべての苦悩を忍耐することができるようになる。この修行の段階を堪忍地（歓喜地）という』

　これを聞いたカッサパ菩薩はブッダに申し上げた。

『世尊、求道の人のなかに不安定な境地に決して後戻りしないという不動の段階にまだ至っていないが、正しく習慣を守っている求道の人がいたとしましょう。その人がなにかの理由で習慣を破ることがあり得るでしょうか』

　ブッダは言われた。

『まだ不動の段階に達していない求道の人であれば、理由によっては習慣を破ることはあり得るだろう』

　カッサパ菩薩は謹んで訊ねた。

『どのような人でしょうか』

　ブッダは言われた。

『カッサパ菩薩、ある求道の人が、人々に大乗の教えを暗記させ、信仰させ、そして暗唱させ、理解させ、書き写させ、そして人々に伝えるようにさせて、さらにブッダの最高のさとりを求め続けるようにさせる
434c にあまりに熱心であったために、自ら習慣を破るようなことはあるだろう。

　しかしその人はその場合でも
〈私が数えきれないほどの時間、阿鼻叫喚するほどの苦しみを味わう地獄に堕ちて、その苦しみを受けることになっても、人々からブッダのさとりを求める心がなくならないようにしたい〉と考え続けるだろう。

このためにこの求道の人は習慣を破ることがあるだろう』

その時、文殊菩薩がブッダに申し上げた。

『世尊、もしこのように人々を受け入れ、援助して、さとりを求める決心がくじけないように導いているうちに、あるいはそれが原因で習慣を破り、罪を受けることになった求道の人がいたとしても、彼が阿鼻地獄に堕ちるという道理はないと私は考えますが……』

そこでブッダは文殊菩薩を讃えて、次のように言われた。

『すばらしいことを言ってくれた。君の言うとおりだ。私はいま昔のことを想い出した。私は昔、このインドの大国の王であった。その時の名前を仙預（せんよ）といった。大乗の教えを信仰し、尊重していた。心は純真で、悪や嫉妬や卑しさがなかった。いつもやさしい言葉、ていねいな言葉を使い、いつも清貧で、孤独を愛し、人々に布施をし、仕事に専念し、休み怠けることがなかった。その頃は世間にブッダやその教えにしたがって修行している人や孤独のブッダなどはいなかった。その頃は大乗の教えを信仰していたが、十二年間、あるバラモンに仕え、彼の必要なものをなんでも供給し続けた。十二年を過ぎて、バラモンに対して、

「これからブッダの最高のさとりを求める心を起こされるべきです」

と告げたことがあった。するとバラモンは
「大王、さとりの本性はとらえどころがないのだ。また、大乗の教えでさえそうである。大王、どうして人と物とを虚空と同じように考えるのか」

と反論した。

その時、私は心では大乗の教えを尊重していたので、バラモンが大乗の教えを誹る言葉を聞いて、彼を殺してしまった。じつはこのことがあってからも私は地獄に堕ちることがなかった。大乗の教えを擁護し、守護したら、このような量り知れない力を得ることができる』

## 苦と苦の真実を説く

また、ブッダは次のように言われた。

『カッサパ菩薩、四つの真理という高潔な行がある。それは苦(く)・集(じゅう)・滅(めつ)・道(どう)という四つである。苦とは迫り、おどすという特徴を表わす言葉である。集とは成長させるという特徴を表わす言葉である。滅とは制し、静かになるという特徴を表わす言葉である。道とは大きな乗物という特徴を表わす言葉である。

また、苦とは現象しているすがたである。集とは変わる、遷(うつ)るすがたである。滅とは払った、尽きたすがたである。道とはよく払う、よく尽きるすがたである。

また、苦に三つの特徴がある。生理的な痛みという特徴の苦、移り変わるという特徴の苦、壊れるという特徴の苦である。集は二十五の迷いの存在をさしている。滅とは二十五の迷いの生存を制したことをいう。道とは身につけるべき習慣(戒)と正しい注意(定)と道理についての正しい理解(慧)を修めることをいう。

また、苦悩の在り方に二つある。それは原因と結果である。苦悩を超えた在り方にも二つある。それは
435a 原因と結果である。ただ苦悩の在り方の結果は苦といい、原因は集という。対して苦悩を超えた在り方の結果は滅といい、原因は道という。

次の八つの特徴も苦という。八つとは生まれること、老いること、病むこと、死ぬこと、愛するものが別れること、憎みあうものが会うこと、求めても得ることができないこと、身体に生ずることをいう。この八つの苦を生ずるのが集である。この八つの苦が制御された境地を滅という。十種の知慧のはたらきと、教えを説くにあたり揺るぎない四つの自信と、人々がブッダの教えを信じようと信じなくとも、それに一切かかわることなく、不動で教えを説き続けるという三つの心の在り方、大いなる憐れみなど、これらを行なうことが道である。

八つの苦のうち、生まれるとは出るという特徴を表わす苦で、これに五つの種類がある。一つは初めて出ること、二つは終わること、三つは増えて成長すること、四つは胎から出ること、五つは類から出ること。

老いるとはこれに二つある。一つは刹那刹那に老いること、二つは死ぬまでにわたって老いること。また、二つある。一つは勢力を増加しながら老いること、二つは衰え、壊れながら老いること。これらを老いるという。

病むとは地・水・火・風の四つの要素が互いにバランスが取れず、調和していない状態をいう。これに二つある。一つは肉体の病、二つは心の病。

肉体の病に五つの種類がある。一つは水による病、二つは風による病、三つは熱による病、四つは雑多な病、五つは突然の病。この突然の病にまた四つある。一つは不本意に罹った病、二つは過ちやだらけた生活による病、三つは刃や杖、石や瓦などの傷害による病、四つは悪霊による病。

心の病にも四つある。一つは踊り狂う病、二つは恐怖の病、三つは憂い悲しむ病、四つはおごりの病。

身心の病におおよそ三つある。一つは悪業の報いによる病、二つは悪から離れられないために起こる病、三つは時節の変わり目に起こる因縁や名字(みょうじ)や受分別(じゅふんべつ)の病。このなかで因縁の病とは風邪などの病である。名字の病とは心の乱れ、肺病、上気し、咳き込み、驚いたりして下痢をするなどの病である。受分別の病とは頭痛、眼の痛み、手足などの痛みの病である。

これらをすべて病という。

次に、死とは授かった身体を捨てることをいう。授かった身体を捨てることに二つある。一つは寿命が尽きて死ぬこと、二つは突然に他の力によって死ぬこと。

寿命が尽きて死ぬことに三つの場合がある。一つは寿命が尽きても所有しているものが尽きていない場合がある。二つは所有しているものは尽きても寿命だけがまだ残っている場合がある。三つは所有しているものも寿命も共に尽きてしまっている場合がある。

突然に他の力によって死ぬことにも三つの場合がある。一つは不本意に自害する場合の死、二つは他の者によって突然に死ぬ場合の死、三つは他の者によってと同時に、自分の意志との両方で死ぬ場合の死がある。

死には怠けによる死と、規則を破ることによる死と、感覚器官を壊すことによる死とがある。この三つのなかで怠けによる死とは大乗の教えである完璧な知慧、つまり世間はみな空であるとする理解を誹謗する行為がこれに当たる。

435b 規則を破ることによる死とは、過去・現在・未来のあらゆるブッダたちが制定した禁止の規則を犯す行為がこれに当たる。

感覚器官を壊すことによる死とは、肉体を捨てる行為がこれに当たる。

これらを死といい、これが恐るべき苦である。

次に愛するものが別れる苦とは、愛するものが破壊し、離散することをいう。これに二つの特徴がある。一つは人間界の身体の破壊である。二つは神々の世界の身体の破壊である。このような人間界と神の世界では愛着している身体に思いを掛け、悩み患うことが量り知れず多い。これが愛するものが別離する苦である。

次に憎みあうものが会う苦とは、愛していないものが一緒のところに集まって暮らす苦しみのこと。これに三つの特徴がある。それは地獄と餓鬼と畜生の三つの世界にある苦のことである。この三つの世界に生まれ、互いに付き合うと悩み患うことが量り知れず多いという有様がこの苦の特徴である。

次に求めても得ることができない苦に二つの特徴がある。一つは希望しているものを手に入れられないこと、二つはいろいろと力を尽くしても、それなりの報いが得られないこと。このような苦を、求めても得ることができない苦という。

次に身体に生ずる苦とは、生まれる苦、老いる苦、病む苦、死ぬ苦、愛しあうものが別れる苦、憎みあうものが会う苦、求めても得ることができない苦などをいう。

カッサパ菩薩、生まれることの根本に次のような七つの苦がある。それは老いる苦、病む苦、死ぬ苦、愛しあうものが別れる苦、憎みあうものが会う苦、求めても得ることができない苦、身体にまつわって生ずる苦である。この中で老衰はすべての生類にあるというわけではない。ブッダや神々にはなく、人間界では一定せず、有るともいえ、無いともいえるからである。この輪廻の世界で授かった身体には誕生はかならずあるが、老衰がかならずあるというわけではない。だからすべてのものは誕生が根本となる。

カッサパ菩薩、世間の人々は邪見に囚われており、次の生まれを楽しみにしながら、老衰し、死ぬことを嫌がっている。しかし求道の人はそうではない。求道の人は初めて生まれた時のことを観察して、生まれることによる煩いがなにかを知悉している。

カッサパ菩薩、喩えでもって説明しよう。

ある女が見知らぬ家を訪ねた。器量がよく、美人であった。派手なアクセサリーをつけて、飾り立てていた。その家の主人は彼女を見て

「君はなんという名前で、どういう身分の者かね」

と訊ねた。彼女は、

「私は功徳天という者です」

と答えた。主人は、

「では、君はなんのためにここに来たのかね」

と聞き返した。彼女は、

「私がここに来たのは種々の金銀や宝石類、さらに車や召使たちを差し上げようと思ったからです」

と言った。これを聞いた主人は躍り上がらんばかりに喜び、
435c 「私に運が向いて来たぞ！　さあ、さあ、どうぞ中にお入りなさい」

と言って招き入れ、香を薫（た）き、花を散らして接待し、礼拝した。

　その後、入口にボロを着た、みすぼらしい格好の女が立っていた。顔の肌はしわだらけで、蓬（よもぎ）のような色をしていた。この女を見た主人は、

「名前は？　どこから来た者だね」

と迷惑そうに訊ねた。女は
「私は闇黒天（あんこくてん）という者です」

と答えた。主人は畳み掛けるように、

「どうして闇黒というんだ」

と訊ねると、

「私が訪ねて行くと、その家の財産はみななくなってしまうからです」

と答えた。これを聞いた主人は刃物を振りかざして、

「おい、女、いまここからすぐに立ち去らなければ、殺すぞ」

と怒鳴りつけた。女は静かに応えた、

「ご主人さま、あなたは愚かですね、知慧がないとしか言えません」

「なぜ愚かで知慧がないというんだ」

　女は、

「先ほど招き入れられたのはじつは私の姉です。私といつも連れ合って旅をしています。もしあなたが私を追い帰されるのでしたら、姉も一緒にここを立ち去ることになりますよ」

と言って、その場を立ち去った。主人はすぐに姉のいる部屋へ行き、

「いま一人の女が戸口に訪ねてきたが、彼女は君を姉だと言っていた。本当なのか？」

と訊ねると、

「はい、私の妹です。いつも二人一緒に行動しており、別々になったことは一度もありません。私たちが一緒にいるところでは、私はいつも好ましいことをして、妹は好ましくないことをしています。私は利益になることをし、妹は利益にならないことをします。もし私を愛してくださるのでしたら、妹も愛してください。もし私を敬ってくださるのでしたら、同じように妹も敬ってください」

と説明した。主人は、

「好ましいことと好ましくないこととの両方を一緒に受け入れてくれと言われても、私にはできない。どうかあなたもここから出ていってくれ」

と姉に告げた。姉妹はまた一緒に旅を続けた。この姉妹が立ち去るうしろ姿を見て、主人は躍り上がらん

ばかりに喜んだ。

この後、姉妹はある貧しい家に招き入れられた。ここの主人は、これからずっとわが家にいてくれるようにお願いしたという。その時、姉の功徳天が、

「私たちは先ほどある家では追い払われてしまいました。あなたはどうして私たちを受け入れてくださったのですか」

と訊ねると、その貧しい主人は、

「私は功徳天といつか会えることを願い、敬っていた。君と一緒であるから妹の闇黒天も敬うことができるのだ。だから二人を一緒に招いたのだ」

と気持ちを打ち明けた。

ところでカッサパ菩薩、求道の人は姉妹を追い払った主人の考え方と同じである。求道の人は天界に生まれることを願っていない。生まれると老いがあり、病があり、死がある。だから老・病・死と共に生まれることも願わず、捨てて、まったく愛着がない。愚か者は老・病・死による患いがどんなものかをまったく気づいていない。だから愚か者は生と死にこだわっているのである。

カッサパ菩薩、次のような喩えを考えてみよう。

あるバラモンの幼児が空腹に堪えられず、糞のなかに落ちているマンゴーの実を見つけ、これを拾って食べようとした。それを大人が見て、

「おまえはバラモンの子ではないか。純血の生まれではないか。どうしてこんな汚れた果実を拾って食べ

るんだ」

と叱った。その幼児は顔を赤くして恥じて答えた。

436a 「私はこの実を食べようとしたのではありません。洗ってから捨てようと思っていたのです」

「おまえは愚かだ。どうせ捨てるのであれば、最初から拾ってはならない！」

と大人は諭した。


カッサパ菩薩、求道の人はこの大人のような考え方を採るのだ。求道の人には再生を願うことも、願わないこともいずれもない。ちょうど幼児を大人が叱ったようにである。愚か者たちが再生を願い、死を憎むのは、幼児が糞の中の実を拾い、後で捨てるようなやり方とまったく同じである。


カッサパ菩薩、また四つ辻でさまざまな色・香り・味の、数種の食べ物をいろいろの器に盛って売っている人を喩えにして考えてみよう。そこにまったく空腹になった人が通りかかり、その食べ物を見て、

「これはなんだ」

と訊ねた。売り主は、

「これはうまいですよ。いい匂いで、味もいいです。これを食べると、血色がよくなり、力が付き、満腹します。そして神々を見ることができるかもしれません。ただ一つ欠点があります。食べたら寿命が尽きます」

と説明した。客は〈おれは神々を見るために食べようとしているわけでなし、また、死ぬために食べようとしているわけでもないんだ〉と考えながら、

「おまえはこれを食べたら寿命が尽きると言ったが、それでは、なぜこの食べ物を売っているのだ」

と訊ねた。すると売り主は、

「物分かりのいい人は最初から買おうとはしません。ただ愚かな人がそれとは知らず、金を出して買い求め、むさぼるように食べてくれるので、売っているのです」

と言った。

カッサパ菩薩、求道の人もこの物分かりのいい人と同じで、神の世界に再生しようとか、血色がよくなるようにとか、精がつくようにとか、神々を見ようとかなどまったく願っていない。そんなものを願ってみたところで、苦しみがなくなるわけではないからである。俗人は愚かで生まれたところに満足し、そこに愛着する。そこにはかならず老・病・死が待ち受けていることにまったく気づかないからである。

カッサパ菩薩、毒のある樹木を考えてみよう。その樹木は根であろうと、茎であろうと、樹皮・花・果実であろうと、それを用いた人を毒殺するものである。それと同じように、二十五の迷いの存在に生を受けたら、たとえば人として生まれても、かならず殺される。

また、糞を考えてみよう。糞はその量の多少にかかわらず、臭い。その糞のように生まれることは八万年生きようと、十年生きようと、苦を受けることに変わりはない。

カッサパ菩薩、険しい岸を草が生い茂り、覆っていることを考えてみよう。その岸の一部に甘露の草があった。それを食べた人は寿命が千年にもなり、あらゆる病に罹ることがなく、いつも快適で健康な生活ができた。愚か者はその草をただ求めることで頭がいっぱいになり、探している時に深い穴に気づかなかったために、躓（つまづ）いてその穴に落ち死んでしまった。智者は落し穴があることを前もって知っていたので、それを求めるどころか、そばに近付くことさえしなかった。

求道の人はその智者のように神々の美食でさえも欲しがらないのだ。ましてや人間界の食べ物に愛着はない。俗人は地獄に堕ちても真っ赤に焼けた鉄の塊を飲み込む。ましてや人間界・天上界の料理を食べず
436b にいることがありえようか。

カッサパ菩薩、このような喩えやほかでも述べた数々の比喩でわかるように、生まれることはじつに多くの苦しみに付きまとわれるのだ。大乗の教えをよく理解して、つねに生まれることは苦であることを観察しなければならない。

カッサパ菩薩、老いは苦であることをどのように観察すべきだろうか。

老いると咳き込んだり、逆上したり、活力やしっかりした記憶がなくなり、若い時の楽しみを持ち出したり、慢（あなど）りやおごりを持ち、のんびりとして、わがままとなり、背中が丸くなり、怠けたり、面倒くさがったりして、人に軽蔑されるようになる。

ちょうど池の蓮華は色鮮やかに咲いて、人々の眼を楽しませてくれているが、一度あられが降り注ぐと、ひとたまりもなく萎み、無残な姿になるようなことと同じである。老いは若さや活力や色つやを壊してしまう。

また、国王のもとにいる家来のなかの智者を考えてみよう。彼は兵法に詳しかった。険悪な関係の隣国の王が自分の考えに同調してくれないので、この智者を遣わした。彼は相手国を滅ぼし、そして王を捕え

て引きつれて帰って来た。この智者と同じように老いは活力や若さを捕えて死神に引き渡すのである。

また、軸が折れた車は使いものにならないように、老いも使いものにならない。

また、大富豪の家にある財宝も盗賊が入り、強奪されると空（から）になる。若さも美しさもいずれ老いという盗賊に奪われてしまう。

また、貧乏人というのはどんなにうまい料理や手触りのいい衣装を望み求めても手に入れることができない。老いも同じである。老いて富や楽しみを与えられても、五官が思うようにはたらかない。

また、陸にあがった亀がいつも水を求め続けるように、人は老衰し、枯れてから、いつも心に若い頃に楽しんだ五官の記憶を思い出している。

また、蓮華はすべての人々に楽しまれるが、それも萎（しぼ）んで黄色くなると、かえって顧みられなくなる。そのように人々は若い時は若さや美しさを謳歌しているが、老いるとそれはまったく顧みられなくなる。

また、さとうきびは搾ってしまうとあとに滓（かす）が残る。それにはまったく味がない。若さも美しさも同じである。老いに搾られると出家の味、読経の味、坐禅の味という三種の味がなくなる。

436c また、満月の夜、月の光は明るく辺りを照らすが、昼間はまったく月の明かりはない。人も若い時は端正で容貌は勝れているが、老いると衰弱し、姿は萎れ、心も衰える。

また、ある王がつねに正しい法で国を治め、実直で曲がったことをせず、慈悲深く、人々に施すことを好む政治を行なったが、運悪く敵国に滅ぼされ、国を追われて他国に逃げ去った。他国の人々はこの王を見て、

「大王、あなたは昔から正しい法によって国を治め、多くの人々を虐げることをなさらなかった。どうしてそのようなお方が流れてここに来られたのですか」

と言ったという。

カッサパ菩薩、人は老衰すると、つねに若い頃にしたさまざまなことを思い出し、あの頃はよかったという。

また、炎はただ油に頼っているので、油がなくなるとその勢いはなくなる。人の場合も同じである。若さというエネルギーに頼っているので、それがなくなると老衰し、炎のはたらきをしなくなる。

また、水の枯れた川は生き物にはなんのためにもならない。人も老いのために枯れてしまうと、とくにためになることができなくなる。

また、川岸に高く生えている樹木は暴風にさらされると、ひとたまりもなく倒れてしまう。そのように人も老いの険しい岸に臨むと、死の風に吹かれていつまでも元気でいることはできない。

また、車の軸が折れていると重荷を積むことができない。それと同じように、老いるとどんな善い教えでも思い通りに受け入れることができなくなる。

また、幼児は大人たちに相手にされない。それと同じように老いもすべてにおいて軽蔑され、捨てられる。

カッサパ菩薩、これらの喩えだけでなく、ほかで述べた数々の比喩から解かるように、老いは本当に苦である。大乗の教えを修めて、この老いは苦であると観察しなければならない。

カッサパ菩薩、病は苦であることをどのように観察すべきだろうか。

いわゆる病とは安穏や楽しいことを壊すものである。ちょうど霰が穀物を傷めつけるようなものである。また、恨みの心を持っていると、心はいつも憂鬱で、怯えている。人々もそのように病気になることをおそれ、いつも憂鬱である。

また、カッサパ菩薩、たとえば背が高く、容姿端麗な美青年がいたとしよう。王妃に見初められて愛さ
れ、使いの者に呼ばれ王妃と密会した。ところが王に発見されて捕えられた。罰として一眼を抉り取られ、
437a 片耳を切り取られ、片手と片足を断たれてしまった。このために美青年の端麗な容姿は見る影もなく変わ
り、人々に軽蔑され、いやしめられた。これと同じで、人は身体にうるわしい耳目を所有しているけれど
も、ひとたび病気に罹って痩せ衰えると、だれでも見る影もなく惨めな姿になる。

また、カッサパ菩薩、芭蕉の樹や竹や葦は種を持つと枯れ、ラバは子を産むと死んでしまう。人の場合も同じで、病気に罹ると死ぬ。

また、カッサパ菩薩、転輪王が主力の兵隊や大臣を行進の折には前に配置して、王はそれにしたがって後ろから進むように、また、魚や蟻や蝗や牛などのリーダー、そして隊商のリーダーは先頭で進み、他の者はそれにしたがって離れず従うように、死の転輪王もこれと同じである。つねに病の臣下が付き従って離れようとしない。魚や蟻や蝗や牛や隊商などの病の主もこれと同じである。つねに死の仲間に従われている。

カッサパ菩薩、病に罹ると苦悩・憂い・悲嘆などで身心が不安となる。あるいは敵に襲われたり、浮袋が破れたり、橋が壊れたり、また、生活のもとを奪われたりすることにも似ている。また、健康・溌剌

さ・力・安らぎなどがなくなり、慚愧の気持ちがなくなり、身心を焦がしてしまう。これらの喩えから病のすごさを知るべきである。とにかく病は重い苦しみである。カッサパ菩薩、求道の人たちは大乗の妙寂の教えを修めて病苦を除くようにしなければならない。

カッサパ菩薩、では求道の人たちはどのようにして死の苦を観察すべきであろうか。

死とはすべてのものを焼き尽くすからいう。ちょうど火災が一切合財焼くように。ただ瞑想の第二の境地は除かれる。なぜなら、その焼く力が及ばないから。死の火も一切合財焼き尽くす。しかし大乗の妙寂の教えに安住する者は除かれる。死の火の勢いさえ及ばないから。

また、死とは洪水がすべてのものを流し去ってしまうようなことをいう。ただ瞑想の第三の境地は除かれる。その水の力がとどかないからである。死の水もあらゆるものを流し去ってしまう。しかし大乗の妙寂の教えに安住する者は除かれる。

また、死とは台風がすべてのものを残らず吹き散らすようなことをいう。ただ瞑想の第四の境地は除かれる。その風の力がとどかないからである。死の風もすべての持ち物をみな吹き散らしてしまう。しかし大乗の妙寂の教えに安住する者は除かれる』

『世尊、その瞑想の第四の境地はどうして風で吹き散らし、水で流し去り、火で焼き尽くすことができないのでしょうか』

437b
『カッサパ菩薩、第四の境地には内にも外にもまったく煩悩がないからである。瞑想の第一の境地にある煩悩はものの本質を観ようとする気持ちがちらついている。外に対する火の煩悩がある。第二の境地には内にまだ喜ぶという気持ちが残っている。外に対する水の煩悩がある。第三の境地は内に呼吸の息の乱れがある。外に対する風の煩悩がある。ところが第四の境地では内にも外にもまったく煩悩がない。したがってあらゆる災いも及ばない。大乗の教えを求める者たちはこの第四の境地と同じで、大乗の妙寂の教えに安住しているので、内にも外にもまったく煩悩がない。したがって死神も近寄ることができない。

カッサパ菩薩、獰猛(どうもう)なガルダ鳥がダイヤモンド以外の物は蛇や魚、そして金銀の貴金属さえも食べて消化してしまうように、死のガルダ鳥もすべての生類を食べ尽くす。ただ大乗の妙寂の教えに安住する菩薩を食べることはできない。

また、たとえば川岸の草木は水かさが増すとみな海に流されてしまうが、柳だけは例外である。柔軟であるからだ。人々もこのように死の海に流されてしまう。ただ大乗の妙寂の教えに安住する求道の人だけは除かれる。

また、帝釈天に仕えるナーラーヤナという力士はどんな力士も負かしてしまうが、台風だけにはかなわない。なぜなら抵抗しないからである。死というナーラーヤナ力士はすべての生類を屈伏させるが大乗の妙寂の教えに安住している求道の人を屈伏させることはできない。彼らは死にこだわりがないからである。

また、カッサパ菩薩、たとえばある人が怨み憎んでいるのに親しいように装って、影が形に就いていくように、傍にはべり、隙を窺って殺そうとするが、敵が落ち着いていて用心深いために殺す機会がなかった。それと同じように、死の敵も人々を殺そうと窺っている。ただ大乗の教えに安住している求道の人を殺すことはできない。なぜなら、彼は怠け心を持たないからである。

また、たとえばにわかにダイヤモンドのように固い粒の雨を降らすと、草木や山林や土砂や瓦礫や金銀の金属類や宝石類などすべての物は破壊されてしまうが、本物のダイヤモンドだけは壊れることはない。これと同じように死の雨もすべての人々を滅ぼしてしまうが、ただダイヤモンドのような求道の人だけは大乗の教えに安住しているので除かれる。

437c
また、カッサパ菩薩、ガルダ鳥はあらゆる蛇を食べるが、ブッダ・教え・修行者のあつまりの三つの柱を頼りにして信仰している人を食べることはできない。このように死というガルダ鳥は迷える人々を食べるが、すべてのものは空（くう）で、本来の特徴を持たないのだから、自分の思うようになるものなどないという観察の眼を持っている求道の人たちを食べることはできない。

また、マーラと呼ばれる毒蛇が触れたり、噛んだりしたものを、どんな勝れた呪文をもってしても、また、どんな効き目がある薬をもってしても、云何ともしがたいが、すべての病を除去する薬といわれるアガダ薬だけはこれに対応できる。このように死の毒に刺されてはどんな治療も施しがたいが、大乗の妙寂の教えの呪文に頼るならば治療できる。

また、たとえばある人が王の怒りを買った時は、王に対して穏やかで親しみを表わす言葉を掛け、そして種々の財宝を献上すれば怒りを治めることができるが、死の王はそのようにはならない。たとえ穏やかな言葉をもって接し、金銀財宝を献上しても死の王の怒りから逃れることはできない。

カッサパ菩薩、死は険しい難所で食料がなく、遠い土地で連れがなく、昼も夜もなくいくら歩いても辿り着くところがなく、底なしの真っ暗で、明かりがなく、入口のない場所がある。また、どことい って痛いところはないが、死を治療することができない。そこに行くのに邪魔するわけではないが、死がやってくるとそれから逃げることができない。死によって叩きつぶされることはないが、死を見ると気分が憂鬱になる。それは醜い身体をしているわけではないが、人に怖れられている。いつもわが身の傍にいるが、それを認識することができない。

カッサパ菩薩、このような喩えや他の数多くの比喩でも解るように、死は本当に量り知れない苦というべきものである。

カッサパ菩薩、次に菩薩は愛するものが別れる苦をどのように観察すべきだろうか。愛するものが別れる苦はあらゆる苦しみの根本といえる。詩偈で次のように述べたことがある。

「愛によって憂いを生じ、愛によって怖れを生じる。もし愛を離れたら、何を憂い、何を怖れることがあろうか」

愛するものがあるから憂いが生じるのだ。憂いがあるから人々は老衰する。愛するもの別れる苦はいわゆる寿命が尽きることである。死に別れがあるから、さまざまな言葉に言えない苦しみが生じるのだ。これからこれについて解るように説明しよう。

カッサパ菩薩、過去の世界では人の寿命は長かった。ある時、善住という王がいた。その王はまず王子としての生活を八万四千年送り、後に王位に即いてから八万四千年執務した。ある日、この王の頭に水泡
438a のようなできものができた。そのできものは軟らかく、ちょうどトゥーラ綿や肌触りのいいカルパーサの木綿布のようであった。少しずつ大きくなったが、心配することはなかった。十ヵ月経って、このできも

い、のを開いてみると、そこから一人の子供が生まれた。その姿は端正で、これと比べられるものはなかった。目鼻立ちがよく、血色がよく、人と比較することはできなかった。父王は喜び、頂生（ちょうしょう）と名付けた。

父王は国事をこの頂生に譲り、宮殿も妻子も、親戚も捨てて真理を求めて山に入り、八万四千年を過ごした。

父王が八万四千年を充たした当の十五日、息子の頂生は沐浴を終わって、高い楼閣で菜食を摂っていた。東方に、転輪王の内、四天下を統治する転輪王だけが所有する七宝の一つである金輪（こんりん）があり、その金輪には千の輪があって轂（こしき）と大輪がついていた。これは大工が作ったものではなく、自然にでき上がったものである。これが王のところに近付いて来た。

そこで頂生大王はこの情景を見て次のように考えた。

〈昔、月の十五日に楼閣で、沐浴した後食事をしている時に、千の輪があり、大工の手になるものでなく、自然に作られた轂と大輪を持った金輪が近付いて来る幸運を得た王は、かならずや転輪聖王に成れる、と五つの神通力を得た仙人に聞いたことがある。試してみるか〉と。

王はすぐに左手でこの金輪を捧げ、右手に香炉を持ち、右膝を地に着けて、

「この金輪がもし本物であるなら、過去の転輪聖王がなされた道にしたがって行こう」

と誓いを述べた。この誓いを述べおわると、金輪は空高く飛び去り、十方に飛行してのち、再び頂生王の左手のうえに帰ってきた。頂生王の喜びは躍り上がりたくなるほどで、量り知れなかった。そして王は、

「私はかならずや転輪聖王になるだろう」

と宣言した。

　この後しばらくしてから、七宝の一つの象が現われた。その容姿は端正で厳かで、白蓮華のようで、七支（四足、二本の牙、鼻）は大地をしっかりと支えているようであった。この象が近付いてきたのを見て、王は次のように考えた。

438b 〈昔、武士が月の十五日に楼閣で、沐浴した後食事をしている時に、容姿が端正で厳かで、白蓮華のようで、七支は大地をしっかりと支えているような象が近付いて来る幸運を得た王は、かならず転輪聖王に成れると、五つの神通力を得た仙人に聞いたことがある。試してみるか〉と。

　王はすぐに左手でこの象を捧げ、右手に香炉を持ち、右膝を地に着けて、

「この象がもし本物であるなら、過去の転輪聖王がなされた道にしたがって行こう」

と誓いを述べた。この誓いを述べおわると、象は朝から夕方まで八方経巡り、大洋の果てまでもめぐって、再び頂生王の左手のうえに帰ってきた。頂生王の喜びは躍り上がりたくなるほどで、量り知れなかった。そして王は、

「私はかならずや転輪聖王になるだろう」

と宣言した。

　この後しばらくしてから、七宝の一つの馬が現われた。その全身の毛は艶かな紺色で、たて髪は金色に輝いていた。頂生王はこの馬を見て、

〈昔、武士が月の十五日に楼閣にあって、沐浴した後食事をしている時に、全身の毛は艶かな紺色で、た

て髪が金色に輝いている馬が近付いて来る幸運を得た王は、かならずや転輪聖王になれると、五つの神通力を得た仙人に聞いたことがある。試してみるか〉と考えた。

王はすぐに左手でこの馬を捧げ、右手に香炉を持ち、右膝を地に着けて、

「この馬がもし本物であるなら、過去の転輪聖王がなされた道にしたがって行こう」

と誓いを述べた。この誓いを述べおわると、この馬は朝から夕方まで八方経巡り、大洋の果てまでもめぐって、再び頂生王の左手のうえに帰ってきた。頂生王の喜びは躍り上がりたくなるほどで、量り知れなかった。そして王は、

「私はかならずや転輪聖王になるであろう」

と宣言した。

この後しばらくしてから、七宝の一つの女が現われた。容姿端麗で、美しさは比べるものがなかった。背は高からず低からず、肌の色は白くもなく、黒くもない、均斉のとれた美人であった。毛孔からは白檀の香りがほとばしり、口臭はさわやかで、青蓮華のような香りがした。その眼は八キロメートル先の物を見ることができ、聴覚・嗅覚もこれと同じほどの感覚があった。舌の広さは顔を覆い尽くすほどで、肌は艶々してきめ細かいこと鋼の板のようであった。聡明で知慧があり、人々にいつもやさしい言葉を掛けていた。この女は手で王の衣に触るだけで、王の身体が健康であるか病気であるかを知り、また何を考えているかを察知できた。

王は〈私の気持ちを察知できるような女であるなら、それは七宝の一つの女に違いない〉と思った。

しばらくしてから王宮に自然にマニ宝珠が現われた。それは人の脾臓くらいの大きさの、真っ青な瑠璃(るり)であった。八キロメートル四方を照らすほどの輝きであった。もし車軸のようにびっしりと雨が降るようなことがあっても、この瑠璃は傘となって、八キロメートル四方の物をすべて覆い尽くしてもあまりがあるほどの威力を持っていた。決して雨漏りはしなかった。

この時に、頂生王は〈この宝珠を手に入れたら、かならずや転輪聖王になれるだろう〉と考えた。

その後しばらくしてから、七宝の一つの大蔵大臣がいつのまにか現われた。彼はさまざまな財宝を持ち、その量は量り知れなかった。倉庫は財宝で余すところなく埋め尽くされていた。生まれ付きの眼力で、どんな土地に埋まっている財宝も発見し、王の思い通りに尽くすことができた。

そこで王は試しに、この大臣と一緒に船に乗り、海に出た。王は、

「この辺りでめずらしい宝石があれば採ってほしいのだが……」

と大臣に所望した。大臣は両手で海の水を掬(すく)った。そして十本の指先から十個の宝石を取り出し、王に差し上げた。彼は次のように王に申し上げた。

「お好きなものだけを選び、他のものは海にお捨てください」

これを聞いた王は躍り上がるほど喜び、〈私はかならず転輪聖王になるだろう〉と思った。

438c その後しばらくしてから、七宝の一つの兵の隊長がいつのまにか現われた。この隊長は勇猛であり、彼の兵法の右に出る者はいなかった。象兵・馬兵・車兵、そして歩兵の四種の軍隊をよく統括した。戦争に従事できる者は王の前に配置し、能力のない者は王の前から消してしまい、服従しない者がいたら、服従

するようにさせ、服従している者は万が一の時に備え、力を蓄えるように護ってやった。

この隊長が現われたことを知って、王は〈この隊長を側に置いたら、かならず転輪聖王となるだろう〉と思った。このようにして頂生王はこれらの七宝を手中にしたので、大臣たちに向かって、

「君たち、インドの国土は安泰で、平和となるだろう。私はいま七宝を手中にした。また千の子供も儲けた。これ以上なにかすることがあるだろうか」

と言った。すると家来たちは申し上げた。

「たしかにおっしゃるとおりですが、ヒマラヤの東方にあるプールヴァ・ヴィドーハ洲はまだ王の徳行に従おうとしておりません。この洲を討伐すべきだと考えます」

王は七宝の臣下たちを従えて、飛行してプールヴァ・ヴィドーハ洲へ行った。するとその洲の人民は喜んで王のもとに服従した。かくして王は再び大臣たちに告げた。

「私はインドの国土とプールヴァ・ヴィドーハ洲を治め、安穏で平和にし、人民は活気に溢れている。人々はみな私のもとに来て、命令に従うようになり、私は七宝の臣下を従え、千の子供を儲けており、これ以上にまだすることがあるだろうか」

これを聞いた大臣たちは、

「たしかにおっしゃるとおりですが、大王、西のアパラ・ゴーダニーヤ洲はまだ王の徳行に従おうとしておりません。この洲を討伐すべきだと考えます」

と答えた。そこで王は七宝の臣下たちを従えて、飛行してアパラ・ゴーダニーヤ洲へ行った。するとその

洲の人民も喜んで王のもとに服従した。かくして王は再び大臣たちに告げた。

「私はインドの国土とプールヴァ・ヴィドーハ洲とアパラ・ゴーダニーヤ洲を治め、安穏で平和にし、人民は活気に溢れている。人々はみな私のもとに来て、命令に従うようになり、私は七宝の臣下を従え、千の子供を儲けており、これ以上にまだすることがあるだろうか」

これを聞いた大臣たちは、

「たしかにおっしゃるとおりですが、大王、北のウッタラ・クル洲はまだ王の徳行に従おうとしておりません。この洲を討伐すべきだと考えます」

と答えた。そこで王は七宝の臣下たちを従えて、飛行して北のウッタラ・クル洲へ行った。その洲の人民も喜んで王のもとに服従した。かくして王は再び大臣たちに告げた。

「私はインドの国土とプールヴァ・ヴィドーハ洲とアパラ・ゴーダニーヤ洲とウッタラ・クル洲を治め、安穏で平和にし、人民は活気に溢れている。人々はみな私のもとに来て、命令に従うようになり、私は七宝の臣下を従え、千の子供を儲けており、これ以上にまだすることがあるだろうか」

これを聞いた大臣たちは、

「王のおっしゃるとおりです。しかし、いま、三十三天の者たちは寿命がきわめて長く、安穏に暮らし、快楽を満喫しており、彼らの容貌は勝れており、端正で、他の生類とは比較にならず、住んでいる宮殿や、ベッドや椅子やその他の調度品はみな宝石で飾られており、生まれながらに授かった幸福を自負して、王の徳行に従おうとはしません。この者たちを討伐すべきだと考えます」

と進言した。応（こた）えて王は七宝の臣下たちを従えて、飛行して三十三天に昇った。そこで王は一本の青色をした樹木を見た。この樹木を見て王は
「これはなんという木なのか」

と訊ねた。一人の大臣が、
439a 「パーリジャータという深紅の花が咲く樹木です。三十三天の者たちは夏の三ヵ月の間、この樹木の下で休んだり、遊んだりして過ごします」

と答えた。また、白雲のように真っ白な色をした樹木を見て、王はまた、

「これはなんという木なのか」

と訊ねた。一人の大臣が、

「これは善法堂（ぜんぼうどう）といって帝釈天の講堂です。三十三天の者たちはいつもここに集まり、人間界や天上界の善悪を論じています」

と答えた。

　そのうちに三十三天の主である帝釈天は頂生王が来ていることを知り、出迎えた。手を執って善法堂に導き、並んで坐った。並んだ二人の威厳のある姿はまったく差がなかった。目まいがする時に見ると、少し違いがあるように見えるくらいのものであった。

　この時、頂生王の心に次のような思いが生じた。それは〈私はいまの王位を譲って、ここに住み、天の王となるべきではないだろうか〉と。

じつはカッサパ菩薩、あの帝釈天はこれまで大乗の教えを記憶し、読み、人々に解るように教え、説明してきた。ただ教えの深奥を究めていないだけで、しかし読み、記憶し、理解し、説法してきたという実績があるので、それだけの功徳を積んでいるのだった。ところが頂生王はこのような帝釈天のことを知らず、帝釈天の位を奪おうという悪心を抱いた。このためにすぐに人間界に堕ち、インドの国土に戻ったのである。ついに王は親しく接していた神々や人々と離別して、悩み多い生活を送ることになった。そのうち重い病に罹り、生命を落とした。

頂生王がその時出会った帝釈天は、じつは迦葉仏（かしょうぶつ）であった。転輪聖王というのは私の身体であった。このように愛するものが別れる苦は究めて大きな苦しみである。

カッサパ菩薩、次に求道の人は憎みあうものが会う苦をどのように観察すべきだろうか。

求道の人は地獄・畜生・餓鬼・人・天のそれぞれの世界でこの苦があることを観察している。たとえば人が牢獄に閉じこめられ、枷（かせ）や鎖（くさり）や鞭で苦しめられるところを見ると、これは堪えられない苦である。これと同じように地獄・畜生・餓鬼・人・天に生を受けたことはみな、この憎みあうものが会う苦しみそのものだと求道の人は観察している。

また、ある人がいつも恨みや憎しみで見られている家という鎖や枷や鞭に縛られることがいやになって、母父・妻子・親族と別れ、財産も仕事も捨て、遠いところに逃げ去っていく例があるが、これと同じように求道の人は生死輪廻を怖れ、そこから逃れようとして、六つの完全な修行を実践し、妙寂に入るのである。求道の人はこのように大乗の教えによって憎みあうものが会う苦を観察する。

439b

カッサパ菩薩、次に求道の人は求めても手に入れることができない苦をどのように観察すべきだろうか。

求めるとは何でも一切合財求めることである。この一切合財求めることに二つある。一つは善を求めること、二つは不善を求めること。善を手に入れることができない時は苦を感じる。悪から抜けでることができない時も苦を感じる。これは血潮が燃えるような五官の苦を簡単に説明したのである。

以上、述べてきたことが苦の道理である』

その時、カッサパ菩薩はブッダに申し上げた。

『世尊、ブッダがお説きになられた血潮の燃えるような五官の苦の意味は納得が行きません。なぜなら、ブッダは昔シュッドーダナ王の弟ドートダナ王の長男であるマハーナーマン（釈摩男）に

「もし肉体が苦であれば、だれも肉体を求めないはずである。求める者がいるならば、苦ではないということだ」

と説明されたことがあり、また、修行者たちに

「感覚に、苦を感覚すること、楽を感覚すること、苦も楽も感覚しないことの三つがある」

と説明されたことがあり、また、同じように修行者たちに

「正法を修行したら、そのまま楽を感受することができる」

と説明されたことがあり、また、

「善なる道を進むと、六つの感覚器官は楽を感受する。眼がきれいな色を見ると、これが楽を感受することであり、同じように耳・鼻・舌・身・心に好ましいものが感受されると、これが楽を感受することである」

と説かれたことがあったからです。

また、次のような詩偈も述べられたことがあります。

正しく習慣を保つのは楽であり、身体に苦を受けない。安らかに眠ると、目覚めたとき快い。衣食を受ける時、教えを唱え、静かに歩くこと。そして山林に一人住むなら、これは最高の楽である。人々を昼夜に慈しむならば、つねに楽を得る。他人を悩ますことがないから。欲が少なく、足ることを知ることの楽があり、多くを聞き理解することの楽がある。すべてを捨て去った最高の聖者・阿羅漢さえ、楽を感受するといわれる。求道の人はついには彼岸に到り、すべてをなしおわる。これこそ最高の楽である。

世尊、いままで説明されている楽の内容を見ますと、以上のように考えられます。そこで先ほどブッダが説明された苦の意味と、いま私がいくつか挙げた苦の意味の例とは同じ意味に理解してもいいものでしょうか』

ブッダは言われた。

『すばらしいことだ。カッサパ菩薩、よくそこまで理解し、苦の意味について質問してくれた。すべての人々は下の世界の苦しみのなかに自分勝手に楽しみを感じ取っているだけで、じつは私がいま説いた苦の想いとは根本において異なるものではない』

カッサパ菩薩はブッダに申し上げた。

『ブッダが説かれたように、下の世界の苦しみのなかに楽しい想いを感じたら、下の世界の生・老・病・

439c 死、愛して別れること、怨んで会うこと、求めて得られないこと、燃える五つの要素の苦のなかに楽しい想いがあることになりましょう。下の世界の生まれとは地獄・餓鬼・畜生の三つの世界の生まれをいいます。中の世界の生まれとは人間界のことです。上の世界の生まれとは天界のことです。

ある人が

「もし下の世界の楽しみに苦しい想いを持ち、中の世界の楽しみに苦も楽もない想いを持ち、上の世界の楽しみに楽しい想いを持つのでしょうか」

と訊ねたら、どのように答えたらいいのでしょうか。

世尊、下の世界の苦しみには楽しい想いは生ずるのでしょうか。そこでは数えきれない罰を受けるところですから、最初から楽しい想いを抱いていた人を見たことがありません。もし楽しい想いを生ずることがなければ、どうしてブッダは先ほど下の世界の苦しみに楽しい想いを持つことがあるとおっしゃったのですか』

ブッダは言われた。

『たしかに君が言うとおりである。その意味ではそこでは楽しい想いを生じることはない。なぜなら、数えきれないほどの罰を受けるべき人が一つの罰をくだされた後で、その罰から解放されたら、その時は楽しい想いを感じるだろうが、ただそれは楽しくはないのにわけもなく勝手に楽しい想いを持ったにすぎないのだと知るべきである』

『世尊、その人は一つの罰をくだされたために楽しい想いができなかったが、その罰から解放されたから楽しい想いをしたということでしょうか』
ブッダは言われた。
『そうだ。だから私は昔、コーリタのために「身体によって感受する楽は真実ではなく、虚しい」と説いた。カッサパ菩薩、世間には、楽の感受と、苦の感受と、苦も楽も感受しない感受との三つの感受と、生理的痛みの苦と移り変わる苦と壊われる苦との三つの苦がある。苦の感受は生理的痛みの苦と移り変わる苦と壊われる苦の三つの苦のことである。他の二つの感受はいわゆる移り変わる苦と壊われる苦である。したがって生死のなかに実際には楽の感受がある。私は苦と楽の本性と有様を見て、すべてはみな苦だと説いた。実際に生死のなかに楽はない。ただ私は世間の在り方にしたがって、楽があると説いているにすぎない』
『世尊、ブッダが世俗の在り方に合わせて説かれたのであれば、それは真実ではないことになりませんか。ブッダがかつて
「善を修める人は楽の報いを受け、正しく習慣を保ち、安らかである人は身体に苦を受けない。すなわちなすべきことをすべてなし終えていること、これが最高の楽である」
と説かれました。一体この時の楽についての説法は間違いなのでしょうか。もし間違っていたのだったら、ブッダは数えきれないほどの昔からさとりの道を修め、一切の偽りの言葉とは無縁になっておられるのに、この違いはどのように理解したらよいのでしょうか』
ブッダは言われた。

440a

『先に述べた楽についての詩偈の内容はさとりへの道の根本である。最高のさとりを長く伝えようとしたものである。だから教えのなかにこの楽の内容を説いた。

カッサパ菩薩、世間で行なわれている労働生産は人々に楽しみのもととなっている。だからそれを楽という。また、飲酒・女遊び・甘味や美味の料理を食べること、渇いた時の水、寒い時の火、衣服の飾り、象や馬や車に乗ること、召使・金銀財宝・宝石類・米穀などはみな世間の人たちには楽しみのもととなる。これを楽という。

また、次のものは苦のもとになる。女のために男は苦を感じ、憂い悲しみ、生命を落とすことさえある。酒・甘味をはじめとして、倉に収めた穀物なども人々に大変な苦しみをもたらす。だからすべてのものは苦であって、楽しみのかけらもない。

カッサパ菩薩、求道の人は八つの苦を見て、苦と苦でないものを理解している。すべての未熟な修行者たちは楽しみのもとを知らない。彼らには下の世界の苦しみに楽しみのかけらがあると説く。ただ求道の人は大乗の教えに安住しているので、苦しみのもとと楽しみのもととの違いをよく理解している』

# 第十章〃ブッダの方便と知慧の不思議を説く

## 苦しみの原因を説く

さらにブッダは言われた。

『カッサパ菩薩、求道の人はどのようにして大乗の妙寂の教えによって苦しみのもととなる集まりの道理（集諦）を観察すべきだろうか。

この集まりの道理は身体（五蘊（ごうん））を生（う）む原因だと見なければならない。いわゆる集まり（集）とはさかのぼると存在するものへの愛着（愛）にある。

愛着に二種類ある。一つは自分の身体に愛着すること。二つは用いているものに愛着すること。

また、二種類ある。一つは五官が非常に欲しがっているものをいつも心に忘れないでいること。二つは手に入れたものをいつまでも愛着し続けていること。

また、三種類ある。色・声・香り・味・感触などへの愛着（欲愛）と、体への愛着（色愛）と、精神的な境地への愛着（無色愛）。

また、三種類ある。一つは善悪の行ないの報いによって起こる愛着（業因縁愛）、二つは煩悩によって起こる愛着（煩悩因縁愛）、三つは苦によって起こる愛着。

次に出家した人にも四つの愛着がある。衣服や飲食や寝具や薬などへの愛着である。また、五種類の愛着もある。それは五蘊、つまり五つの集まりそのものへの愛着であるが、身体に起こるさまざまな欲望が求めるものに愛着し、さらにそれぞれが感覚するもののすべてに愛着するのである。考えてみると、それは数えきれない。

カッサパ菩薩、また、愛着に二種類ある。善への愛着と不善への愛着である。不善への愛着は愚か者だ
440b けが起こす愛着で、善への愛着は求道の人が起こす愛着である。とりわけ善への愛着に二種類ある。それは不善と善の二つである。下劣な教えを求めるのは不善の愛着で、大乗の教えを求めるのは善の愛着である。ところで俗人の愛着はこれは単に苦の原因になるだけで、それは道理というものではない。求道の人の愛着はこれを真実の道理といい、これは単なる苦の原因になるとはいわない。なぜなら、求道の人は人々を救済するためにこの世間に誕生したのだから、生まれることに愛着をもって誕生したのではないからだ』

カッサパ菩薩はブッダに申し上げた。

『世尊、ブッダは他の場所で説法された時に、善悪の行ないの報いがあることを教えられました。ある時はおごりについて、ある時は六つの感覚対象について、ある時は無知（無明）について説法され、これらと身心との関わりについて説かれました。ところがいまここでは四つの道理を説かれるにあたって、ただ愛着だけが身心の苦の原因であるかのように説明されましたが、これはどういう意味でしょうか』

ブッダは讃えて言われた。

『いいところを訊ねてくれた。カッサパ菩薩、君が挙げたところの種々の原因を原因ではないと言っているのではない。ただ身心の感覚が苦しむのはかならず愛着によるのだ。

たとえば王が外出する時にはかならず大臣やその他の付き人がみなしたがって行くように、愛着があるところにはさまざまな煩悩が付随して起こる。

たとえば油垢に汚れた布には塵がすぐに付着し、付着するとそのままシミになってしまう。愛着も愛着したところにかならずその行ないの報いが生じる。

また、たとえば湿地では草の芽が生じる。愛着もいろいろな煩悩の芽を生ずる。

カッサパ菩薩、求道の人は大乗の妙寂の教えによって愛着を観察して、それに九種類あると見ている。一つは返済しおわっていない負債のような愛着。二つは悪鬼女のような愛着。三つは美しい花の茎に巣くっている毒蛇のような愛着。四つは気に入らない食べ物であるが、卑しい根性のためにあえてむさぼり食うような愛着。五つは淫らな女のような愛着。六つは藤に類するマルーカという蔓草のような愛着。七つは傷のなかにできた盛り上がったかさ肉のような愛着。八つは台風のような愛着。九つは彗星のような愛着。

返済しおわっていない負債のような愛着とは、たとえば貧乏人が借金を全額返済しようと思っても、返済しきれないために、ついに牢獄につながれて生涯そこから出られないようなことと同じで、下劣な教えを信じている修行者は愛着の心が残っているために、最高のさとりに達することができない。これを返済しおわっていない負債のような愛着という。

次に悪鬼女のような愛着とは、自分で産んだ子供を生まれるとすぐに食べ、最後には夫をも食べてしまうような悪鬼女に喩えられる。これと同じように愛着の悪鬼女も善根の子を生じたらすぐに食べ、善根の
440c 子を食べ尽くしたら、最後には人々をも食べ尽くし、地獄や畜生や餓鬼の世界に突き落としてしまう。ただし求道の人だけは影響を受けない。これを悪鬼女のような愛着という。

次に美しい花の茎に巣くっている毒蛇のような愛着とは、花好きな人が花の茎に毒蛇が巣くっていることを知らずに、近付いて花を採ろうとして毒蛇に噛まれ、命を落としてしまったことに喩えられる。世間の人々は五欲の花をむさぼり、愛着の毒蛇がその中に巣くっているとは知らずに、五欲の花を採ろうとして噛まれ、命を落とし、ついには地獄や畜生や餓鬼の世界に突き落とされる。求道の人は違う。これを美しい花の茎に巣くっている毒蛇のような愛着という。

次に気に入らない食事を意地きたない性分から、あえてむさぼり食べるような愛着とは、たとえばある人が気に入らない食べ物をしいて食べて、腹痛を起こし、激しい下痢の後で死ぬようなことに当たる。愛着の食事も同じである。輪廻している生き物たちは、意地きたなく、しいて好きでもない物でもむさぼり食らい、そのために地獄や畜生や餓鬼の世界に突き落とされる。求道の人は違う。これが気に入らない食物を卑しい性分からあえてむさぼり食うような愛着という。

次に淫らな女のような愛着とは、たとえば淫らな女と通じた愚者を考えてみよう。彼女は種々の手練手管を使って巧みに親しく近付き、付き合っているうちに愚者の金銭や貴金属を奪い尽くし、なくなってし

まうと追い出してしまうであろう。愛着という女もこれと同じである。愚者はそうとは知らずに、この愛着の女と通じるが、愛着の女は彼からすべての善根を奪い、善根がなくなると、地獄や畜生や餓鬼の世界に突き落とす。求道の人は違う。これを淫らな女のような愛着という。

　次に藤に類するマルーカという蔓草のような愛着とは、マルーカという蔓草の種子を鳥が食べて、あちらこちらに糞と一緒に落としたり、あるいは風に乗って、あちらこちらにまき散らされたりして、そこで芽を出して成長し、いつのまにかニグローダ樹に巻きついて、その樹の成長を妨げ、最後には枯らしてしまうようなことに喩えられる。愛着のマルーカの蔓草もこれと同じである。俗人の善根を縛りあげて、それが増えるのを妨害し、ついにはなくしてしまい、死んだ後で地獄や畜生や餓鬼の世界に突き落とす。求道の人は違う。これを藤に類するマルーカという蔓草のような愛着という。

　次に傷のなかにできた、盛り上がったかさ肉のような愛着とは、傷のなかに自然にできたかさ肉を一生懸命に治療して取り除こうとする勇気がなく、怠っていると、だんだん大きくなって、その中にうじ虫が生じてくる。これがもとで生命を落とす。俗人や愚者などの身体の傷もこれと同じである。愛着がそのなかでかさ肉となる。怠らず、愛着のかさ肉を取り除き、治療しなければならない。もし治療しなかったら、生命を落としてのち、地獄や畜生や餓鬼の世界に突き落とされる。求道の人は違う。これを傷のなかにできた、盛り上がったかさ肉のような愛着という。

441a　次に台風のような愛着とは、山を壊し、丘を移し、深く根ざした根菜を引き抜くほどの台風に喩えられる。愛着の台風もこれと同じである。母父に悪態をつき、知慧第一の舎利子などの深い、堅固なさとりの根菜を抜き取る。求道の人は違う。これを台風のような愛着という。

次に彗星のような愛着とは、彗星が出現すると、人々の間に飢饉が起こり、病気が流行り、さまざま災難に苦しめられるといわれるが、これに喩えられる。愛着の彗星もこれと同じである。愛着の彗星はすべての善根の種子を断ち、人々を飢饉に陥れ、困窮させ、煩悩の病を生じ、生死輪廻の苦しみを味わわせる。求道の人は違う。これを彗星のような愛着という。

このように求道の人は大乗の妙寂の教えによって愛着の特色を九つあげて見る。

このようなわけで、俗人には苦だけがあって道理がない。未熟な修行者たちには苦もあり、苦の道理もあるが、その道理は真実ではない。求道の人はなにが苦であり、なにが苦でないことかを理解しているので、苦がないところに本当の道理があると理解している。俗人には苦のもととなる集まりがあってその道理がない。未熟な修行者には苦のもととなる集まりもあり、その道理もある。求道の人たちは苦のもととなる集まりと苦のもととなる集まりとがないことを理解しているので、苦のもととなる集まりがないことに本当の道理があるという。未熟な修行者たちにも妙寂はあるが、それは本物ではない。求道の人にも妙寂はあるが、それは本当の道理である。未熟な修行者にもさとりへの歩みはあるが、本物ではない。求道の人にもさとりへの歩みがあるが、それは本当の道理である。

カッサパ菩薩、求道の人はどのように妙寂を見、そして妙寂の道理を見るのだろうか。

すべての煩悩を断つことを妙寂という。煩悩を断つと、これを常住という。煩悩の火を消すと、これを妙寂という。煩悩がなくなるから楽になる。求道の人たちは煩悩の起こる原因と条件はなにかを探るから、彼らは清らかになる。彼らは二十五の迷いの存在に惑わされないから世間を超えていると言われる。

私は世間を超えているから常住であるといわれる。色にも声にも、香りにも味にも、感触にも、男や女にも、誕生や生活や死や、苦や楽や、苦でもない楽でもないことなどについて、まったく関心を示さない。これを究極の妙寂の道理という。求道の人はこのように大乗の教えによって妙寂の道理を観察する。

## 妙寂への歩みを説く

カッサパ菩薩、求道の人はどのようにして妙寂への歩みの道理（道諦）を観察するのだろうか。

カッサパ菩薩、ちょうど暗闇で明かりを点けると、大小の物の見分けができることと同じで、求道の人も大乗の妙寂の教えをもとにして、八つの正道を通してすべてのものを観察し、理解することができる。
441b いわゆる恒常と無常の違い、迷いの在り方と迷いを超えた在り方の違い、生類と無生物の違い、物と物でないものの違い、苦と楽の違い、私と私でないものの違い、清浄と不浄の違い、煩悩と煩悩でないものの違い、善悪の行ないとそれを超えた行ないの違い、真実と真実でないものの違い、大乗と大乗でないものの違い、知識と知識でないものの違い、ヴァイシェーシカ学派の説く九種の実体とそうでないものの違い、ヴァイシェーシカ学派の説く色・声・火・風の属性とそうでないものの違い、霊魂があるという見方と霊魂はないという見方の違い、物質的なものと物質的でないものの違い、さとりとさとりでないものの違い、解脱と解脱でないものの違いを観察する。このようにして大乗の妙寂の教えによって妙寂への歩みの道理を観察するのだ』

カッサパ菩薩はブッダに申し上げた。

『世尊、もし八つの正道が妙寂への歩みの道理であると言われるのであれば、矛盾するように考えられます。それは次のようなことをかつてブッダは説かれているからです。

ブッダは

「さまざまな煩悩をよく制御して、正しい信心を持っているなら、それを妙寂への歩みとする」

と説かれたこともあります。

また、ある時は

「妙寂への歩みは怠けないことである。これまでのブッダたちはみな怠けることがなかったから最高のさとりを獲得された。これこそ求道の人が第一に護（まも）るべき妙寂への歩みの教えである」

とも説かれました。

ある時は

「精進が妙寂への歩みである。アーナンダ尊者に告げたように、精進して修行したら、かならず最高のさとりを完成することができる」

とも説かれました。

また、

「わが身は不浄であると観察せよ。わが身は不浄であるとつねに思い、修行を怠ることがなければ、かならず最高のさとりを完成することができる」

とも説かれました。

また、

「正しく心を鎮（しず）めることが妙寂への歩みである。かつてマハーカッサパ菩薩に告げたように、正しく心を鎮めることは妙寂への真実の歩みである。正しく心を鎮めることができなければ、これは妙寂への歩みとはならない。正しく心を鎮めることができれば、わが身心の変化、そして本性をよく観察することができる。正しく心を鎮めることができなければ、正しく観察することはできない」

とも説かれました。

また、ある時は

「一つの教えがある。これを修めると人々の心は清らかになり、すべての憂いや悩みから解放され、正法に導かれることになる。その教えとはひたすらブッダを心に思い、ブッダになることを念じて心を鎮めることである」

と説かれました。

また、

「すべてのものは無常であると観察し修行することが妙寂への歩みである。すべてのものは無常であると観察し修行する人は、かならず最高のさとりを得ることができる」

とも説かれました。

また、ある時は

「まったく邪魔がない、空々寞々（くうくうばくばく）とした林で一人坐禅して思索し、修行を続けるならば、速やかに最高のさとりを完成することができる」

とも説かれました。

ある時は

「人のために説法すること、これは妙寂への歩みである。これを聞いた人は疑いがはれ、正しい信仰を得て、最高のさとりを得ることができるからである」

とも説かれました。

ある時は

「正しい習慣をかたく守ること、これは妙寂への歩みである。阿難尊者に告げたように、もし精励して正しい習慣を修めるならば、その人は生死輪廻の束縛から解放される」

とも説かれました。

また、

「善良な友と親しく付き合うこと、これは妙寂への歩みである。阿難尊者に告げたように、もし善良な友と親しく付き合うならば、正しい習慣を正しく守ることができる。人々もこの善良な友に近付くならば、最高のさとりを求めようという気持ちを起こすことになるだろう」

とも説かれました。

ある時は次のようにも説かれました。

「慈悲の心を持ち続けること、これは妙寂への歩みである。慈悲の心を持ち続ける人はあらゆる煩悩を断ち、迷いのない境地に到ることができる」

とも説かれました。

ある時は

441c 「知慧は妙寂への歩みである。かつて私の養母であるマハーパジャーパティ夫人のために説いたように、教えを聞く者たちは知慧の刀をもって世間のあらゆる煩悩を断ち切った」

とも説かれました。

また、ある時は

「布施は妙寂への歩みである。パセーナディ王に説いたように、私はむかし、限りなく布施をしたが、そのおかげでいま最高のさとりを完成することができた」

とも説かれました。

世尊、もし八つの正道だけが妙寂への歩みの道理だといわれるのであれば、このようにかつて説かれたブッダの教えは偽りだったのでしょうか。そうでなければ、どうして八つの正道だけが妙寂への歩みの道理だとこれまで説かれなかったのでしょうか。説かれなかったのであれば、ブッダ自身に失念か誤りがあったことになりましょう。私はブッダにはまったく失念や誤りがないと信じてきましたが……』

## ブッダの方便を説く

ブッダはカッサパ菩薩を讃えて言われた。

『いいところに気付いた。君は大乗の深奥な教えが持つ秘密の内容を知りたくて、そのような質問をしたと思う。君が挙げた私の種々の教えはすべて妙寂への歩みの道理と考えてよい。もし私が説いた妙寂への歩みを信じたら、その信心は信仰の根本である。妙寂への助けとなるだろう。私の説いたものには誤りはないからだ。私は数えきれない方便をもって人々を救済しようと考えている。だからこのようにさまざまな内容の教えを説いている。

たとえば名医は種々の病の原因を診断し、病に応じて服ませていいものといけないものを知って薬を調合する。ただ水だけは例外である。生姜湯(しょうがゆ)・甘茶・やわらかい辛子水・黒砂糖水・マンゴージュース、ネパールの水・パートローダカ（飲用水？）・冷水・湯水・グレープジュース・ざくろジュースなどは、どの病に罹った時も飲むことができる。名医は病によっては服ませてはいけない薬が数多いことを知っているが、水だけは例外である。私もこの名医と同じである。さまざまな方便を知っているが、一つの教えをもとにして、さまざまな人々の性質や境遇に応じて分かりやすく、説法する。人々はその教えを聞いて、それにしたがって修行し、煩悩を断ち切る。ちょうど病人が名医の処方箋にしたがって薬を服み、治療し病を治すことと同じである。

雑踏のなかで人々がなにを話しているかを聞き分けることができる人がいた。人々はどうも暑さのため
に喉が渇き、水を求めているようであった。人々は水がほしいと叫んでいた。そこでこの人は冷えた清水
を運んできて、相手に応じて「水ですよ」「パーニーヤですよ」「ウダカですよ」「ジャラ・ビンドゥです
442a よ」「ヴァルナですよ」「パーヤですよ」「甘露ですよ」「乳ですよ」といろいろの水の呼び名を言いながら、
人々に与えた。私もこれと同じである。一つの妙寂への歩みを説きながら、弟子たちのためにさまざまな
説き方をして、少しずつ八つの正道に導くのである。

また、金細工師が一つの金の塊を使って思いのままにさまざまな飾りものを作るようなものだと考えていいだろう。たとえばネックレス・腕輪・かんざし・冠・肘の形をした印などである。これらは形に違いがあるが、みな金製である。私の場合も同じである。一つのブッダの道を説いて、さまざまな人々に応じていろいろの教えを分かりやすく説く。ブッダたちの道は二つはないといって、一つの道を説くこともある。

また、瞑想と知慧がブッダの道であるといって二つの道を説くこともある。

また、正しい観察と自利の叡知と利他の叡知との三つの道を説くこともある。

また、四つの真理を理論的に理解した段階と、それを修行を通して理解した段階と、すべてを学び尽く

してしまった段階と、すべてを知り尽くしたものを人々の救済に向けて自他共に完成を願って活動している段階との四つの修行の有様と道を説くこともある。

また、他に教えられたことを信じ歩む道と、自ら思惟し教えのように歩む道と、あらゆるものをしっかりと理解して歩む道と、理論的に究極を極めて修行していく道と、体験のうえでまったく静かな安楽を得て、後戻りのない修行をしていく道などの五つの修行の道を説くこともある。

また、聖者の最初の段階に入った道と、世俗との関わりを最後に断ち切って聖者の仲間として自覚した段階にある道と、いかなる誘惑にも身心共に再び惑わされることもなく、ひたすらブッダのさとりへの修行に没頭している道と、あらゆる修めるべきことを為し終え、すべての煩悩を断ち切った段階の道と、苦しむ人々を顧みず一人安楽の境地を味わっている孤独なブッダの修行の道と、自他共に最高のさとりの喜びを分かち合おうと利他の活動に努力しているブッダの修行の道など、六種の聖者の道を説くこともある。

また、さとりを得るための道として、真実の教えと偽りの教えとの区別を知ること、一心に努力すること、喜んで教えを信じ修行すること、身心を安らかにすること、こだわりを捨てること、心を鎮めること、教えられたことを忘れないことなどの七つの道を説くこともある。

また、さとりへの道としてバランスのとれた、観察・思索・発言・行動・生活・努力・記憶・集中などの八つの行ないを説くこともある。

また、この八つの正道と信心を加えた九つの道を説くこともある。

また、道理と道理でないものを区別する能力、行ないの原因とその果報の関係を知る能力、さまざまな瞑想の違いを知る能力、人々の能力の優劣を知る能力、人々の望みを知る能力、人々や事象の本性を知る能力、人々が行く場所を知る能力、自分や他人の過去世を知る能力、人々の生と死について知る能力、煩悩を断った境地と断つ方法を知る能力などの十種の能力について説くこともある。

また、この十種の能力に大いなる慈しみの心を持つことを加えて十一種のブッダの道を説くこともある。

また、この十一種のブッダの道に大いなる憐れみの心を加えて十二種の道を説くこともある。

また、この十二種に念仏の三昧を加えて十三種のブッダの道を説くこともある。

また、この十三種に、三つの平静な心の境地、つまり人々がブッダを信じてもそれに喜びを表わさない境地、また、信じなくても憂うことがない境地、また、信じようと信じまいとそのたびに喜んだり憂いたりすることがない境地の三つを加えて十六種のブッダの道を説くこともある。

また、この十六種に加えて畏れを抱かずに教えを説くことができるという四つの怖れのない境地を加えて二十種のブッダの道を説くこともある。

カッサパ菩薩、これらの種々の道を説いているが、道は一つである。ただ人々のためを思ってさまざまな説明をしたまでのことである。

それはちょうど火が燃えるところによって、さまざまな名前を付けられることに喩えられる。たとえば木火・草火・糖火・麹火（きくび）・糞火など。ブッダの道もこれと同じである。火は一つである。人々のためを思ってさまざまに説明しているにすぎない。

カッサパ菩薩、識別するはたらきは一つであるが、それを分けて六つあると説いている。眼にあっては眼識といい、耳では耳識、鼻では鼻識、舌では舌識、身では身識、そして意では意識という。このようにブッダの道も本来は一つであるが、人々を導くために種々に説明しているにすぎない。

442b

また、たとえば物は眼で見れば色が感じられ、耳で聞くと声が感じられ、鼻で臭ぐと香りが感じられ、舌でなめると味が感じられ、皮膚で接すると触りが感じられるように、ブッダの道も同じである。本来一つなのだが、人々を導くためにいろいろと説明しているにすぎない。

このようなことで八つの正道をもって妙寂への歩みの道理という。

また、四つの道理は多くのブッダたちが順序だてて説かれている内容であるから、この教えによって修行するなら、多くの人々は生死の輪廻から解脱することができる』

カッサパ菩薩はブッダに申し上げた。

『世尊、むかしブッダがガンジス河の岸にある墓場の林で修行されていた時に、木の葉をひとつかみ採って、「私がいまここにつかみ取った木の葉はすべての国土にある草木の葉の数と比べて多いか、少ないか」と弟子たちに訊ねられたことがありました。その時、弟子たちは、

「すべての国土の草木の葉の数が多いことは数え切れるものではありません。ブッダが握っておられる木の葉の数は比べられる数ではありません」

と答えた。そこでブッダは、

「弟子たち、私がこれまで理解し尽くしたあらゆる教えは、ちょうど大地に生えている草木の葉の数のように多く、それに比べて人々にこれまで説いてきた教えの数はこの手に握っている木の葉の数くらいである」

と説明されました。その時に、また、次のようなことも説かれました。
「私が知り尽くした量り知れない教えを、四つの道理で説明し尽くそうとすれば、すべて説明し尽くすことはできるが、そうでないとすると、五つの道理がなければならないことになる」と』
ブッダはカッサパ菩薩を讃えて次のように言われた。
『すばらしいことだ。カッサパ菩薩、君がいま訊ねようとしたことは人々のためを思って、彼らに安らぎを与えようと思って述べたことだね。そうなのだ、すべての教えはこの四つの道理で説明できるのだ』

## 四つの真理と二つの知慧

カッサパ菩薩はブッダに訊ねた。

『これまで説明されてきた種々の教えは、みな四つの道理で説き尽くすことができると言われるのであれば、ブッダは「私はなにも説いていない」とどうして言われたのですか』

『カッサパ菩薩、たしかに四つの道理で説明することができるとは言ったが、説明したといっても、じつは説明したというわけではない。なぜなら、四つの道理に二つの知慧がある。一つは中の知慧、一つは上の知慧である。中の知慧は未熟な修行者たちの知慧である。上の知慧はブッダや菩薩たちの知慧のことである。

カッサパ菩薩、人の身体を構成する五つの要素はみな自分の思うようにはならないものだと知ることが中の知慧である。構成する五つの要素を分析してみると、それぞれには量り知れない有様がある。それらはみな自分の思うようにはならないものばかりである。このように知ることが上の知慧である。

私はこのような意味のことを他のところでは説法したことがない。

身体にある六つの感覚器官とそれに対応する六つの対象物の、いわゆる六つの器官とその六つの対象のもの（十二処）はこれらを門といい、これも思うようにならないと知ること、これを中の知慧という。さらにこれら十二のものを分析してみると、それぞれに量り知れない有様があることを知り、それらも思うようにならないことを知ること、これを上の知慧という。このような意味を他のところで説法したことはない。

442c
人間存在の十八の構成要素（十八界）はこれらを部分といい、また、性分といい、これらも思うようにならないと知ること、これを中の知慧という。さらにこれらの十八の構成要素を分析してみると量り知れない有様があることを知り、これらも思うようにならないことを知ること、これを上の知慧という。このような意味を他のところで説法したことはない。

肉体が破壊する有様を知ること、これを中の知慧という。さらに肉体のさまざまな有様を分析してみると量り知れない有様があることを知り、これらも思うようにならないことを知ること、これを上の知慧という。このような意味を他のところで説法したことはない。

感受作用の感覚する有様を知ること、これを中の知慧という。さらにさまざまな感受作用の有様を分析してみると量り知れない有様があることを知り、これらも思うようにならないことを知ること、これを上の知慧という。このような意味を他のところで説法したことはない。

表象作用が対象を捉える有様を知ること、これを中の知慧という。さらにさまざまな表象作用の有様を分析してみると量り知れない有様があることを知り、これらも思うようにならないことを知ること、これを上の知慧という。このような意味を他のところで説法したことはない。

表象したものを形成する作用のさまざまな有様を知ること、これを中の知慧という。さらにさまざまな形成作用の有様を分析してみると量り知れない有様があることを知り、これらも思うようにならないことを知ること、これを上の知慧という。このような意味を他のところで説法したことはない。

形成したものを識別する作用がさまざまに分別する有様を知ること、これを中の知慧という。さらにさまざまな識別作用の有様を分析してみると量り知れない有様があることを知り、これらも思うようにならないことを知ること、これを上の知慧という。このような意味を他のところで説法したことはない。

カッサパ菩薩、渇きに似た本能的な欲望（愛）が人の身体を生むのだと知ること、これを中の知慧という。人はこの欲望を限りなく、量り知れないほど起こす。そしてあらゆる人々が起こすこの欲望をよく知り尽くしていること、これを上の知慧という。これについては他のところで説法したことはない。

煩悩をなくすることを知る、これを中の知慧という。さらに煩悩を分析してみて、その数が量り知れないものであることを知り、それをなくすることも限りなく続けなければならないことを知る、これを上の知慧という。これについては他のところで説法したことはない。

カッサパ菩薩、妙寂への道には一切の煩悩がまったくないと知ること、これを中の知慧という。さらにこの妙寂への道を分析してみて、これは量り知れなく、限りない道程であること、そして量り知れない、限りない煩悩を断ち切っていることを知る、これを上の知慧という。これについては他のところで説法したことはない。

カッサパ菩薩、世間の真実を知る、これを中の知慧という。さらに世間の真実を分析してみると、それ
443a は深奥で量り知れないものである、不可思議であると知る、これを上の知慧という。これについては他のところで説法したことはない。

カッサパ菩薩、世間の事象は無常であり、形成されたものは私のものではない、そして妙寂は最上の価値であると知る、これを中の知慧という。さらにこの最上の価値は量り知れなく、不可思議であると知る、これを上の知慧という。これについては他のところで説法したことはない』

その時、文殊菩薩がブッダに訊ねた。

『世尊、ただ今説かれた世間の真実と最上の価値とのそれぞれの意味について、もう少し説明してください。この最上の価値のなかに世間の真実が含まれるのでしょうか。反対に世間の真実のなかに最上の価値が含まれているのでしょうか。いずれにしてもどちらかに含まれているのであれば、結局は一つのものにすぎないのではないでしょうか。そうでなく、含まれていないのであれば、ブッダの教えは矛盾することになりはしませんか』

ブッダは言われた。

『世間の真実は最上の価値そのものである』
『世尊、そうであれば、二つの真実を説く必要はないでしょう』

## 二つの真実を説く

『文殊菩薩、方便として人々に解るように二つの真実があると説いたのである。もし言葉の上で説明するならば、二つの方法がある。一つは世間の在り方にしたがって説く方法である。もう一つは世間の在り方を超えたところから説く方法である。世間の在り方を捨てた人たちが理解するものを最上の価値といい、世俗の在り方に準じて理解するものを世間の真実という。

文殊菩薩、五つの構成要素が集まってできたもの、つまり身体を称して人は〝何の某〟という。俗人は呼び名をもってものを分別する。これが世間の真実である。じつは五つの構成要素から形成されたものにはもともと命名されるような名称がなかった。世間を捨てた人は、五つの構成要素はその名称とはまったく無関係であると理解した。このようにものの本性と有様をありのままに観察し理解すること、これを最上の価値という。

また、次に文殊菩薩、ものには名称があり、そして中身があるものと、名称があっても中身がないものがある。いわゆる有名無実というのは世間の真実であって、有名有実というのは最上の価値をいう。世間に説かれている霊魂（我・アートマン）、存在し続けるもの（生類・プドゥガラ）、不滅の寿命（寿命・ジーヴァ）、知識にもとづくもの（知見）、自分で自分を養う実体（養育）、創造主（丈夫・プルシャ）、業（ごう）を作るもの（作者）、果報を受けるもの（受者）、燃え盛る炎、カゲロウ、亀の毛、兎の角、暗闇に残った光の輪、感覚器官とその対象物などのすべては世間の真実である。現実の苦とその原因である集と、あるべき平安の境地の滅とそれに到る歩みである道との四つの真理は最上の価値である。

文殊菩薩、世俗的な在り方に五つある。一・名世（みょうせ）、二・句世（くせ）、三・縛世（ばくせ）、四・法世（ほうせ）、五・執着世（しゅうちゃくせ）である。

名世とは、男女・瓶・衣服・車・乗物・家・小屋などのようなもの、つまり名前のついているものをい
う。次に句世とは、四句で一つの詩偈ができているようなものをいう。次に縛世とは、巻き合わせ、縛り
443b 結び、束縛、手を合わせるなどをいう。法世とは、木槌（きづち）を鳴らして修行僧を集め、鼓を鳴らして兵を厳し
く戒め、螺（ら）貝を吹いて時を知らせるようなことをいう。執着世とは、染めた衣服を着ている人を遠く見て、
想像して、彼はバラモンでなく、沙門に違いないと思い込み、身体を縄で縛っているのを見て、彼は沙門
でなくバラモンに違いないと思い込むようなことをいう。このように世間の在り方は五つにまとめること
ができる。

文殊菩薩、もし人々がこのような五つの世間の在り方に心を惑わされることがなく、ありのままにものの本質を知ったら、それを最上の価値という。

また、次に焼ける、割れる、死ぬ、壊れるなど、これらは世間の真実である。焼けることがなく、割れることがなく、死ぬことがなく、壊れることがない、これが最上の価値である。

また、次に生まれる、老いる、病む、死ぬ、愛する者の別れ、憎む者の出会い、望みが叶えられない、わが身の不自由などの八つの苦しみの有様が世間の真実である。これらの八つがないことを最上の価値という。

また、次に、たとえば人がいろいろなことをした場合を考えてみよう。その人が走る時は走者と呼び、穀物を収穫していると刈る人と呼び、飲食をしていると飲食者と呼び、材木を切り削っていると大工と呼び、金銀を鍛えていると細工師と呼ぶ。このように同じ人をさまざまな名称で呼ぶ。物もこれと同じである。その実物は一つであるのに、いくつもの名称を付けている。母父の和合によって生まれたものが世間の真実である。十二の因縁が和合して生まれたものは最上の価値である』

## ブッダは真実の法である

文殊菩薩はブッダに訊ねた。

『世尊、ブッダが言われる実諦(じったい)とはどのような内容でしょうか』

ブッダは言われた。

『実諦というのは真実の法、つまりありのままのことである。もし道理がありのままでなかったら、実諦とはいえない。実諦とは逆さまや惑いがないこと。逆さまや惑いがない、これが実諦である。実諦には偽りがない。もし偽りがあれば実諦とはいえない。実諦とは勝れた教えのことである。勝れた教えでなかったら実諦ではない。実諦とは私が説いたことで、悪魔の説いたことではない。悪魔が説き、私が説いたものでなかったら、実諦ではない。実諦とは純粋でただ一つの道理であって、二つはない。常住であり、安楽であり、実在であり、清浄である、これが実諦の意味である』

『世尊、もし真実を実諦と解釈するのであれば、真実の法はブッダであり、虚空であり、ブッダになる可能性ということになります。もしそうでないと言われるのであれば、ブッダも虚空もブッダになる可能性もまったく同一のものだということになりますが、……』

443c 『文殊菩薩、この世間には苦があり、苦の理があり、それを超えた真実がある。集があり、集の理があり、それを超えた真実がある。滅があり、滅の理があり、それを超えた真実がある。そして道があり、道の理があり、それを超えた真実がある。しかし私は苦ではなく、苦の理ではない。これらを超えた真実である。虚空は苦ではなく、苦の理ではない。これらを超えた真実である。ブッダになる可能性は苦ではなく、苦の理ではない。これらを超えた真実である。

文殊菩薩、ここで言っている苦とは無常の有様を意味している。断絶する有様を意味している。これを実諦と言っている。

私（ブッダ）そのものは苦ではなく、無常ではなく、断絶するものではない。だから実という。虚空もブッダになる可能性も同様である。

また、苦の原因（集）とは五つの要素が和合して人の身体は形成されることを意味している。これら五つの要素は思うようにならないから苦といい、また、無常なものという。また、断絶するものという。これを実諦と言っている。

ところが私自身はこの苦の原因（集）そのものから形成されたものではない。なぜなら五つの要素からできたものでないからである。したがって断絶するものではない。だから私は真実と言われる。虚空もブッダになる可能性も同様である。

また、平安の境地（滅）とは煩悩が消滅したことをいい、常在であり、また、無常でもある。未熟な修行者たちの平安の境地は無常の滅である。しかし私の平安の境地は常在である。それは自ら道理を証明したからである。これを実諦と言っている。

文殊菩薩、私の本質は平安の境地ではない。完全に煩悩を断滅しているが、常在でも無常でもない。自ら道理を証明したというのではなく、私は常住で不変である。だから私は真実と言われる。虚空もブッダになる可能性も同様である。

八つの正道（道）とは完全に煩悩を断つ歩みである。これは常在であり、無常であり、そしてこれは実践できる教えである。これを実諦と言っている。

ところが私は八つの正道そのものではない。完全に煩悩を断滅してはいるが、常住でも無常でもない。私の境地は実践して得られたものではない。私は常住で不変だからである。だから真実と言われる。虚空もブッダになる可能性も同様である。

文殊菩薩、真実とはすなわち私自身である。私はすなわち真実である。真実とはすなわち虚空であり、虚空とはすなわち真実である。真実とはすなわちブッダになる可能性であり、ブッダになる可能性とはすなわち真実である。

文殊菩薩、世間には苦があり、苦の原因があり、苦がなくなった状態があり、苦と向かい合うことがある。しかし私は苦でなく、苦の原因でなく、苦がなくなった状態でなく、苦と向かい合うようなものでもない。だから私は真実と言われる。成就されたものというのではない。虚空もブッダになる可能性も同様である。

苦というのは作られたもの、汚れのあるもの、安楽のないものである。私は作られたものでなく、汚れのあるものでなく、泰然として安楽そのものである。したがって私は真実にして成就されたものではない』

『世尊、ブッダは「ものを逆さまに見たり考えたりしないことを実諦という」と説明されましたが、この教えに従えば、先の苦・集・滅・道の四つの道理に関して逆さまに理解していることが私たちにあるのでしょうか。そうであるとすれば、どうして逆さまに見たり考えないことが実諦であり、逆さまな見方・考え方を真実ではないとおっしゃったのでしょうか。つまり逆さまな見方や考え方をしている事実があるからそのようにおっしゃったのではないでしょうか』

444a 『文殊菩薩、すべて逆さまな見方・考え方は苦の道理のなかに入る。人々に逆さまに見たり考えたりする心があるので、それを私は顛倒(てんどう)と言う。ある人が母父や尊敬すべき人の教えを聞き入れず、従おうとせずに勝手な生き方をするなら、この人を顛倒した人という。このような顛倒した生き方をすると思うようにならないことを経験する。これが苦である』

『ブッダは「偽りのないことが実諦である」と説かれましたが、偽りは実諦ではないと言うことでしょうか』

『文殊菩薩、すべて偽りは苦の道理のなかに入る。人々が他人をたぶらかし、惑わすことをしたら、かならずその報いとして地獄や畜生や餓鬼の世界に堕ちるであろう。このような有り方を偽りと言ったのである。偽りで苦をもたらさないものはない。これが苦なのである。私や修行者たちがまったく離れ、起こすことがないものだから、偽りといわれる。このような偽りは私や弟子たちが断ち切っているものだから、実諦という』

『世尊、ブッダは「大乗は実諦である」と説かれました。では未熟な修行者たちは実諦ではないということでしょうか』

『あの未熟な修行者たちは実諦であり、また、実諦でないともいえる。未熟な修行者たちが種々の煩悩を断ち切ったのであれば、実諦ということができる。その状態が常住でなく、安住していないのであれば、それは移り変わる状態だということになり、実諦ということができない』

『世尊、ブッダの説かれたことから判断しますと、ブッダの説法が実諦であれば、悪魔たちの説いたものは実諦ではないということになります。では世尊、悪魔の説いたものをここの四つの道理のなかに収めることができるでしょうか』

『悪魔の説いたものは二つの道理に入るだろう。いわゆる苦の道理と苦の原因（集）の道理の中にである。およそあらゆる理法と秩序に反するものは人々に利益とはならない。そんなものは一日中説いてみたところで、だれ一人として世間の現実を正しく観察し、そのよってくる原因を知り、あるべき姿・状態を描き出し、そしてそのあるべき姿・状態となる方策を見出すことなどできない。この有様を偽りという。この偽りを悪魔の説という』

## ブッダの説と他宗の説

『世尊、ブッダは

「ただ唯一の道だけが清浄であり、清浄の道に二つはない」

と説かれました。ところが他の宗教家たちも各々

「私に一つの道がある。それは清浄にして、これ以外に道はない」

と説いています。もし一つの道だけが実諦であれば、他の宗教家たちの言う道とどこに違いがあるのでしょうか。もし違いがないのであれば、唯一の道のみが清浄であるという必要はなくなります』

『文殊菩薩、他の宗教家たちの説の中には苦と苦の原因との道理だけがあって、妙寂の境地と妙寂への歩みとの二つの道理が説かれていない。彼らは煩悩を断ち切っていないにもかかわらず、彼らの状態を煩悩を断ち切ったと思い込んでおり、その妙寂の境地に到る正しい道でないのに、それを正しい道だと思い込んでいる。正しい結果でないのに結果を得たかのように思い込み、正しい原因でないのに正しい原因があるかのように思い込んでいる。このようなことから、彼らには唯一の道はなく、それは清浄で二つなしと

いうことは成り立たない』

『世尊、ブッダはかつて

「究極の常住があり、実在があり、安楽があり、清浄があり、これが真実の教えの意味である」と説かれました。ところで他の宗教家たちには実諦があってブッダの教えの中にはそれがないのでしょうか。つま
444b り他の宗教家たちは

「すべての行為は不変である。どうして不変であるか。それは行ないの報いには自分の願いどおりのものとそうでないものがあり、その報いを受け続けるからである。自分の願いに適うものとは十種の善行（十善）の報いであり、適わないものとはこの十種の善行に反する行為の報いである。もしすべての行為はみな無常だというのなら、なにかをした人がいまここで亡くなってしまったら、彼の行為の報いはだれが受けるのか。この意味ですべての行為は不変である。殺生したことによる報いは不変といえる」

と言っています。

世尊、もしすべての行為は無常であれば、殺生することと殺生ができることの二つは無常ということになりましょう。もし無常であれば、人はだれでも地獄に堕ちる報いをかならず受けることにはなりません。もしかならず地獄に堕ちる報いを受けるというなら、すべての行為は無常ではないことになります。

世尊、あることに注意を集中すること、これは不変ということもできます。いわゆる十年間思い続け、百年間忘れないでいることがあります。このことからもこの行為は不変というべきです。もし無常であれば、前に見たことをだれが記憶していて思い出すことができますか。このことからすべての行為は無常だ

とはいえません。

世尊、すべての記憶も不変といえます。ある人が他人の手足や頭の形を見て、後に再び見た時に、思い出してだれであるかを識別できます。もし無常であれば前に見た記憶はなくなっているはずです。世尊、私たちの行為は長い間続けていると、初めて学んだ時から三年を経、あるいは五年を経てもすぐに思い出して前のようにできるのです。だから不変だということができます。

世尊、算数の決まりでは一から二に、二から三に、さらに百や千に増えていきますが、もし数が無常であれば、初めの一は数が増えていくうちになくなってしまうでしょう。初めの一がなくなったら、どうして二を数えることができましょう。このように一はつねに一であって、それは決して二であることはありません。一がなくならないから、二を数えることができ、さらに百や千を数えることができます。だから数は不変だといえます。

世尊、読経のやり方でいいますと、四種の「教えの伝承」(阿含)があるなかで第一の「教えの伝承」を読み、次に第二の「教えの伝承」を読み、乃至第四の「教えの伝承」へと読み進みます。もし「教えの伝承」が無常であれば、読まなければならないところはなくなり、第四の「教えの伝承」まで読み進むことはできません。このように次々と読み進むことができるという理由からすれば経典も不変ということができます。

世尊、瓶や着物や乗物はちょうど借金のようなものです。大地の形相・山河・樹林・薬草、そして人々の病もみな変わらないものです。

世尊、他の宗教家たちは

「すべての行ないはみな不変である」

と説いています。もしすべての行ないが不変であるなら、これは実諦となります。

世尊、他の宗教家たちは、

「変わらない安楽がある。その果報を受けた人はかならず自分の願っていたような果報を感じることができたからだ」

と言っています。世尊、およそ安楽の果報を感じている人はかならずこれを得たのでしょう。それを得た者は梵天や自在天や帝釈天やヴィシュヌ神、その他の神々です。このことを考えますと、かならず変わらない安楽があると思います。

世尊、他の宗教家たちは、

「変わらない安楽がある。それは人々にそれを求めたいという気持ちを起こさせるからだ。たとえば飢え
444c た人は食べ物を求める。喉（のど）が渇いた人は飲み水を求める。寒い人は暖かい物を求め、暑い人は涼しい物を求める。疲れきった人は休息を求め、病に罹った人は癒えることを求める。淫欲がある人は色を求める。このことから、もし変わらない安楽がなかったら、人は何を求めているというのだろうか。求めるという行為があるから、したがって変わらない安楽があるのだ」

と説いています。

世尊、また、他の宗教家たちは

「布施すれば安楽を得る。人々が好んで、沙門、バラモン僧、そして貧困の人たちに、衣服・飲食・寝具・薬、象や馬・車・香・花・家、生活用の明かりなど、種々の施しをするのは、来世に自分の願いどおりの果報を受けようと思っているからである。これはかならず変わらない安楽があるからである」

と説いています。

世尊、また、他の宗教家たちは

「理由があるから変わらない安楽があるというべきである。つまり安楽を受けるのはそれなりの原因と条件があったからである。すなわちそれは楽の感触である。もし安楽がなかったら、その原因と条件はないことになろう。兎の角がないのは、角が生えるための原因と条件がないからである。それと同じように、安楽の原因と条件があるから安楽があるということが判る」

と説いています。

世尊、また、他の宗教家たちは

「上中下によって安楽に違いがあることを知り、よって安楽があると知ることができる。下の安楽を受ける者は帝釈天である。中の安楽を受ける者は梵天である。上の安楽を受ける者は自在天である。このように上中下の安楽があることから、変わらない安楽があると判る」

と説いています。

世尊、また、他の宗教家たちは

「変わらない清浄がある。清浄なものがなかったら、それをほしいという欲が起こらないからである。もしほしいという欲が起きたら、それこそ清浄なものがある証(あかし)である。金銀・瑠璃(るり)・水晶、美麗な大貝・瑪瑙(めのう)・珊瑚(さんご)・真珠・玉(ぎょく)・白い貝などの宝石類、泉や池、飲食・衣服・花や香り、燈明など、これらのものはみな清浄である。人々がほしがるものばかりである。また、五つの要素からなる身体は清浄な器である。清浄なものがいっぱい詰まっている。たとえば神々・仙人・阿羅漢、孤独なブッダ・菩薩、そしてブッダたちの身体はそうである。このことからほしいという欲を起こさせるものは清浄である」

と説いています。

世尊、また、他の宗教家たちは次のようにも説いています。

「実在するものがある。それは見ることができるからである。つまりある人が陶芸家の家に行った時、陶芸家が留守であっても目の前に縄やロクロを見たら、その家が陶芸家の家に違いないと確信することができることと同じで、眼に色を見たら、その色を持つ実在するものがあることを知る。もし実在するものがなかったら、どうして色を見ることができよう。声を聞いたら、乃至肌に触れたら、これと同じである。

また、物の特徴によって実在するものを知ることができる。では、その特色とはなにか。人がせわしく息をする、めまいがする、生きる、心を砕く、さまざまな苦楽を感じる、むさぼり求める、怒るなど、これらの種々の行ないは実在するものの特徴である。これによってかならず実在するものがあると判る。味
445a を識別することができるから、実在するものがあると判る。人が果実を食べて味わうが、そのことがこれを証明している。

また、作業をしていることで実在するものがあると判る。鎌を持って物を刈る、斧を持って物を切る、瓶に水を満たす、車を運転するなどはみな実在するものが（手に）執ってはたらいているのである。これによって実在するものがあると判る。

また、生まれるとすぐに子は母乳を飲もうとする。これは生まれる前の習性によるからである。これによっても実在するものがあると判る。

また、人々は他人と共同して助け合って生きていることを見て、実在するものがあると判る。たとえば瓶・衣服・車、田畑や家、山林・樹木、象や馬、牛や羊などは協同して多くの利益を与えている。身体を構成する五つの要素もこれと同じで、眼や耳や鼻や舌や内臓などは協同することで助け合い、自分自身にも利益になっている。このことだけでもかならず実在するものがあると判る。

また、遮(さえぎ)るものがあることで実在するものがあると判る。物が存在するなら、そこには遮り、障りがある。物がなかったら遮ることはないように、遮りがあると、そこには実在するものがあると判る。したがって実在するものはある。

また、連れと連れでないものがあることで実在するものがあると判る。親と親でないものは連れではない。正法と邪法も連れではない。知慧と知慧でないものも連れではない。沙門(しゃもん)と沙門でないもの、バラモン僧とそうでないもの、子と子でないもの、昼と昼でないもの、夜と夜でないもの、私と私でないもの、みなそれぞれのものは連れであり、連れでないものである。このことをもってそれぞれには実在するものがあると判る」と。

世尊、これらの宗教家たちはいろいろと証拠を挙げて、不変の常住・安楽・実在・清浄があると説いています。かならず不変の常住・安楽・実在・清浄があると知るべきだというのです。このようなことで他の宗教家たちも実在するものに真実の道理があると言っています』

ブッダは言われた。

『文殊菩薩、もし沙門やバラモン僧の中に、不変の常住・安楽・実在・清浄があるという者がいたら、彼らは沙門でもバラモン僧でもない。なぜなら、次のような理由があるからである。

彼らは生死輪廻の世界に迷っており、あらゆることを知り尽くした偉大なる教師ブッダと無縁である。このような沙門やバラモン僧は種々の欲に絡まれて正しい教えを蔑(ないがし)ろにしている。また、彼らはむさぼりや怒りやおごりなどの地獄に堕ちて苦楽を繰り返している。また、彼らは行ないの報いは自らが作り、自らが感受することを知っていながら、それでも悪事から離れられない。正しい教えを持たず、正しい生活をせず、独立自活ができない。つまり知慧の火がなく、煩悩を焼き尽くすことができない。

善なるものを求めようとする欲を起こしても、善なるものに執着して善行を修めようとしない。正しい
445b 解脱に達したいと思っているが、習慣を正しく守り通すことができない。安楽を得たいと思っているが、なにが安楽をもたらす原因と条件なのかを考えようとしない。

あらゆる苦しみを憎んでいるが、行ないが苦しみをもたらすことをしている。生身という毒蛇にまつわり憑かれて、それを厭う心があるのに、怠けて、慎みある行ないをしない。無明におおわれて善き友と離れ、迷いの世界の、無常の大火に包まれて逃れることができない。治しにくい煩悩という病に罹っている

のに知慧ある名医を求めない。

未来にわたって限りない険しい、遠い道を歩き続け、善の糧を身に付けようとしない。いつも淫欲と災難に付きまとわれて五欲の霜の害を受けている。怒りと憎しみが旺盛で悪友と親しくなる。おごりにおおわれて悪を求める。つねに邪見に惑わされて邪見になじもうとする考えを持っている。

煩悩という暗い部屋に住み、知慧の明かりを求めようとしない。煩悩の渇きに苦しみ、五欲の塩水をかえって飲む。生死輪廻の限りない川の流れに漂いながらも、勝れた船頭の助けを求めようとしない。彼ら他の宗教家たちは迷い惑い、ものを逆さに見て、すべての行ないは不変だと説いているが、そのような道理はない。

これらが彼らの生きざまであるからだ。

# 第十一章　不滅のものと大乗の教えを説く

## 無常なるものと不変なるもの

文殊菩薩、私はすべての事象は無常と観察している。それはそれなりの原因と条件（縁）があるからである。もしすべてのものが条件によって生起しているならば、それらはみな無常だと知るべきである。他の宗教家たちが説くなかには、一つとして条件によってものが生起していると説くものはない。

445c 文殊菩薩、ところでブッダになる可能性は生ずることがなく、滅することがなく、去ることも来ることもない。ブッダになる可能性は過去のものでも未来のものでも現在のものでもない。ある原因によって作られたものでなく、原因のないものから作られたものでもない。作られたものでも作るものでもない。有形でもなく、無形でもない。名前があるものでもなく、名前がないものでもない。名称でもなく、形相(ぎょうそう)でもない。長いものでも短いものでもない。身体の感覚器官と感覚の対象などで捉えることができるものでない。だからブッダになる可能性は不変なるものという。

文殊菩薩、ブッダはすなわちブッダであり、ブッダはすなわち法であり、法はすなわち不変である。不変とはすなわちブッダのことであり、ブッダはすなわち修行僧の集まりであり、その集まりはすなわち不変である。この意味でいえば、原因から生じたものは不変とはいわない。ところが他の宗教家たちはみな、ものは原因から生じることばかりを説いている。したがって彼らはブッダになる可能性やブッダやブッダの教えを理解できない。その意味で彼らの説いていることはみな過ちであり、真実の道理を述べていない。

人々は前に瓶・衣服・車・家・河水・山林・男女・象・馬・牛・羊などを見たのを覚えていて、のちになってそれぞれに似たものを見た時に、だからものはみな不変であると考えている。しかしこの不変の意味は正しい不変の意味ではない。

文殊菩薩、すべての作られたものはみな無常である。ただ虚空は作られたものではない。だから不変である。ブッダになる可能性は作られたものではない。だから不変である。虚空とはすなわちブッダになる可能性である。ブッダになる可能性はすなわちブッダである。ブッダは作られたものではない。作られたものでないというのは、これは不変であること、不変であるのは、すなわちブッダの教えである。ブッダの教えとは、すなわち修行僧の集まりでもある。この集まりは作られたものではない。要するに作られたものでないのは、すなわち不変ということである。

文殊菩薩、作られたものには物質的要素で造られたもの（色法）とその物質的要素で造られていないもの（非色法）との二種類がある。なかんずく物質的要素で造られていないものとは、心によって作り出されたものをいい、物質的要素で造られたものとは地・水・火・風で造られたものをいう。

心は無常である。なぜなら、心は対象に引きづられてはたらき、対象に反応してはたらき、対象を分別するからである。物を見る心のはたらきは種々に変わり、及び思考する心のはたらきも種々に変わる。だから無常である。眼の対象である光や光の領域も多様であり、及び記憶されるものや記憶されるものの領域も多様である。だから無常である。また、物を見る心のはたらきに付随して起こるものも多様であり、及び思考する心のはたらきに付随して起こるものも多様である。だから無常である。

文殊菩薩、もし心が不変であれば、眼の識別だけですべてのものを感覚するということになる。そのようなことはありえない。物を見る心のはたらきは多様であり、及び思考する心のはたらきも多様であるから、無常であると解る。ものそのものがつねに変わらないで、同じような姿をして生じては滅しているのを見て、人々はこれを不変だと錯覚している。

文殊菩薩、すべて原因と条件（縁）によって造られたものは壊れる。だから無常である。眼があり、色があり、光があり、思考があるから眼の識別が生じる。耳の識別が起こる時は、その由って来るところはさまざまであり、しかし眼の識別が起こるための原因と条件とは異なる。乃至、思考する心のはたらきが起こるための原因と条件も同じように多様である。

また、すべての事象が壊れて行く場合の原因と条件も変化するのだから、心は無常である。いわゆるす
446a べての事象は無常だと理解する心も変化し、すべての事象は苦であり、空（くう）であり、そして私のものではな
いと理解する心も変化している。もし心が不変であると、つねにすべてのものは無常だと理解していなければならない。これは苦や空や非我を観察することが否定されることになる。ましてや常住や安楽や実在

や清浄を観察することさえできなくなるだろう。このことによって他の宗教家たちにはこの常住・安楽・実在、そして清浄という考えを取り入れることができない。文殊菩薩、心は無常であることが定まりであると銘記したまえ。

また、心の本性は多様であるので、これも無常である。未熟な修行者の心の本性も多様であるブッダたちの心の本性も多様である。他の宗教家たちの心に三種類ある。一つには出家の心、二つには在家の心、三つには在家にして迷いから遠離した心である。

楽しみに伴う心も多様で、苦しみに伴う心も多様で、苦しみでもなく楽しみでもないものに伴う心も多様である。また、むさぼりに伴う心も多様で、怒り・憎しみに伴う心も多様で、無知に伴う心も多様である。また、すべての他の宗教家たちの心も多様である。いわゆる無知に伴う心も、疑いに伴う心も、邪見に伴う心も、それぞれ多様である。行住坐臥のすべての行動に見られる心も多様である。

もし心が不変であるとすれば、一例として、さまざまな色を分別することができないであろう。たとえばこれは青、これは黄、これは赤、これは白、これは紫であるというように分別できないであろう。もし心が不変であるとすれば、記憶したものは忘れないはずである。もし心が不変であるとすれば、暗唱するものは増えないはずである。もし心が不変であれば、かつてこれを説いた、いまこれを説いている、これからこれを説くであろうといえないであろう。もしこのようなことがあれば、心は無常であるとはっきりいっていることになる。もし心が不変であれば、怨みや親しみがないはずである。もし心が不変であれば、これは私の物、これは他人の物といえない。あるいはこれが死であり、これが生であるといえない。もし心が不変であれば、心のはたらきによって造られたものであれ、それは増え、膨張することがない。

この意味で心の本性は多様であり、多様であるから無常であるといえる。

文殊菩薩、私はここに地・水・火・風の要素で造られていないものの中にも無常があると説き、その意味をはっきりと示してきたが、次に地・水・火・風によって造られた肉体（色）が無常であることについて説明しよう。

肉体は無常である。なぜなら、もともとなかったものが生じたのであり、それは生じたら滅するからである。胎内では最初は、まずカララ（受精した状態）であるが、これももともとなかったものが生じたのである。生じたらすぐに滅するからである。草木の芽ももともとなかったものが生じたのである。生じたらすぐに滅するからである。このことから考えてもすべての物質はみな無常である。

胎内の物質はみな時と共に変化する。カララの時は別であり、アルブダ（泡（あわ）の状態）の時も別であり、
ペーシー（血肉の塊の状態）の時も別であり、ガハナ（肉の塊の状態）の時も別であり、プジャーカ（五
肢が整った状態）の時も別であり、誕生直後の時も別であり、赤子の時も別であり、小児の時も別であり、
446b 及び老いた時も別であり、その時々は各々変化し異なっている。外界の物質もこれと同じである。芽も茎
も枝も葉も花も果実もそれぞれみな変化し異なっている。

また、体内において、それぞれに味が異なる。カララの時、及び老いた時、それぞれに変化と違いの味がある。外界の場合も同じで、芽・茎・枝・葉・花・果実のそれぞれの味が異なる。カララの時の力も違い、及び老いた時の力も違う。カララの時の姿が異なり、及び老いた時の姿が異なる。カララの時の果報

が異なり、及び老いた時の果報が異なる。カララの時の名前が異なり、及び老いた時の名前が異なる。

体内の物質は壊れてからまた形を成すので、このことから無常だと判る。外界の、たとえば樹木も枯れてしまって、また後に形を成す。だから無常だと判る。

物は徐々に生じるので、無常だと判る。次第にカララを生じ、乃至、次第に老いが訪れる。芽が次第に生じ、乃至、果実を次第に生じる。だから無常であることが判る。

すべての物質はかならず滅する。だから無常であると判る。ところが俗人は物が前とそっくりな形をして生じているのを見て、すべての物質は不変であると思い込んでいる。

すべての物は無常である。無常であることは苦である。苦であることは不浄である。

文殊菩薩、すべての事象は実在そのものではない。世間にあるものは総じて物質と非物質に分けることができる。物質は実在そのものではない。なぜなら、破れる、壊れる、裂ける、砕けるからである。膨張するからである。実在そのものは破れる、壊れる、裂ける、砕ける、生長するなどがない。だから、物質は実在そのものではないことが判る。

また、物質でないものも実在そのものではない。それは原因と条件によって生ずるものだからである。

## 他宗の実在説

文殊菩薩、他の宗教家たちが言う、ひたすら心を一点に注意するのは実在そのものがある証しである、というなら、そのひたすら注意すること自体が本当のところ実在ではない。もしその注意する自体が実在そのものだというなら、過去のことについて忘れることがあるではないか。これによって実在そのものはないことが判る。

他の宗教家たちが人に記憶があるから、実在そのものがあるというなら、この記憶もたしかに存在していないのではないか。これによって実在そのものはないといわなければならない。

また、人の手に六本の指があるのを見て、〈前にどこかで見たことがあったかな〉と思ったとしよう。もし六本の指が実在そのものであったら、このようなことを考えることはないはずである。はっきり思い出せずに問い掛けていることは実在そのものはないことが判る。

また、遮るものがあるから実在そのものがあるというのなら、それは逆に遮るものがあるから実在そのものがないと知るべきである。それは提婆達多（だいばだった）といったら最後まで提婆達多ではないと主張し続けないことと同じである。実在そのものも同じである。もしこれは実在するものであると決めてかかったら、最後まで実在するものを遮ることはできない。実在そのものを遮るならば、そのことによって実在そのものはないことが判る。

もし他の宗教家たちが連れと連れでないものがあることから考えて、実在そのものの存在が判るといえば、かえって連れがないからこそ実在そのものはないというべきである。真理には連れがない。それはブ
446c ッダと虚空とブッダになる可能性などである。実在そのものもそのように連れがない。この意味で実在そ

のものはないことが判る。

文殊菩薩、他の宗教家たちは名字に実在そのものがあるという。それならば実在そのものがないという私の教えのなかにも実在そのものの名字があることになる。それはちょうど貧乏人を富豪と呼び名するようなことと同じである。また、私が死ぬという時には、私が実在の私を殺すことになる。しかし実際には実在そのものを殺すことはできないのであるから、ここでは仮に私を殺すといっているにすぎないことになる。背が低い人でもその人を長者ということがあるように、このことからしても実在そのものはないことが判る。

誕生した直後に赤子は乳を求めることから、これによって実在の私があることが判るというが、もし実在の私があるなら、すべての小児は糞や火や蛇や毒薬を手に持つことができるはずである。じつはそのようなことはできない。このことから実在の私はないことが判る。

また、すべての人々は淫欲と飲食と恐怖についての世渡りの知慧を持っている。これらのなかに見るかぎりでは実在の私などない。

また、他の宗教家たちは姿や形があることをもって実在の私が判るというが、そうではなく、姿や形があるから実在の私がないのである。また、姿や形がないからこそ実在の私がないのである。眠っている時には進んだり、止まったり、仰ぎ見たり、じっと見たりすることはできない。また、苦しみや楽しみを感じない。したがってそのこと自体には実在の私があり得ない。もし進んだり、止まったり、仰ぎ見たり、じっと見たりすること自体に実在の私があれば、からくりや木製の人形にも実在の私があるはずである。

また、他の宗教家たちは人がくだものを食べているのを見て、よだれを流すことがあることから、実在の私が判るというが、考えてみると、思い出してもよだれが出ることがある。このことからよだれは実在の私ではない。実在の私はよだれではない。実在の私は喜びや悲しみ、あくびや笑い、臥したり、起きたり、飢えたり、飽きたりするなどの行為によって判るものではない。この意味から実在の私はない。

他の宗教家たちは小児のように愚かで、知慧によって考える力がまったくない。常住と無常、苦と楽、清浄と不浄、自我と非我、霊魂と霊魂でないもの、生物と非生物（非情）、真実と偽物、眼に見えるものと眼に見えないものなどの意味と本性の違いについて理解することができない。私の教えの中からわずかばかりの証拠を挙げて、私の教えにも常住と安楽と清浄と実在の自我の説があると誤解している。彼らは本当の常住と安楽と清浄と実在の意味を理解していない。それはちょうど生まれつき眼の障害を持つ人が乳の色が白色であることを知らないようなことと同じである。

その盲人が「乳の色はなにに似ていますか」と聞いたら、相手が「貝の色に似ています」と答えたとし
447a よう。そこで盲人は「その乳の色は貝のような音を出しますか」と聞くと、相手は「いいえ」と答えた。
次に盲人は「貝の色はなにに似ていますか」と聞くと、相手は「ちょうど米の粉のようです」と答えた。盲人はさらに「乳の色は軟らかくて米の粉みたいですか。それでは米の粉はなにに似ていますか」と聞いた。相手は「雪に似ています」と答えた。盲人はさらに畳み掛けるように「米の粉は雪のように冷たいのですか。それでは雪はなにに似ていますか」と聞いた。相手は「ちょうど白鶴のようです」と答えた。

この盲人は相手からこれらの四つの喩えをもって答えを受けたが、とうとう乳の本当の色を知ることが

できなかった。これと同じように他の宗教家たちも本当の意味の常住と安楽と清浄と実在について理解することができない。私の説くところの教えの中には本物の理がある。これは他の宗教家たちの教えには見当らない』

文殊菩薩はブッダに申し上げた。

『有難いことです。世尊はいま妙寂に入ろうとされている際に、本物の理を私たちが解るように説法してくださいました』

## ブッダは説法しない

ブッダは文殊菩薩に言われた。

『君はいま私が死滅すると思っているが、私は常住不変であって、死滅することはない。人々のなかには、〈私はブッダである。私は最上のさとりを達成した。私は教えそのものであり、教えは私のものである。私は人の歩む道であり、道は私のものである。私は尊敬を受ける価値のある人物であり、尊敬を受ける価値のある人物とは私自身である。私は聖者であり、聖者とは私自身のことである。私は教えを説くことができて、他人に聞かせることができる者である。私だけが説法でき、他人の及ぶところではない〉と自負している人がいる。しかし私自身はこのような考えを持つことはない。だから私自身が説法をすることはない。

　また、ある人は

〈私は眼である。眼は私のものである。耳・鼻・舌・肉体・心も同じである。私は色であり、色（光）は私のものである。声（音）も香り（匂い）も味も無形のものも私であり、私のものである。私は大地であり、大地は私のものである。水も火も風も同じように私である〉

という考えを持つだろう。

　また、ある人は

〈私は信心そのものであり、信心は私そのものである。私は多くを聞く者であり、多くを聞く者は私自身である。私は満足な布施をなした者であり、満足な布施は私自身である。私は成就した習慣を習得した者であり、成就した習慣は私自身である。私は徹底した忍耐をなした者であり、徹底した忍耐は私自身である。私は完全な努力をなした者であり、完全な努力は私自身である。私は完全な注意をなした者であり、
447b 完全な注意は私自身である。私は円満な知慧を修めた者であり、円満な知慧は私自身である。私は四つの、つねに念頭におき修めるべき徳目（四念処）をなした者であり、その四つの修行徳目は私自身である。四つの正しく勤めるべき徳目（四正勤）と神通力を得るための四つの徳目（四如意足）とさとりを得るための五つの資質（五根）、五つの能力（五力）と七つのさとりへの徳目（七覚支）と八つの正しい歩み（八正道）なども私であり、私自身である〉

と考えることだろう。私はそのようなことを考えることも言うこともない。だから私はこのような説法を

しない。

もしだれかが〈ブッダは常住不変である〉と言ったら、どうして〈ブッダは説法する〉と言えるだろうか。そのようなことを私が説法するはずがない。だから君も私がさらに説法されるだろうと言ってはならない。

たとえば眼があり、色があり、光があり、考えるはたらきがあり、これらの条件が揃って、一緒になって見る心のはたらきが起こることを考えてみると解る。この時、眼は〈私は見るはたらきを起こす〉と言ったり、考えたりすることはない。色も光も考えるはたらきもそれぞれが〈私は見る心のはたらきを起こしている〉と言ったり、考えたりしているわけではない。また、見る心のはたらき自身も〈私自身が見ている〉と考えているわけではない。ただこれらの条件がみな揃い、和合してはたらいているところを「見る」と言っているにすぎない。

私もこれと同じである。完璧な六つの修行徳目、それに三十七種のさとりへの修行徳目がすべて揃い、これらの力を総合して、すべての法を知り尽くすことができるのである。また、咽喉・舌・歯・口唇・言語・音声などが整ってはじめてコーンダンニャ（憍陳如）尊者に初めての説法ができたのであって、それを説法すると言うのである。こういう意味で私が説法することはない。

私自身説法しないことが道理であり、この道理が私の在り方である。たとえば、火打ちがあり、鑽があり、手があり、乾いた牛糞があり、これらが揃い和合してはたらいて初めて火が生ずることを考えてみると解る。この時、火打ちは〈私が火を生ずる〉と考えない。鑽も手も乾いた牛糞もそれぞれ〈私が火を生ずる〉と考えているわけではない。火自身も〈私自身が火を生じている〉と考えているわけではない。これと同じように私も、完全な六つの修行徳目、それに三十七種のさとりへの修行徳目がすべて揃い、これらの力を総合してすべての法を知り尽くすことができる。また、咽喉・舌・歯・口唇・言語・音声などが整って、コーンダンニャ尊者に対して初めての説法ができたのであって、それを説法すると言っている。だから私自身が〈私が説法している〉と考えているわけではない。このようなことを通して行なわれているのが説法である。このように説法していること自体が私である。

たとえば乳を発酵したヨーグルトがある。水があり、鑽（きり）があり、瓶があり、縄があり、手で握るはたらきがある。これらが揃い和合してバターを作り出すことを考えてみよう。この時、ヨーグルトは〈私はバターを作る〉とは言わない。その他のものも〈私がバターを作る〉とは言わない。バター自身も〈私がバターになる〉とは言わない。すべての条件が揃い和合して初めてバターができるのである。これと同じように〈私が説法する〉と私は考えていない。私が説法するのではないこと、それを説法すると言う。このように説法していること自体が私である。

また、たとえば種子があり、大地があり、水があり、火があり、風があり、糞があり、時があり、人のはたらきがあり、これらが揃い和合して芽が生ずることを考えてみよう。この時、種子は〈私が芽を生じる〉とは言わない。他のものも〈私が芽を生じる〉とは言わない。芽自身も〈私が芽を生じる〉と考えな
447c い。私もこれと同じで、〈私が説法する〉とは考えていない。私が説法しているのではないこと、それを説法すると言う。このように説法していること自体が私である。

また、たとえば鼓があり、虚空があり、皮があり、人があり、撥があり、これらが揃い和合して音が出ることを考えてみよう。この時、鼓は〈私が音を出している〉とは考えない。他のものも〈私が音を出している〉とは考えない。音自身も〈私が音を出している〉と考えていない。私もこれと同じで、〈私が説法する〉とは考えていない。私が説法していないこと、これを説法するというのである。説法するとはだれかがなにかを作り出しているということではない。だれもなにかを作り出していないこと、これが説法である。このように説法していること自体が私である。

文殊菩薩、説法とはブッダのさとりの領域である。未熟な修行者たちがとうてい理解できる領域ではない。喩えていうと、虚空のようである。虚空は誕生するものでなく、出現するものでなく、作られるものでなく、創造されるものでなく、因果によって生滅するものではない。これと同じで私も誕生するものでなく、出現するものでなく、作られるものでなく、創造されるものでなく、因果によって生滅するものではない。同じようにブッダになる可能性も誕生するものでなく、出現するものでなく、作られるものでなく、創造されるものでなく、因果によって生滅するものではない。

ブッダたちの言葉に二種類ある。一つは世間に通用する世間語、二つは世間を超えたところに通用する出世間語である。私は未熟な修行者たちには世間語で説法し、菩薩たちには出世間語で説法する。

ところで大衆に二種類ある。一つは下劣な教えを求める大衆、二つは大乗を求める大衆である。私が昔ベナレスの町で下劣な教えを求める弟子たちに説法して以来はじめて、ここクシナーラで大乗を求める求道の人たちに秘密の教えを説法した。

この大衆にもまた、中くらいの能力がある者と、際立って勝れた能力がある者との二種類がある。昔、私はベナレスで中くらいの能力がある者に説法し、ここクシナーラでは人間界で象王と呼ばれるマハーカッサパ菩薩などのような勝れた能力のある者たちに大いに説法したことがある。

一方、きわめて劣った能力の持ち主たちには私は説法をしたことがなかった。その劣った能力の者たちとは極悪人の一闡提（いっせんだい）である。

ところでブッダの道を求める者に二種類ある。一つは中くらいの努力をする者で、二つはきわめて厳しく努力する者である。私はかつてベナレスで、この中くらいの努力をする者に説法した。いま、私はここクシナーラで、きわめて厳しく努力する者に秘密の教えを説法しようと思う。

初めてベナレスで説法した時、八万の神々や人々が聖者の仲間入りをした。いま、ここクシナーラでは説法を聞いた八十万億の人々が最高のブッダのさとりをめざして修行している。

かつてベナレスでは世界の創造主である梵天が来て、私に説法をしてくれるようにと懇願した。いま、
448a ここクシナーラではマハーカッサパ菩薩が説法を懇願している。

かつてベナレスで説法した時は世間は無常であり、苦であり、空であり、実在ではないと説いた。いま、ここクシナーラでは私は常住であり、安楽であり、清浄であり、実在であると説いた。

また、私が昔ベナレスで説法した時に発した声は天上界の梵天のところにまで達した。いま、ここクシナーラでの説法の声は、東西南北上下四維のそれぞれにある二十個のガンジス河にある沙の合計数に等しい数の仏国土にすべて届いた。

また、次に私の説法はみな、転法輪（てんぽうりん）という。

たとえば転輪聖王（てんりんじょうおう）の所有する金輪宝（こんりんぼう）は、まだ王に降伏していない者を降伏させ、すでに降伏している者を安穏にさせるが、私が説く教えもこれと同じである。量り知れない煩悩がある人に正しい道を歩むように導き、すでに正しい道を歩んでいる人には善行を積むように教える。

たとえば転輪聖王の所有する金輪宝がすべての敵を滅ぼすように、私の説法も同じである。すべての煩悩という敵をことごとく鎮（しず）めることができる。

たとえば転輪聖王の所有する金輪宝が上下に自由自在に回転するように、私の説法も同じである。下賤の、悪い人々を人間界や天上界に再生させ、そしてついには仏道に到らしめることができる。だからいまさら讃えて「ブッダはここでさらに説法をされている」と言ってはならない』

その時、文殊菩薩は申し上げた。

『世尊、私はこれらの意味を知らなかったわけではありません。私が質問した理由は、人々に利益になることであればと思ったからです。世尊、私はすでにブッダの説法はブッダのさとりの領域であって、未熟な修行者たちが理解できるところでないことはすでに判っています』

## 高潔な修行を説く

この時、ブッダはカッサパ菩薩に言われた。

『カッサパ菩薩、いままでに述べてきたことが大乗の妙寂の教えに安住した修行、つまり高潔な修行である』

『世尊、その高潔な修行の語義を教えてください』

『高潔な修行とはもろもろのブッダの行ないである。つまりもろもろのブッダの行ないを高潔な修行という』

『世尊、この高潔な修行はブッダたちが行なわれることですから、未熟な修行者や菩薩たちが行なうところのものではないわけですね』

448b
『カッサパ菩薩、ブッダたちはこの妙寂の教えにもとづいて妙寂を開き示して解説する。だからこれを高潔な修行ともいう。未熟な修行者や菩薩たちはそれを聞いて実践するわけである。その意味でいえば彼らの修行も高潔な修行ということができよう。


この修行を習得した求道の人たちは、大衆のなかで泰然として、まったく畏れることなく説法するブッダの境地に安住できる。この境地に安住できると、むさぼりや怒りやおごりなどの煩悩に惑わされたり、生まれや老いや病や死などの苦しみを畏れたりすることがなくなる。また、苦しみに満ちた地獄や畜生や餓鬼の世界に堕ちる心配もない。

カッサパ菩薩、悪に二種類ある。一つはアスラ（阿修羅）の悪である。もう一つは人類の悪である。その人類の悪にまた、三種類ある。一つは極悪人の一闡提の悪である。二つは大乗の教えを誹謗する悪である。三つは殺し・嘘・盗み・不倫の四つの重罪の悪である。

先に述べた、まったく畏れがない境地に安住した求道の人たちは、たとえこれらの悪に満ちた人間界に住むことがあっても、まったく畏れを抱くことがない。また、バラモンや外道の修行者に出会っても、また、悪魔や鬼神に出会っても、また、さまざまな異教の人々との討論でもまったく畏れることがない。また、二十五種の迷いの存在に生死輪廻することがあっても畏れることがない。この境地を完全な畏れのない境地という。

求道の人はこの境地に安住して、二十五種の三昧（さんまい）の境地を習得し、二十五種の迷いの存在の束縛から解放された。それらの三昧は次のようなものであった。

求道の人はまったく汚れのない三昧（無垢三昧（むくざんまい））を習得して、地獄の世界に堕ちる報いをなくすことができた。まったく退くことがない三昧（無退三昧）を習得して、畜生の世界に堕ちる報いをなくすことができた。心がまったく楽しくなる三昧（心楽三昧（しんぎょうざんまい））を習得して、餓鬼の世界に堕ちる報いをなくすことができた。喜びに満ちた三昧（歓喜三昧（かんぎざんまい））を習得して、アスラの世界に堕ちる報いをなくすことができた。陽光に溢れたような三昧（日光三昧）を習得して、東方のヴィデーハ洲に生まれる報いをなくすことができた。月光に満ちたような三昧（月光三昧（がっこうざんまい））を習得して、西方のゴーダーニーヤ洲に生まれる報いをなくすことができた。燃え盛る炎のような三昧（熱炎三昧）を習得して、北方のウッタラクル洲に生まれる報いをなくすことができた。蜃気楼のような境地の三昧（如幻三昧（にょげんざんまい））を習得して、南方のジャンブドヴィーパ洲に生まれる報いをなくすことができた。

すべての事象に迷わされない三昧（一切法不動三昧）を習得して、四天王たちが住む天界に生まれる報いをなくすことができた。何事にも降伏しない三昧（難伏三昧（なんぷく））を習得して、三十三天が住む世界に生まれる報いをなくすことができた。悦びが溢れた心境になる三昧（悦意三昧）を習得して、閻魔天の世界に生まれる報いをなくすことができた。青色の三昧（青色三昧）を習得して、兜率天の世界に生まれる報いをなくすことができた。黄色の三昧（黄色三昧）を習得して、化楽天の世界に生まれる報いをなくすことができた。赤色の三昧（赤色三昧）を習得して、他化自在天の世界に生まれる報いをなくすことができた。

白色の三昧（白色三昧）を習得して、四つの禅定の最初の禅定（初禅）世界に生まれる報いをなくすことができた。さまざまな内容が入り交じった三昧（種々三昧）を習得して、偉大なる梵天が住む世界に生まれる報いをなくすことができた。三昧のなかの三昧、つまり完全な三昧（雙三昧）を習得して、第二の禅定（二禅）の世界に生まれる報いをなくすことができた。すべてのものを畏れおののかせ、注意を向けさせるような三昧（雷音三昧）を習得して、第三の禅定（三禅）の世界に生まれる報いをなくすことができた。大雨のような三昧（霈雨三昧）を習得して、第四の禅定（四禅）の世界に生まれる報いをなくすことができた。虚空のような三昧（如虚空三昧）を習得して、一切の煩いのない（無想）の世界に生まれる報いをなくすことができた。よく磨かれた鏡のような三昧（照鏡三昧）を習得して、地上に住む五神の不退転（浄居阿那含）の世界に生まれる報いをなくすことができた。

何にも邪魔されない三昧（無碍三昧）を習得して、虚空のような場所に生まれる報いをなくすことができた。常住三昧（常三昧）を習得して、意識の世界に生まれる報いをなくすことができた。安楽三昧（楽三昧）を習得して、心になにも所有しないという世界に生まれる報いをなくすことができた。本来の自己を見る三昧（我三昧）を習得して、思うことがなく、そして思うことがないこともないという心の世界に生まれる報いをなくすことができた。

448c　カッサパ菩薩、以上の二十五種の三昧を求道の人は習得して、二十五種の迷いの存在に生まれる報いをなくした。これらの二十五三昧のそれぞれを三昧のなかの王と言う。

カッサパ菩薩、求道の人たちがこのようなもろもろの三昧の境地に入り、ヒマラヤを吹き壊したいと思えば、意のままにできるし、三千大千世界のあらゆる人々の心のなかを読み取ろうと思えば、これも意のままにできる。また、三千大千世界のあらゆる人々を自分の身体の一つの毛孔に納めようと思えば、これも意のままにできる。その人々はその時追い込められているという思いがまったくない。もし神通力でも数えきれないほどの人々を造り出して、彼らで三千大千世界を一杯にしようと思えば、これも意のままにできる。また、一つの身体を多数の身体に分割したり、その多数の身体をまた集めて一つの身体にすることさえ意のままにできる。このようにいろいろのことをして見せるが、心にそれらのことをしたというこだわりがまったくない。ちょうど泥水に染まらない蓮華に喩えられる心境である。

このような三昧の境地に入ることができて、求道の人は自由自在の心境に安住する。そして自由自在の心境に安住して、生まれたところがどこであろうと、その場所で往生することができる。たとえば転輪（てんりん）聖王（じょうおう）が天下を統治して、なんの妨害もなく意のままに支配できるようなことと、この求道の人たちも同じである。どんなところにでも生まれたいと思えば意のままに生まれることができる。もし地獄の者に善根を植えたいと思っている人がいたら、求道の人はすぐにその人のところに行き、その地獄に生まれる。求道の人は自らの悪業の報いで生まれたのではない。かの自由自在の心境に安住した力によって地獄に自在に生まれたにすぎない。求道の人は地獄にあっても熱さや寒さや身を裂かれるなどの苦しみを受けることはない。このような求道の人の功徳は量り知れなく、数えきれなく、とうてい言葉で言い尽くすことはできない。ましてブッダたちの功徳にいたっては説明できないのはいうまでもない』

この時、大衆のなかに「汚れのない蔵に住む」（住無垢蔵（じゅうむくぞう））という名の求道の人がいた。偉大な功徳を具え、あらゆる神通力を習得し、あらゆる教えを記憶し、種々の三昧を修め、何事にも泰然として畏れのない境地を得た求道の人であった。彼は座から立ち上がり、右肩に掛けた衣を脱ぎ、右膝を地につけて、合掌してブッダに申し上げた。

『世尊、ブッダが説かれたようにブッダや求道の人たちが完成された知慧や功徳は量り知れなく、その数は数えきれなく、言葉で言い尽くすことはできません。そこで私は心のなかで〈他の教えは、もとよりこの大乗の妙寂の教えとは同じではない〉と考えています。それは、この教えがすべての人々を平等に導き、すべての人々を余すところなく乗せる乗物であるからです。この教えはブッダや求道の人たちを生み、そ
449a れに最高のさとりを生み出すからです』

## 大乗の教えはなにか

これを聞かれたブッダは讃えて言われた。

『そうだ、まったくそのとおりである。君が言うとおりである。この大乗の平等の教えは量り知れない功徳を具えており、この教えをなにかに喩えてみようとしても喩えようがない。数えきれない数字で数えるほどの比喩をもってしても説明し尽くすことはできない。

たとえば牛が乳を出し、その乳からヨーグルトを作り、そのヨーグルトからバターを作り、バターからチーズを作り、チーズから醍醐（だいご）を作ることを考えてみよう。この醍醐は最高の味の製品である。これを食べるとあらゆる病が治るといわれる。どんな薬でもこの醍醐に適うものはない。私もこれと同じである。私から十二種類の説法集が生まれ、十二種類の説法集からさまざまな下劣な説法集が生まれ、下劣な説法集から大乗の説法集が生まれ、大乗の説法集から完全な知慧が生まれ、完全な知慧から完全な妙寂が生まれた。その妙寂はちょうど醍醐のようなものである。この醍醐とはブッダになる可能性（仏性）を喩えている。このブッダになる可能性は私のことである。このような意味から私の持つあらゆる功徳は量り知れなく、数えきれなく、説明し尽くせない』

カッサパ菩薩はブッダに申し上げた。

『世尊、ブッダが説かれた

「妙寂の教えは醍醐のようで、最上の、言葉に尽くせない味の教えである。もしこれを食べるとあらゆる病が治る。すべての薬でこの醍醐に勝るものはない」

とのお言葉を聞いてひそかに次のようなことを考えました。つまり

〈もしこの教えを聞き、理解することができなかったら、その人は愚か者で、正しい信仰心がない者だと

いうことになるのだろうか〉と。

私はいま、皮を剥いで、それを紙にし、血を墨とし、髄を水とし、骨を筆として、この妙寂の教えを書き取り、書き取って暗唱し、さらにこれを明らかに理解して、そしてこれを人々に広く説明して歩くことができるようになりました。

金銭に頓着している者がいたら、私はまず金銭を施し、その後でこの妙寂の教えを説き、暗唱するようにすすめようと思います。もし貴族がいたら、まずやさしい、親しみのある言葉で語りかけて、相手の心にしたがって話し合い、その後でこの妙寂の教えを説き、暗唱するようにすすめようと思います。また、なにも解らないごく普通の人々には、威勢をかって迫り、暗唱するように仕向けます。もし高慢な者がいたら、私はその人の召使となって彼の意のままにはたらき、彼を喜ばせてから、その後でこの妙寂の教えを説き、暗唱するようにすすめようと思います。もし大乗の教えを誹謗する者がいたら、力でこれを降伏
449b させて、その後でこの妙寂の教えを説き、暗唱するようにすすめようと思います。もし大乗を愛する者がいたら、彼のところに行き、彼を敬い、尊重し、供養して、讃えます』

その時、ブッダはカッサパ菩薩を讃えて言われた。

『君が大乗の教えを本当に愛し、楽しんでいることはいいことである。大乗の教えをむさぼり、大乗の教えを愛し、大乗の教えを信じ、敬い、尊重し、供養していることはいいことだ。君のこのすばらしい心がけによって、君は量り知れない、そして数えきれない数のガンジス河にある沙の数に等しいほど多くの求道の人たちの境地を超えることができ、最高のさとりを達成することができるだろう。また、君は遠から

ず私のように多くの大衆のためにこの妙寂の教えや、常住の私や、そしてブッダになる可能性などの秘密の教えを説明すべきである。

カッサパ菩薩、過去世に太陽に喩えられるブッダが出現しなかったことがあった。私はその時、バラモンに生まれており、修行を修め、あらゆる他の宗教の教えや学説を学び、理解し尽くした。また、煩悩をほろぼすための修行を修め、行住坐臥に心を清らかにして生活し、外からの刺激で生ずる欲望に誘惑されることがなかった。怒りの火を消し、創造主は常住であり、安楽であり、実在であり、清浄であるという真理を理解し、信じていた。当時、あちらこちらと回って、大乗の教えを探り求めていたが、その名前さえ聞くことがなかった。

その頃、ヒマラヤにも住んでいた。その山はきれいで、湧き出る泉や沐浴する池や修行の場には樹林や薬草などが大地に充ち溢れていた。到るところにある石の間からきれいな水が流れ、さまざまな花の香りが漂い、多くの鳥や獣がおり、その数は数えきれなかった。甘い美味の果実がたわわに実り、その種類はかぎりがなかった。また、数えきれない蓮根や甘藷や、青々と茂った樹木や、香りのする木の根があった。

私はそこで一人で修行しており、日々ただ果実だけを食べていた。食べおわるとすぐに坐して、瞑想し、思索すること、期間は数えきれなかった。そのうちにブッダの出現があり、大乗の教えがあることを聞いた。私がこのような難行苦行を修めている時に、帝釈天などの神々や人々が寄って来て驚きの気持ちを表わした。その時、彼らは次のようなことを言った。

「あの清浄なヒマラヤに、心静まり、すべての欲望を捨て去った主で、すべての功徳を積み終えた王が住んでいることをみな知っているであろう。その人はむさぼりや怒りやおごりなどの心を離れ、諂（へつら）いやねたみを断ち切っており、いままで粗悪な言葉など口にしたことがない」と。

その大衆のなかに歓喜という名の天子がいて、次のように言った。

「この欲望を捨て去った人はすべてのとらわれがなく、つねに精進を重ねていることだろうが、彼は帝釈天やその他の神々の座を求めようと思っていないのだろうか。もし他の宗教家たちで苦行している人がい
449c たら、多くは帝釈天の座を求めたいと思っているはずだが、……」と。

また、一人の天子がいて、彼は帝釈天に向かって言った。

「神々の主であるカウシカ（帝釈天）、いまのような心配はいりません。他の宗教家たちも苦行を修めているようですが、彼らはかならずしも帝釈天の座を求めようと思っているとはいえません。

神々の主であるカウシカ、いま、世間に偉大な人物がおります。その人物はわが身を顧みず、人々のためになろうと思って、種々の苦行を修めているようです。この人物はこの生死輪廻（しょうじりんね）の世間にある、あらゆる誘惑や刺激的な欲望などに遭遇しても、大地や山々や大海に溢れるほどの宝石を見ても、唾を吐き捨てるように頓着しません。この人物は財宝も愛する妻子も、自分の身体も、住んでいた家も、所有していた象や馬や車も、雇っていた召使たちも、すべて手放しました。その上、神々の世界に生まれようという望みさえ持っていません。この人物は、ひたすらすべての人々に楽しみを得させようとだけ考えています。私が察するところでは、この人物にはものにとらわれる心がなく、汚れがなく、煩悩を滅して、ただ最高のさとりだけを求めようと彼は思っています」

これに対して帝釈天は言った。

「君がいうところでは、この人物はすべての人々の面倒をみようとしているということだね。もしこの世間に本当にブッダの樹があれば、それこそすべての神々や人類やアスラ神などのあらゆる煩悩の毒蛇を取り除くことができるだろう。もし彼らがこのブッダの樹の木陰に寄ったら、彼らのあらゆる煩悩の毒をことごとく除滅することができるだろう。もしこの人物が来たるべき世に煩悩の河を渡ったら、彼の功徳によって私たちも燃え盛る煩悩を完全に取り除くことができるだろう。

これはじつに信じられないことであるが、あり得ることだ。なぜなら、多くの人々は最高のさとりを求めて発心していても、ちょっとしたことでその決心がゆらいでダメになってしまうことが多い。ちょうど水面に映った月が水が波立つと動くように、はっきり形が見えるまでに時間がかかるが、その形はすぐに壊れてしまう。最高のさとりを求める心も同じで、発心するまでは時間がかかるが、決心がダメになる時は速い。

また、多くの人々が鎧や銃で身を固めて賊を討とうと陣地に乗りこんだ時に、恐ろしくなって退散する
ようなことと同じで、人々も最高のさとりを求めて発心し修行しようとしても、世間の誘惑や欲望との戦
いに恐怖を感じて、退散する。私はこのように人々の決心がゆらいで動転している姿を見てきた。それに
比べて、この人物は苦行を修めていても悩みがなく、どんなに厳しい状況にあってもその修行は清らかで、
450a その姿は信じられないほど勝れている。私はこの人物のところに自ら行き、彼が最高のさとりを成就する
だけの人物であるかどうかを試してみようと考えた。

車に喩えていえば、二輪があれば運搬することができる。鳥でいえば、両翼があれば飛ぶことができる。このように、かの人物は人として守るべき習慣を堅持しているようであるが、深奥な知慧があるかどうか不明である。もし深奥な知慧があるなら、最高のさとりを成就するに足る力があるといえる。喩えるならば、雌の魚が多くの卵を産んでも成魚になるまで育つものは少ないように、また、マンゴーの花は多く咲くが、実を結ぶのは少ないように、発心する人は数多いが、それを成し遂げる人は数少ない。

そこで君と一緒にかの人物のところに行って、本物かどうかを試してみよう。純金かどうかを焼く、打つ、磨くの三つの方法で調べてみよう」

その時、帝釈天は羅刹（らせつ）という鬼神の姿に変身した。それは異常に恐ろしい形相であった。天上からヒマラヤに下り、そこから遠くない目的地に着いた。そこで帝釈天はなにを畏れることもなく、弁舌さわやかに、声は朗々として、過去に出現したブッダたちが述べた詩偈を読み上げた。

「諸行は無常である。これが生成と消滅の道理である（諸行無常。是生滅法。）」と。

この半分の詩偈を読み上げて、帝釈天はかの人物の前に立った。帝釈天はだれもが怖れるような異常な姿をし、四方をにらみつけるようにして辺りを見回した。かの苦行者である人物はこの半分の詩偈を聞き、心のなかで喜んでいた。

それはちょうど行商人が夜中に険しい山道で連れを見失い、一人になってこわくなり、ひたすら連れを探しているうちに再会して躍り上がらんばかりに喜ぶようなことと同じであった。

また、それは長患いで名医や良薬に出会えなかったのが、ある時突然出会い喜ぶようなことと同じであった。また、海に放り出され、溺れかかっている時に、助け船に出会い喜ぶようなことと同じであった。また、喉が渇いている時に、きれいな冷いた水をもらって喜ぶようなことと同じであった。また、敵に追われている時に、突然その危険から脱することができた喜びと同じであった。また、長い間牢獄につながれていた人が、突然解放してやるといわれて喜ぶようなことと同じであった。また、農夫が早魃（かんばつ）の時に雨に降られる喜びと同じであった。また、行商人が無事に帰宅した時に、家族の者が喜ぶようなことと同じであった。

このように、かの苦行者が帝釈天の半分の詩偈を聞いて心中喜んだのもこれらの喜びと同じであった。かの人物は座から立ち上がって、手で髪を掻きあげ、四方を見回して、次のように言った。

「いま私が聞いた半分の詩偈はだれが言ったのだろう」

目の前の羅刹の姿をした帝釈天をじっと見て、さらに言葉を続けた。

「だれがこの迷いから解き放つ教えを示したのであろう。だれがブッダたちの言葉を雷のように響かせたのであろう。だれが生死輪廻の眠りのなかにあって、一人その人だけが目覚めて、このような言葉を発
450b したのであろう。だれがこの世間の生死の飢餓に苦しむ人々に最上のさとりの味を与えたのだろう。多くの人々は生死輪廻の海に浮き沈みして苦しんでいる。だれが彼らを助け出す船の船長になったのだろう。人々はいつも煩悩の重い病に苦しんでいる。彼らに対してだれが名医となるのだろう。

この半分の詩偈を説き、私の心を開かせてくれたのは、ちょうど半月をかけてゆっくりと咲く蓮華のようである」と。

この後、かの人物、つまり私は考えた。〈まてよ、この半分の詩偈を述べたのはこの羅刹ではないか〉と。そして疑問が湧いた。

〈あるいはその羅刹が述べたのではないかもしれない。それはその形相があまりにも恐ろしく、見た人は恐ろしさのあまりに聞くことさえできなかったはずだからだ。もしよく聞くことができた人がいたら、その人は自分のすべての怖れや醜さなどを除くことができただろう。あの形相をしてこのような詩偈を述べることがあるわけがない。それは火のなかに蓮華を咲かせることができないことと同じであり、日光のなかから冷水を湧かせることができないことと同じだから〉と。

その時、苦行者である人物、つまり私は、

〈私にはいまよく解らない。この鬼神は過去に出現したブッダたちに会い、そのブッダたちからこの半分の詩偈を聞いたのであろう。であればそれについて聞いてみたい〉

と考えた。そこで鬼神に対して聞いてみた。

「君はどこで、このすべてに怖れを持たない聖者が説いた半分の詩偈を受けたのか。どこでこの勝れた自在の力を持つ宝珠を得たのか。じつはこの半分の詩偈は過去・現在・未来のあらゆるブッダが歩んだ正道を教えるものである。ところが世間の人々はいつも我見に縛られているために、生涯誤った考え方に捉われて、このような世俗を超越し、十力を得た英雄の教えを聞いてこなかったのだ」

これを聞いた鬼神は答えた。

「苦行者、君はそのようなことを私に聞いてはならない。私はこの数日間なにも食べていない。あちらこちらに食べ物を求め歩いたが、とうとう手に入れることができなかった。飢えの苦しみのために心が乱れ、おもねることもした。しかしこれは私の本心からしたことではなかった。たといいま精一杯に虚空を飛んで、ウッタラクル洲から天上界にまで行っても、どこでも食べ物を求めることはできないだろう。だから私は先ほどの詩偈を述べたのだ」

　苦行者であった私は鬼神に言った。

「もし私のためにこの半分の詩偈を説明してくれれば、私は生涯君の弟子になる。君の説明では言葉について、その意味についての説明が尽くされていない。どうしてその詩偈が説かれたのか、その理由についても説明されていない。ところで物の施しはかぎりがあるが、教えの施しは尽きることがない。尽きるこ
450c とがなく、しかも利益を与えるところ多大である。私はいまこの半分の詩偈を聞いて疑問に思うところがあるので、これを取り除いてほしい。もし説明してくれれば、君の弟子になろう」

　これに答えて鬼神は次のように言った。

「君の知慧は私などの及ぶところではないのに、自分の身体のことだけをただ愛して思っておられる。ああ、私のことなど眼に入っていない。いま私は飢えに苦しんでいるのだ。どうして説明することができよう」

　そこで苦行者は訊ねた。

「では君が食べるものはなにか」

　鬼神は、

「君の質問には十分に答えられない。もし私が説明したら多くの人々を怖れさせることになるだろう」

と言った。そこでまた、苦行者は問うた。

「ここには私一人だけで、ほかにだれもいない。私は君を怖れてなんかいないのに、どうして説明してくれないのか」

鬼神は答えた。

「私が食べているものは人の温かい肉だけで、飲んでいるものは人の熱い血だけである。私は薄幸者であるから、このような食べ物しか食べない。といってこのような食べ物が辺りを探し求めても、手に入らなくて困っている。世間に人は多いが、みな福徳を積んで、神々に守護されているので私の力では殺すことができない」

これを聞いて苦行者である私は言った。

「とにかくいま知っているかぎりの知識でこの半分の詩偈について説明してほしい。私はそれを聞いたら、この身体を君に捧げよう。所詮この身体は死んでしまえばなんの用もなく、虎や狼や、フクロウやはげ鷹などの餌食になるだけである。一本の毛ほどの福もあるわけではない。いま、私は最高のブッダのさとりを求めようと思っており、このもろい身体を捨てて、堅固な身体に生まれ変わりたいのだ」

すると鬼神は答えた。

「どうしてそのような言葉を信じられるか。わずか八字（諸行無常。是生滅法。）の詩偈の教えのために最愛のわが身を捨てる人がいるだろうか」

苦行者である私は言った。

「君は本当に愚かだ。たとえば瓦で作った器を施して、そのお返しに七宝の器を手に入れたような人を考えてみよ。私の場合はそれと同じである。私はこのもろい身体を捨ててダイヤモンドのような堅固な身体を得ようとしている。君はどうしてそれが信じられようかと言っているが、私がいまその証を示そう。偉大なる梵天や帝釈天や四天王などが証人となってくれる。超人的な眼を持つ、あの大乗の六つの完全な修行（六波羅蜜多）を成就した求道の人たちもこれを証明してくれるであろう。また、十方のブッダも私がこの八字の詩偈のために身命を捨てるであろうことを証明してくれる」

鬼神はこれを聞いて言った。

「解った。君がたしかに身命を捨てる意志があることが解った。それではいまあの詩偈の意味を説明するので、よく聞きたまえ」

私はこの鬼神の言葉を聞いて、心中たとえようもない喜びで溢れた。身に着けていた鹿の皮をぬぎ、それで鬼神のために座を設け、お願いした。

「どうか、私のためにいまの半分の詩偈のほか、その後の半分の詩偈をも説明してほしい」

そこで鬼神は次の半分の詩偈を陳べた。

451a 「生成と消滅の繰り返しがなくなった時、まったくの静寂の安楽が得られる（生滅滅已。寂滅為楽。）」

鬼神はこの詩偈を陳べてから、また、次のように言った。

「苦行者、いまこの詩偈を聞き、君の願いは叶えられた。そこで人々に利益になることをしたいと考えているのであれば、私に君の身体をくれ」

これを聞いた苦行者は鬼神の言おうとすることが解り、私は手当たり次第に石や壁や樹や道に鬼神が陳べた詩偈を書き残し、着ている衣装をその上に掛けた。そして死後に身体がさらされることを怖れて、高い樹の上に登った。

すると樹神が苦行者の私に問いかけてきた。

「君はこれから何をしようとしているのだ」

これに苦行者は答えた。

「詩偈の内容を鬼神が教えてくれたので、それに報いようと思い、いまこの身体を鬼神に与えようとしている」

すると樹神は、

「その詩偈の内容にどんな価値があるのか」

と問いかけた。苦行者は答えた。

「この詩偈の内容は過去・未来、そして現在に出現された、あるいは出現されるであろう、あるいは出現されている多くのブッダが説かれた〈一切は空（くう）である〉という教えである。この教えのために私は身命を捨てるのだ。一人私自身の利益や名誉や財産のためでなく、また、転輪王や四天王や帝釈天や梵天などの神々の幸せを願ってのためでもない。世間の人々の利益を願ってこの身体を捨てようとしている」

苦行者はいま身体を捨てようとする際に次のような願いを述べた。

〈どうかすべての物惜しみする人たちにいまこの身体を捨てようとしている場面を見てもらいたい。もしわずかな施しをしていかにも多大な施しをしたようにふるまう人がいたら、この一つの詩偈のために草木を捨て去るようにわが身を捨てるところを彼らに見せてやりたい〉と。

　この言葉を述べおわって、すぐにわが身を樹上から放ち、飛び下りた。その際、地上に落ちるまでの間に、空中でさまざまな声を発した。その声は、姿が見える天界のなかで最高の神であるカニシタ神のいるところにまで聞こえた。

　時に、かの鬼神は帝釈天の姿に戻り、空中で苦行者の身体を抱きかかえて平坦なところに安置した。そして帝釈天をはじめ、梵天や多くの神々たちは苦行者の足下に平伏して敬礼し、讃えて次のように言った。

「すばらしいことだ。あなたは本当の菩薩である。数えきれない人々に利益を与えられた。まさに無知の暗闇に包まれた人々の心に大きな松明の明かりを灯された。私たちはブッダの教えを待ち望んでいたからこそ、これまで悩み苦しんできた。私たちが犯した罪過を懺悔する。これを許してください。あなたはかならず将来ブッダの最高のさとりを成就されるであろうから、その時どうか私たちを救い導いてくださるようにお願い申し上げる」

　時に帝釈天をはじめ、多くの神々は苦行者の私の足下に敬礼し、その場を離れてすぐに姿を消した。

451b　カッサパ菩薩、私は昔、この半分の詩偈のためにわが身を捨てたことによって一億二千万年を超える長い時間修行して、弥勒菩薩より先にブッダの最高のさとりを成就した。このような功徳を得たのはブッダたちの正法に従順であったからである。

　カッサパ菩薩、君もいまそうである。最高のさとりに向けて発心してから今日までの修行は、数えきれない数のガンジス河の沙の数ほどの求道の人たちのそれをはるかに超えている。君のその修行こそが大乗の妙寂の教えに安住した修行といい、それを聖なる修行を修めているという』

# 第十二章〃ブッダの慈悲と知見を説く

## 七つの知るべきこと

さらにブッダは言われた。

『カッサパ菩薩、求道の人が修める禁欲の修行とはどんなものか次に説明しよう。求道の人は大乗の妙寂の教えを信仰し、七種の方法にもとづいて禁欲の行を修めるべきである。ではその七つの方法とはなにか。

一つは教えを知ること。二つは意味を知ること。三つは時を知ること。四つは足るを知ること。五つは自らを知ること。六つは大衆を知ること。七つは尊いものと卑しいものの違いを知ること。

では教えを知ることとはなにか。求道の人はまず十二種の説法集（経）があることを知らなければならない。すなわち、教えの意味を説明した長文のスートラ、教えの意味を詩偈にしたゲーヤ、ブッダになれるという予言を述べた文章からなるヴィヤカラナ、詩偈だけによる説法のガーター、質問者がなくブッダ自らが説いたウダーナ、教説・教化の意図や理由を説いているニダーナ、譬喩説法のアヴァダーナ、仏弟子たちの過去物語であるイティヴリッタカ、ブッダの過去物語であるジャータカ、広大な真理を説く文章からなるヴァイプルヤ、ブッダの神通力についての文章からなるアドゥブタダルマ、教えについての問答集であるウパデーシャの十二種である。

　この中でスートラとはなにか。これは冒頭に〈私は次のように聞きました〉（如是我聞）ではじまり、最後が〈聞いたことを忘れず、そして伝え、教えをこれから実行しつづけます〉（信受奉行あるいは歓喜奉行）という言葉で終わる経をいう。この形のものはみなスートラという。

　次にゲーヤとはなにか。

　私はむかし弟子に

「昔、私も君たちと同じように愚かであった。因果の道理をまとめた、苦しみの現実（苦）とその原因（集）、さらに安らぎの境地（滅）とそれに到る歩み（道）などの四つの真理についてはまったく無知であった。そのために考え方も定まらず、迷いの海に浮沈しているような状態であった」

と説法した。この説法を聞いた弟子のなかで勝れた能力のある者はさらに深く教えを聞こうとして、私のところに来て質問した。

451c 「先のブッダの説法はなにを説かれようとしたのですか」

　そこで私は彼らが覚えやすいように、詩偈で次のように述べた。

「私はむかし君たちと同じように四つの真理があることを知らなかった。だから輪廻の苦海に流転した。
もし四つの真理を知ったら、この輪廻の苦海から脱することができる。再生することがなくなれば、
さらに生死の苦しみの報いを受けることはない」と。

このように教えを詩偈をもって述べている経をゲーヤという。

ではヴィヤカラナとはなにか。

たとえば私が説法した時に、天人たちに次のように予言をすることがある。

〈アジタよ。将来土儴怯という名前の王が出現するであろう。その王は在世中にブッダのさとりを成就し、弥勒と呼ばれることになろう〉と。

このような予言が述べられている経をヴィヤカラナという。

ではガーターとはなにか。

スートラ及びさまざまな個人が守るべき習慣や集団の規律を除く、他の四句からなる詩偈を説くことがある。たとえば、

もろもろの悪を為すことがなく（諸悪莫作）、もろもろの善を実践し（衆善奉行）、そして自らの心をきれいにする（自浄其意）。これがもろもろのブッダの教えである（是諸仏教）。

このように詩偈をもってまとめられた経をガーターという。

次にウダーナとはなにか。

私は夕暮れ時に瞑想の境地に入り、そこで多くの神々を相手に説法をすることがある。その時、弟子たちは各々〈ブッダはいまなにをするのだろうか〉と考える。次の朝、私はその瞑想の境地から覚めて、彼らが内心なにを考えていたかを察して、

「君たち、すべての神々の寿命はきわめて長い。君たちはそれに比べて短い。いまのうちに自分のためで

はなく、人のために利益になることをしたまえ。欲を少なくし、足ることを知り、そして心を鎮(しず)めたまえ。これが善行である」

と説いたことがある。このような経は質問されなくとも、内心を察して私自ら説いた内容のものである。これをウダーナという。

次にニダーナとはなにか。

説法中に詩偈によって教えや教化の意図や理由を人々に説法しているような経をいう。

たとえば舎衛城(しゃえいじょう)に住む一人の男が、網で鳥を捕まえたことを述べている経について説明しよう。彼は捕えた鳥を籠に入れ、水や餌を与えて育て、そのうちに森に放した。このことを聞いた私は次のようなことを説いた。

「小さな罪だからと思って、軽い気持ちでこの報いなんかあるものかと考えてはならない。水滴は小さいが、集まると大きな器に一杯になる」

このような意図や理由を集めた経をニダーナという。

次にアヴァダーナとはなにか。

これは個人が守るべき習慣や集団の規律のなかで説かれる譬喩(ひゆ)のようなものを集めた経をいう。

次にイティヴリッタカとはなにか。

たとえば私が

「弟子たち、私がこの世間に出現した時に説かなければならないものを契経(かいきょう)という。過去に第四番目に

452a 出現したクラクッチャンダ仏（鳩留孫仏）が在世中は甘露鼓と呼ばれ、第五番目のクナカムニ仏（拘那含牟尼仏）が在世中は法鏡と呼ばれ、第六番目のカーシャパ仏（迦葉仏）が在世中は分別空と呼ばれた」
というように過去の因縁を述べている経をイティヴリッタカという。

次にジャータカとはなにか。

私はむかし修行中の求道者であった時に、さまざまな苦行も修めた。そこで
「弟子たち、私は過去世に鹿に生まれたり、熊に生まれたり、のろに生まれたり、兎に生まれたり、粟つぶのような小国の王になったり、転輪王に生まれたり、龍になったり、金翅鳥になったりした。これらは求道の人が修行中に生まれ変わらなければならない身体である」
と私の過去世の一部始終を述べた経をジャータカという。

次にヴァイプルヤとはなにか。

これはいわゆる勝れた乗物に喩えられ、公明正大な教えをまとめた経のことである。その教えの内容は広大で、虚空のようである。だからヴァイプルヤ（広大なもの）という。

次にアドゥブタダルマとはなにか。

私は誕生した時にだれの助けもなしに七歩歩いた。その時に放った光の明るさは、十方の世界をことごとく見ることができるようであった。また、猿が私のもとに蜂蜜が入った器を持ってきて献上したことがあった。また、犬が私の近くにきて説法を聞いたことがあった。悪魔が黒い牛に変身して、素焼きの鉢が向かい合わせに立てて乾かしてあるところを歩いてきても一つも壊れることがなかった。私が初めて神社

に入った時に、祀られてあった神像が平伏して敬礼したことがあった。

このような私の不可思議な力を示す事例を述べた経をアドゥブタダルマという。

次にウパデーシャとはなにか。

私が説いた教えについて議論し、その内容を理解し、解説して、その全貌を解釈するような内容の経をウパデーシャ（論義）という。

これら十二種の説法集を十分に理解することが教えを知ることである。

次に意味を知ることとはなにか。

それはすべての文字や言葉についての意味を広く知ることをいう。

次に時を知ることとはなにか。

それはこのような時には心を鎮める修行をする時である、このような時は努力する時である、このような時は内心のすべての執着を離れる瞑想を修める時である、このような時はブッダを供養する時である、このような時は師を供養する時である、このような時は布施や習慣や規律を守ることや忍耐や努力や瞑想などを修め、それによって完全な知慧を具える時である、などさまざまな時があることを熟知することをいう。

次に足るを知ることとはなにか。

それは衣食や薬に足ることを知り、行住坐臥のすべてに足るを知ることである。たとえば適当な睡眠時間を摂ること、無駄な会話をしないことなどに注意することがそれである。これが足るを知ることの意味である。

次に自らを知ることとはなにか。

それは自分自身にこのような信心がある、このような習慣がある、このような多くの知識がある、このような等しく観察する眼がある、このような知慧がある、このような過去があり未来がある、このような記憶がある、このような善行がある、このような疑問があると同時に、それに対する答えも持っているなど、これらを私は自覚しているという意味である。

452b 次に大衆を知ることとはなにか。

それはこの人たちは王族の者たちである、バラモンたちである、資産家たちである、沙門たちであるといって、それぞれの大衆に対して、彼らにはこのように接し、彼らにはこのように敬礼し、彼らにはこのように説法し、彼らにはこのように問答しなければならないということを熟知するという意味である。これが大衆を知ることである。

次に人に尊い者と卑しい者がいることを知るとはなにか。

人に二種類ある。信心がある人と信心がない人である。信心がある人は善人で、不信心の者は善人とは言えない。とりわけ信心がある人に二種類ある。修行者がいるところ（僧坊）に行く人と行かない人である。行く人は善人であるが、行かない人は善人とは言えない。修行者がいるところに行く人にまた、二種類ある。礼拝する人と礼拝しない人である。礼拝する人は善人であるが、礼拝しない人は善人とは言えない。

とりわけ礼拝する人に二種類ある。教えを聞く人と聞かない人である。教えを聞く人は善人であるが、聞かない人は善人とは言えない。また、教えを聞く人に二種類ある。心から聞く人と聞かない人である。心から聞く人は善人であるが、聞かない人は善人とは言えない。心から聞く人に二種類ある。その教えの意味を考えて聞く人と考えないで聞く人である。意味を考えて聞く人は善人であるが、考えて聞かない人は善人とは言えない。

意味を考えて聞く人に二種類ある。聞いたとおりに実行する人と実行しない人である。実行する人は善人であるが、実行しない人は善人とは言えない。また、聞いたとおりに実行する人に二種類ある。ただ聖者の生き方を求めているだけで、苦しみにあえぐ人々の利益とためを思って行動しない人と、大乗の教えの実現に向けて修行し、同時に多くの人々の利益と安らぎを願って行動する人とがある。この中で後者が最上の、そして最善の人である。

あらゆる宝石のなかで、わが願いを叶えてくれるマニ宝珠がもっとも勝れているように、あらゆる味のなかで甘露味をほかにして最高の味はない。

以上の七つのことを知る求道の人こそ人間界と神々の世界のなかで最勝であり最上であり、どんなものをもってしても比べられない。この大乗の教えにもとづいて七つの方法を修める時に、求道の人は禁欲の行を具えていると言われる。

カッサパ菩薩、次に慈しみと憐れみと喜びと平等の四つの無量心にもとづく禁欲の行が求道の人にはある』

## 限りなく起こすべき四つの心

カッサパ菩薩はブッダに意見を申し上げた。

『世尊、限りない慈しみの心をもって接しても人々の怒りの心を断つことができます。また、限りない憐
452c れみの心をもって接しても人々の怒りの心を断つこともできます。それなのにどうして量り知れない心として四つ挙げられたのでしょうか。慈しみの心について立ち入って言いますと、これを三種に分けて考えることができます。すなわち

一つは人々に対する慈しみ（衆生縁）

二つはすべての存在に対する慈しみ（法縁）

三つは対象がない慈しみ（無縁）

これは後の三つの心についても同じことが言えます。そうであれば三つとか四つとか禁欲の行を挙げなくとも、慈しみの行だけで十分と考えられます。

三種のなかで人々に対する慈しみとは、五つの構成要素からなるもの、つまり身体に対して安楽を感じさせようと願うことだと考えます。

次のすべての存在に対する慈しみとは生類が用いている物を見て、必要とする物を与えることと考えます。

次の対象がない慈しみとはブッダに対する慈悲を起こすことを意味します。慈しみとは多くの貧しい、困窮している人々に対する心のはたらきですから、これと対照的にブッダはあらゆる貧しさや困窮とは無

関係です。したがってブッダは最高の安楽の報いを感じている方ですから、慈しみをかける対象とはなりません。人々は慈しみの対象となってもブッダが慈しみの対象になることはありません。

これはすべての存在についても同じことです。したがって人に慈しみの心を起こさせるような苦しみや困窮がブッダにはないので、慈しみの対象にブッダはなりません。このブッダに対する慈しみが対象のない慈しみの意味と考えます。

世尊、慈しみの心は母や妻子や親族に対するような気持ちをもって、すべての人々に向けられます。これを人々に対する慈しみといいます。次に、すべての存在はみなさまざまな関わりと助けによって生滅していると観察すること、これをすべての存在に対する慈しみといいます。次に、もののありさま、人々のありさまに執着しないこと、これを対象がない慈しみといいます。これは憐れみや喜びや平静などの三つの無量心についても同じです。であれば三つとか四つとか挙げることはないと考えます。

世尊、人に二種類あります。一つは我見や邪見にとらわれている人、二つはむさぼりや憎しみなどの悪行に染まっている人です。前者は慈悲の心を持つように心がけ、後者は人々の喜びをわがことのように喜び、世間の動きにまどわされることなく、つねに平等に行動する心を持つのです。このようにまとめてみますと、四つとか三つとかでなく、二つで十分だと考えます。

ところで無量とは無辺とができると思います。限りがないのですから、無量ということになります。無量であれば、一つというよりほかなく、四つということはできません。もし四つというと、これは無量とはいえません。だから一つであって、四つではありません。このように考えますが、……』

ブッダはカッサパ菩薩に言われた。

『カッサパ菩薩、私が多くの人々のために述べる教えの一つ一つの言葉には、人々が窺い知ることのできない秘密の内容が込められている。

ある時は人々にものが起こる原因と条件について一つだけ説くことがある。その一つというのはすべてのものは作られたものだと説くことである。

また、ある時は二つ、つまり原因と結果があると説くこともある。

また、ある時は三つ、つまり煩悩と業と苦について説くこともある。

また、ある時は四つ、つまり無知と、これから派生する種々の行ないと生まれと老いと死について説くこともある。

また、ある時は五つ、つまり人は外界の刺激を感覚し、それに欲望を持ち、執着し、それを現実のものにし、再生するなどと説くこともある。

また、ある時は六つ、つまり過去に因果があり、現在に因果があり、未来に因果があると、それぞれの因果を説くこともある。

ある時はものにとらわれて起こる心の段階を七つに分けて説くこともある。つまり分別により、名称と形でものを判別し、それと身体の六つの感覚器官によって接触し、器官を通して感受して欲望し、そしてとらわれるという段階を説くこともある。

また、ある時は八つをあげて説くこともある。つまり四苦八苦の苦しみがもたらされる因縁を十二段階に説明する項目のなかで、それを無知（無明）と形成作用（行）と生まれることと老死の四つを除く他の八つの項目だけで説くこともある。

また、城と題する説法の中で説いたような無知と形成作用と分別作用（識）の三つを除く他の九つの項目で説くこともある。

また、ある時はジャイナ教の開祖ニガンタ・ナータプッタに対して説いた時のように、十二項目のうち
453a 生まれることだけを除いた十一項目だけで説いたこともある。

また、王舎城でマハーカッサパ菩薩などの高弟たちに対して説いたように、すべて十二の項目を詳しく説くこともある。

このように一つの因縁についていろいろと分類して解説してきた。これは心のはたらきについても同じことである。こういうことで私の行ないは深奥であり、不可思議である。したがって疑いを抱いたりしてはならない。

カッサパ菩薩、私は勝れた方便をもって対処している。ある時は無常のものを常住と説いたり、常住のものを無常と説いたりする。ある時は安楽のものを苦悩と説いたり、苦悩のものを安楽と説いたりする。ある時は不浄のものを清浄と説いたり、清浄のものを不浄と説いたりする。ある時は実在のものを実在のものではないと説いたり、実在ではないものを実在のものと説いたりする。

また、生類でないものを生類だと説いたり、生類であるものを生類ではないと説いたりする。物質でないものを物質だと説いたり、物質を物質ではないと説いたりする。現実のものでないのを現実のものと説

いたり、現実のものを現実のものではないと説いたりする。感覚できない対象を感覚できる対象であると説いたり、感覚できる対象を感覚できない対象であると説いたりする。生じたものでないのを生じたものと説いたり、生じたものを生じたものではないと説いたりする。知慧でないものを知慧であると説いたり、知慧を知慧でないと説いたりする。色を色でないと説いたり、色でないものを色だと説いたりする。道でないものを道だと説いたり、道を道でないと説いたりする。

このようないろいろの説き方を私がするのは、人々の心を調教しようとするためである。まやかしではない。

カッサパ菩薩、人々が金銭をむさぼるようであれば、私は転輪王に変身して量り知れない年月をかけて、人々が必要とする物をすべて供給し、満足させてから、教化してブッダの最高のさとりに心を向けさせる。五欲に執着する人々がいたら、量り知れない年月をかけて、五欲を正しく制御させ、その願いに応じて満足させ、その後で教化してブッダの最高のさとりに心を向けさせる。

盛大なる功績や事業を成就し、誇りにして自慢している人々がいたら、私は量り知れない年月をかけて、その人々の下僕（しもべ）となって給仕し、その人々の心を捉えてのち、教化してブッダの最高のさとりに心を向けさせる。

反省して人の呵責や諫めを必要とする人がいたら、私は量り知れない年月をかけて教え諭し、その人々の心を調教してのち、教化してブッダの最高のさとりに心を向けさせる。

私はこのように量り知れない年月をかけて、種々の方便を使って人々を教化して、ブッダの最高のさとりに心を向けさせる。

どうして私のすることに偽りがあるだろうか。

私は悪に満ちたところにいても、それに染まることは決してない。それはちょうど泥沼に咲く清浄な蓮華のようである。

以上のことをもって四つの無量の意味を知らなければならない。

これら四つを修行すれば偉大なる清浄の境地に生まれることができる。

453b カッサパ菩薩、また、これら四つに次のような量り知れない連れがある。慈しみを修める人はむさぼりの心を断ち、憐れみを修める人は苦しみを抜き、怒りを断ち、共に喜ぶ心を修める人は楽しくないことを断ち、とらわれのない心を修める人は愛欲と憎しみを断つ。

この四つのはたらきを考えると、一とか二とか三とかではないことが解る。

君が先ほど言った「慈しみはよく怒りを断つ」と言ったことのように、他の三つの無量心についても説くべきである。君は先ほどのような問いをしてはならない。その理由はこうだ。

怒りには二種類ある。一つは生命を奪う怒り、二つはむち打ちの怒りである。ところが慈しみを修めると、この二つをなくすことができる。このことからどうして四つでないといえるだろうか。

また、怒りに二種類ある。一つは人々に対して怒り、二つは人々でないものに対する怒りである。ところが慈しみを修めると、これらの二つをなくすことができる。

また、怒りに二種類ある。一つは経緯がはっきりしている怒り、二つはその経緯がはっきりしていない怒りである。ところが慈しみを修めると、これらの二つをなくすことができる。

また、怒りに二種類ある。一つはずっと昔に起こした怒り、二つは現在起こしている怒りである。ところが慈しみを修めると、これらの二つをなくすことができる。

また、怒りに二種類ある。一つは聖人に対する怒り、二つは俗人に対する怒りである。ところが慈しみを修めると、これらの二つをなくすことができる。

また、怒りに二種類ある。一つは上位の人に対する怒り、二つは中位の人に対する怒りである。ところが慈しみを修めると、これらの二つをなくすことができる。

これらのことから考えて四つなければならない。どうして四つでなく、三つであるべきだということができようか。だからこの無量心は連れを合わせて考えても四つとなる。

器があるから、それぞれに四つの名前を付けることになる。器にもし慈しみの心が入っていたら、そこには憐れみや喜びや平等のそれぞれの心は入っているわけがない。この意味から四つより少ない数であるはずがない。

これは実行する場合を考えても解る。もし慈しみの心を起こしている時には、他の三つの心はない。だからそれぞれが別々にはたらくので四つあることになる。

無量であるからこそ、四つということもできる。そこで無量について考えると四種類ある。

一つは相手が無量であるために思うままにならないこと、二つは思うままにできるけれども相手とするものではないこと、三つは相手があり、思うままになること、四つは相手にもならないし、思うままにもならないこと。

では、相手が無量であるために思うままにならないとは、どういうことだろうか。それは、数えきれない、限りない種類の生類に慈しみをもって対処しても思うままに対処し尽くすことができないことである。対処することができたとしても成功することもあり、失敗することもあるからである。

次に、思うままにできるが相手ではないとは、どういうことだろうか。それは、母父や兄弟や姉妹などが相手であると思うままにできるが、彼らは限られている相手で無量心の相手となるものではない。

453c 次に、相手にもならないし、思うままにもならないとは、どういうことだろうか。未熟な修行者たちは広く限りない数の人々を相手に対処することができないし、思うままに対処することもできない。

これらの四つの無量の意味をもって四つの無量心を理解すべきであるが、これはブッダたちの心の領域である。未熟な修行者たちはこれらを無量という言葉で表現するが、じつはそのような言葉では言い尽くしきれないのである。ブッダたちならば、その実を知っているので、無量とか無辺とか言うことができる』

カッサパ菩薩はブッダに訊ねた。

『世尊、み教えのとおりだと考えます。ブッダの心の領域は未熟な修行者たちの量り知れないところだと考えます。ところで世尊、ある求道の人が大乗の妙寂の教えを信じて、その上に慈悲の心を起こしたならば、この慈悲の心は最勝の慈しみの心であり、最勝の憐れみの心ということができるのでしょうか』

『カッサパ菩薩、そのとおりだ。求道の人は人々を三種類に分けて考えている。一つはだれにも親しい人々、二つは敵(かたき)のような人々、三つはだれにも親しくもあり、だれにも憎まれる人々である。

とりわけだれにも親しい人々の中にも上中下の三種類がある。また、だれにも敵のような人々の中にも同じように上中下の三種類がある。

だれにも親しい人々のなかで、だれにももっとも親しい人々には活き活きとなる最勝の安楽を与え、中くらいと下くらいの親しい人々にも等しく活き活きとなる最勝の安楽を与える。

だれにも敵のような人々のなかでも、だれにももっとも憎まれる人々にはわずかな安楽を与え、中くらい憎まれる人々には中くらいの安楽を与え、だれにも憎まれることが少ない人々には最勝の安楽を与える。

求道の人はこのようなことを繰り返し行ない、だれにももっとも憎まれる人々には中くらいの安楽を与え、中くらい憎まれる人々と憎まれることが少ない人々には最上の安楽を与える。さらに修行が進むと、上中下の三つの中くらいにある憎まれる人々にも等しく最上の安楽を与える心が起こる。

もしもっとも憎まれる人々に最上の安楽を与えたら、それこそ本当の慈しみの心を起こしたといえる。その求道の人の心は母父に対してと、もっとも憎まれる人々に対してとの間に、差別がなく、等しく慈しみの心を起こしたことになる。これでも普通の慈しみの程度であり、最勝の慈しみではない』

『世尊、求道の人のこのような心が普通の慈しみの心だと説かれましたが、その心がどうして最勝の慈しみと同じではないのでしょうか』

『カッサパ菩薩、成就することが困難という理由で最勝の慈しみといえない。なぜなら、数えきれないはるか昔、さまざまな煩悩に操られ、善いことを修めることができず、わずか一日のなかでさえ自らの心を整えられなかったからである。

たとえばえんどう豆は乾くと錐で刺しても穴を開けられないように硬くなる。煩悩が堅いのもこれと同じである。一昼夜、心を静めようと瞑想しても調えることは難しい。

また、飼い犬は人を怖れないが、山林に住む鹿は人を見ると怖れてすぐに逃げ去る。怒りの煩悩を取り除くことができないのは、ちょうど飼い犬が人を怖れずにいるのと同じである。慈しみの心がすぐになくなるのは、ちょうど鹿が人を見てすぐに逃げ去るようなことと同じである。このように心は調えることが難しい。だからそのような慈しみの心は最勝の慈しみとはいえない。

喩えていうと、石に文字を描くと消えないが、水に描くとすぐに消えてしまう。人の怒りの煩悩は石に
454a 描いた文字のようで、善根は水に描いた文字のようである。だから善心に調えることは難しい。

喩えていうと、大火の明かりは永く続くが、いなびかりの明かりは一瞬に消えてしまう。人の怒りの煩悩は大火の明かりのようで、慈しみの心はいなびかりの明かりのようである。だから慈しみの心に調えることは難しい。

このようなことから、これくらいの慈しみの心は最勝の慈しみの心とはいえない。

ではどんな慈しみをブッダの慈しみの心というのだろうか。

カッサパ菩薩、仏教の求道仲間となる最初の段階に入った人たちが起こす慈しみの心を最勝の慈しみという。これは極悪人の一闡提にも差別なく慈しみの心を起こすから最勝の慈しみという。極悪人の一闡提の過ちを見ようとしないのだから、彼らに対してどんな怒りも起こさない。だから最勝の慈しみということができる。

多くの人々から利益にならないものをみな取り除こうとすることを最勝の慈しみという。人々に量り知れない利益と安楽を与えようと思っている心を最勝の憐れみという。人々のことをわが事のように喜ぶ心を最勝の喜びという。自分にかかわる人だけを擁護することがない心を最勝の平等という。私のものとか私の身体とかいう私中心の考えがなく、すべてのものを等しく、分け隔ててみることがないのだから、この心を最勝の平等という。また、自分だけの楽しみを捨てて、楽しみを人々に与えようとするのだから、これを最勝の平等という。

カッサパ菩薩、四つの無量心を修めることによって、求道の人は六つの完全なる修行を発展させ、そして完成させる。四つの無量心以外の修行ではこのようなことは望めない。

じつは求道の人は先に世間のための四つの無量心を修めて、その後でブッダの最高のさとりへ向けて発心したのである。そして次第に世間を超えた境地の四つの無量心を修めた。つまり求道の人は世間のための四つの無量心を修めることによって、世間を超えた境地の四つのそれらを達成することができたわけである。この意味でこの無量心を最勝の無量心という』

ここでカッサパ菩薩はブッダに自分の考えを陳べ、質問した。

『世尊、不利なものを取り除いて利益と安楽を与えるということですが、そんなことは実際には行なわれたことがありません。このようなことを考えること自体は空論であって、実利があったわけではありません。喩えていうと、弟子たちの不浄な風采（ふうさい）を見た時に、彼らが着ている衣服がなめし皮のように見えたとしても実際に皮であるわけでありません。食べ物がみな虫のように見えても実際は虫であるわけがありません。おいしい料理がきたない、まずい料理のように見えても、実際はきたない料理であるわけがありません。食べようとするヨーグルトがちょうど脳髄のように見えたとしても、実際に脳髄であるわけがありません。骨の粉末が麦こがしのように見えても、実際に麦こがしであるわけがありません。

これらのことと同じように四つの無量心によって、本当に人々に利益を与えて楽をさせてやろうとしても実際にはできない。口には人々を楽にさせてやりたいと言ってみても実際にはそう簡単にはできません。四つの無量心による考え方はどうも空想ではないかと考えます。

本当にすべての人々に安楽を与えているというのなら、どうして求道の人の威力ですべての人々が楽になれないのでしょうか。もし安楽を与えることができないのであれば、ブッダが

454b
「私だけ昔から慈しみの心を起こして来た。この世界が七度生滅を繰り返したが、その間にこの世界に生まれて来なかった。世界が誕生する時は梵天のところに生まれ、世界が壊れる時は光音天のところに生まれた。梵天のところに生まれた時は自在の力をもっていたので、何者も私を打ち砕き、降伏させる者がいなかった。千の梵天のなかで最勝の、最上の天を大梵天王というが、その時数えきれない生類が私のところにきて敬った。三十六度生まれ変わり、三十三天の主である帝釈天となり、さらに数えきれないほどの転輪王にもなった。私一人、慈しみの心を起こしたことで、人間界と天上界においてこのような果報を得ることができた」

と説かれたことはどのように符合させればいいのでしょうか』

## 真実の慈しみとはなにか

ブッダは言われた。

『カッサパ菩薩、君は怖れることなく、勇気を出してそのようなことをよく質問してくれた』

そしてブッダは次のような詩偈を説かれた。

『もし人に怒りの心を持たず、幸せであるようにと願うなら、これを慈善という。人々に憐れみの心を起こす人は高貴な生まれの人と呼ばれ、無量の福を得るだろう。たとえ五つの神通力を得た聖人をこの大地に溢れるほど集め、自在天が彼らに満足されるほどの象や馬などの種々の物をすべて布施しても、それで得る功徳は、一度の慈しみで得る功徳の十六分の一にも及ばない。

カッサパ菩薩、求道の人が慈しみの心を起こすことは偽りではない。これこそ真実である。ただし未熟な修行者たちの起こす慈しみの心は偽りである。ところが私や求道の人が起こす慈しみの心は真実であって、偽りではない。

ではどのようにしてその違いを知ることができるだろうか。

カッサパ菩薩、求道の人たちがこの大乗の妙寂の教えを学ぶと、土を金と見、金を土と見、また、地を水と見、水を地と見、また、水を火と見、火を水と見、また、地を風と見、風を地と見て、これらを意のままに観察することができるようになる。これは決して幻を見るようなことではない。実の生類を生類ではないと見、生類ではないのを実の生類と見ることが意のままにできる。これも幻のように見ることではない。

このように四つの無量心のはたらきもありのままの考えにもとづいて行なわれるので、真実でないものはない。

では何をありのままの考え（真実の思惟）というのだろうか。

それはあらゆる煩悩を断ち、取り除くからである。すでに説いたように、慈しみの心を起こす人はむさぼりの煩悩を断つことができ、憐れみの心を起こす人は怒りの煩悩を断つことができ、共に喜ぶ人はねたみの煩悩を断つことができ、そして平等の心を起こす人はむさぼりや怒りや生類を差別するなどの煩悩を断つことができる。だから、ありのままの考えをするという。

454c
求道の人の四つの無量心はすべての善の根本である。もし貧しい人々がいなかったら、慈しみの心を起こすことはない。もし慈しみの心を起こすことがないと、施しの心を起こすこともない。たとえば飲食・乗物・衣服・香水・花・寝具・家屋・照明器具を施すことによって初めて人々を安穏にすることができるのである。

施す時に、求道の人は施した物に執着の気持ちを持たない。施す心はすべて、ブッダの最高のさとりを求める心にもとづいているのであるから、その心はなにかを頼りとするでもなく、妄想もない。怖れを感じるからとか、名誉のためとか、利己的欲望からとかによってでもなく、人類や神々などが求める快楽のためでもなく、おごりや侮（あなど）りからでもなく、返礼を求めるためでもなく、他を誑（たぶら）かすためでもない。だから施しは富裕者や貴族を相手にするのではない。

施す時に、これを受け取る人が素行が善い人か悪い人か、能力のある人かない人か、学識がある人かない人かなど択ばない。また、器量がある人かない人かも択ばない。施すにあたり、時や場所を択ばない。また、飢饉の時とか豊かな時とか択ばない。過去・現在・未来にわたって生類であるか生類でないかを見て、幸福であるか幸福でないかを択ぶことはない。また、施与する人の善し悪し、受ける人の善し悪し、また、施す物そのものの善し悪しなどを択ばない。施したことによる果報がすぐに消えるものか永く続くものかを考えることがない。いつも絶えず施し続ける。

カッサパ菩薩、もしいま述べたようなことを択び、気にしたりするようであれば、おのずから施す気にはならないだろう。もし施すことができないと、満足な施しを達成することはできなくなる。この満足な施しを達成できないとブッダの最高のさとりを成就することはできない。

たとえばある人が毒矢で射られたとしよう。親族の人々は医者を呼び、毒矢を抜こうとした。その時、射られた人は、

「ちょっと待ってください。触らないでください。抜く前に一体、この毒矢はどの方向から射られたのか、だれが射たのか、つまり武士なのか、バラモンなのか、庶民なのか、奴隷なのかを調べなければなりません。さらにこの矢は木なのか竹なのか柳なのか、やじりは鉄なのか、どこの鍛冶屋が作ったものか、堅いものか軟らかいものかを調べなければなりません。矢の羽は鳥のものか、烏のものか、鳶のものか、鷲のものか。毒は作ったものか自然のものか、つまり人が作った毒か、それとも蛇の毒なのか。これらの調べがつくまでは毒矢を抜いてはなりません」

と言った。この人はこれらの疑問が解決しないうちに死んでしまうことであろう。これは求道の人の施しの場合にも同じことが考えられる。

455a

もし施す時に受け取る人の素行をはじめ、先に述べているようなことを気にしながら、それらがはっきりしてから施すようであったら、ついに施すことはできなくなる。施すことができなかったら、満足な施しを達成することはできない。達成できなかったら、ブッダの最高のさとりを得ることはできない。

カッサパ菩薩、求道の人が施す時は、人々に対して慈しみの心を等しく起こす。それは人々をわが子のように思っているからである。また、施しの時に、憐れみの心を起こすのは、母父が病気のわが子の面倒を見るような気持ちと同じである。また、施しの時に、共に喜ぶ心を起こすのは、ちょうど母父が病から回復したわが子を見る時の気持ちと同じである。また、施した後に与えた物へのこだわりを捨て去っている心は、ちょうど母父が成長した子が独立して自由にはばたき、生活しているのを見る気持ちと同じである。

求道の人は慈しみの心で食べ物を施す時は、いつも次のように願っている。

〈私がいま施した物をすべての人々と共に分け合いたい。これを受けた人々はどうかこれを機会に大いなるブッダの知慧を受けて、努力して大乗の教えに心を向けられるように。

どうか人々が知慧の食べ物を得るように心がけ、下劣な教えの食べ物を求めないように。

どうか人々が教えという喜びにあふれた食べ物を得るように心がけ、愛欲の食べ物を求めないように。

どうか人々が完全な知慧の食べ物を得て、限りない、最勝の善根を植えることができるように。

どうか人々が世界は空であるという教えを理解して、迷いのない、ちょうど虚空のようにすっきりした身体を得るように。

どうか人々がいつも施し物を受け取る側になり、そしてまわりの人たちを憐れみ、幸せを産み出す人になるように〉と。


カッサパ菩薩、求道の人が慈しみの心を起こしてヨーグルトを施す時にも、次のように願っている。〈私がいま施す物をすべての人々と共に分け合いたい。これを受けた人々は、どうかこれを機会に大乗の教えの川に行き、八種の味の水を飲み、すぐに最上のさとりへの道を歩み、未熟な修行者たちが説く枯渇した教えを離れて、ブッダの教えを求め、煩悩の渇きを癒し、ブッダの教えの味を仰ぎ、輪廻の苦しみから逃れ、教えを体得して、さらにさまざまな瞑想を修得して深奥な知慧の海に入るように。

どうか人々が甘露味のさとりを得、すべての愛欲を離れて心を鎮め、ブッダの教えの味を味わうように。

どうか人々が量り知れない教えの味を得て、そのなかでブッダになる可能性をわが身に見ることができるように。

そしてその功徳をもって彼らがブッダになる可能性の教えを雨のように世間に降り注ぐように願っている。この教えは一味であり、これこそ大乗の教えであり、未熟な修行者たちの説く味ではない。

どうか人々がただ一つ甘い味を得たら、六種の味の違いがなくなるように。

どうか人々がブッダの自在の教えの味だけを求めて、他の教えの味に迷わないように〉と。


カッサパ菩薩、求道の人が慈しみの心を起こして乗物を施す時にも、次のように願っている。

〈私がいま施す物をすべての人々と共に分け合いたい。これを受けた人々はどうかこれを機会に大きな乗物を完成して、その乗物に安住することができ、そこから乗り換えることがないように願っている。そして転覆することのない乗物、そして堅牢な乗物に乗り、横転することがないことを願っている。決して下劣な教えの乗物を求めることがないように。疲れを知らない乗物、くずれることがない乗物、最上の乗物、ブッダの十力のような力を持つ乗物、勝れたはたらきのある乗物、これまでになかったような乗物、めずらしい乗物、手に入りにくい価値のある乗物、限りなく広い乗物、すべての機能を備えた乗物を求めるように願っている〉と。

カッサパ菩薩、求道の人が慈しみの心を起こして衣服を施すときにも、次のように願っている。

〈私がいま施す物をすべての人々と共に分け合いたい。これを受けた人々はどうかこれを機会に慚愧の心を衣として、真理の教えで身体をまとい、あらゆる邪見の衣を切り裂き、その衣服は身体から遠く離し、金色に輝く身体を得ると、その身体が受ける感触は柔軟でさっぱりして、光沢があり、肌は軟らかくきめ細かく、つねに輝きは量り知れなく、色があるようでもあり、ないようでもあるような身体が得られることを願っている。

どうか人々がみな色のない身体を得て、この世の色とは思えない色、色のない色の妙寂に入れることを願っている〉と。

カッサパ菩薩、求道の人が慈しみの心を起こして種々の香油を施すときにも、次のように願っている。

〈私がいま施す物をすべての人々と共に分け合いたい。これを受けた人々がこれを機会にすべてのブッダの花三昧を得て、かならずさとりへの修行という花輪を首に掛けるように願っている。

どうか人々の姿が満月のように円満で完全無欠であるように。

どうか人々が一つの瑞相を達成したとき、百種の福が得られるように。

どうか人々が意のままに思ったところの色を見ることができるように。

どうか人々が善い友だちに会って最高の香りを得て、臭みから遠ざかるように。

どうか人々があらゆる善根と最上の宝を手にすることができるように。

どうか人々がお互いに和やかに出会い、悩みを持たずに付き合いができるように。

どうか人々が正しい仏教徒の正しい習慣の香りを漂わせている状態が実現するように。

どうか人々が仏教徒の完全な正しい習慣の香りを護り、その香りを十方に充満させるように。

どうか人々が堅固な正しい習慣、悔いの無い正しい習慣、すべてを知り尽くした正しい習慣を修得して、比べるものがない正しい習慣、かつてなかった正しい習慣、師匠から教わっていない正しい習慣、作られたものでない正しい習慣、穏やかな正しい習慣、汚れのない正しい習慣、終わりがない正しい習慣、究極の正しい習慣、それに差別をしない正しい習慣などを修得するように。

どうか人々が最上の習慣、大乗の正しい習慣を修得するように。

どうか人々がちょうどブッダが正しい習慣を達成されたように完全な正しい習慣を修得するように。

どうか人々が六つの完全なさとりへの道を身につけるように。

どうか人々が大乗の妙寂の蓮華を開花させて、その花の香りを十方に充満させるように。

どうか人々が蜂が花から蜜だけを吸い取るように、大乗の妙寂のかぐわしい料理を食べるように。
どうか人々が数えきれないほどの功徳を備えた身体を完成させるように〉と。

カッサパ菩薩、求道の人が慈しみの心を起こして寝床と敷物を施すときにも、次のように願っている。

〈私がいま施す物をすべての人々と共に分け合いたい。これを受けた人々はどうかこれを機会に神々の横臥する寝床を得て、大いなる知慧を得て四つの瞑想の境地に坐るように。

また、どうか人々が求道の人が横臥する寝床に寝て、未熟な修行者たちの寝床に寝ることがなく、悪の寝床にも臥すことがないように。

どうか人々が安楽な寝床を得て、輪廻の苦しみの寝床を離れ、妙寂というライオンの彫物がある寝床を手に入れるように。

どうか人々がこのライオンの彫物がある床に坐れますように。そしてそのほかの数えきれないほどの人々のために神通力で、ライオンの堂々とした行動を見せてやりたい。

どうか人々を大乗の教えの宮殿のなかに住まわせ、彼らにブッダになる可能性を説法したい。

どうか人々が最上の床に坐って、世俗の教えに屈伏することがないように。

どうか人々が忍耐の床に坐って、生死（しょうじ）の苦しみ、飢饉の苦しみ、寒冷の苦しみなどを受けないように。

どうか人々が怖れを持たない床に坐って、永く煩悩の敵を屈伏し、遠ざけるように。

どうか人々が清浄な床に坐って、最上の正真正銘のさとりへの道を求めるように。

どうか人々が善の床に坐り、その上善い友だちに擁護されるように。

どうか人々が右脇を下にして臥し、ブッダたちの行ないや教えに従うように〉と。

カッサパ菩薩、求道の人が慈しみの心を起こして家を施すときにも、次のように願っている。

456a 〈私がいま施す物をすべての人々と共に分け合いたい。これを受けた人々はどうかこれを機会に大乗の教えの家に住み、善い友だちの行ないを真似て実践し、ブッダの憐れみの心、六つの完全なさとりへの道、ブッダの正しいさとりへの修行、それに求道の人たちのさとりへの修行の歩みなどの、量り知れない虚空のような、こだわりも障害もない修行を修めるように。

どうか人々が正しい考え方を持ち、邪な考え方をしないように。

どうか人々がブッダのように常住・安楽・実在・清浄のなかに安住して、ブッダは無常であり、苦であり、実在しない、不浄なものであるなどという誤解を離れるように。

どうか人々が超俗の文字を憶（おぼ）えるように。

どうか人々が最上の知慧の器になるように。

どうか人々が甘露の家に住むように。

どうか人々がいつも変わることなく大乗の妙寂の家に住むように。

どうか人々が未来の世に求道の人たちの住む宮殿に住むように〉と。

カッサパ菩薩、求道の人が慈しみの心を起こして燈明を施すときも、次のように願っている。

〈私がいま施す物をすべての人々と共に分け合いたい。これを受けた人々はどうかこれを機会に無量の光に喩えられるブッダの教えで心が落ち着くように。

どうか人々がいつもブッダの教えの照明に照らされているように。

どうか人々が教えの最高の照明を浴びるように。

どうか人々の明かりを見る目が清浄で、陰（かげ）りがないように。

どうか人々が大いなる知慧の松明（たいまつ）を得て、すべてのものには永遠な実体、あるいは実在はないことを理解できるように。

どうか人々がちょうど虚空をみるように、人々はブッダになる可能性があることを理解できるように。

どうか人々の眼が清浄であって、十方の、ガンジス河の沙の数ほどの世界を見通せるように。

どうか人々がブッダの光明を得て、十方の世界を照らせるように。

どうか人々が完全な光を得て、ブッダになる可能性を見られるように。

どうか人々が大いなる知慧の光を得て、すべての暗黒、そして極悪人の一闡提を除けるように。

どうか人々が大乗の燈明を灯して、下劣な教えから離れられるように。

どうか人々が量り知れない光を得て、数えきれない数のブッダたちが住むすべての世界を照らすように。

どうか人々が知慧の光を得て、千日間照らし続ける明かりよりもっと長く照らし続けて、無知の暗黒を取り払うように。

どうか人々が火の玉を得て、その明かりで三千大千世界のあらゆる闇を取り除くように。

どうか人々が肉眼、神の眼、未熟な修行者の眼、求道者の眼、ブッダの眼などの五つの眼（五眼）を具え、すべての事象を理解し、その本質について熟知することができるように。

どうか人々が無知をすべて取り除くことができるように。

どうか人々が大乗の妙寂の光を浴びて、多くの人々に真実のブッダになる可能性を開示できるように〉と。

456b カッサパ菩薩、このようにすべての求道の人や私の善根は慈しみを根本としている。慈しみを修習することによって、このような量り知れない善根を生じるのである。種々のさとりへの修行法はみな、慈しみを根本とする。慈しみは真実であって、偽りの心から起こるものではない。もしある人が善根の根はなにかと訊ねたら、慈しみだと答えるべきである。

カッサパ菩薩、善をなすとはありのままに考えることである。ありのままに考えるとは慈しむことである。慈しむとはブッダのはたらきである。慈しむとは大きな乗物である。大きな乗物とは慈しむことである。慈しむとは偉大な梵天のはたらきのようである。慈しむとはブッダのはたらきである。

慈しむ心はすべての人々の母父となる。母父は慈しむ心である。慈しむ心はブッダそのものでもある。

慈しむ心はブッダの不思議な心境である。そのブッダの心境はすなわち慈しむ心である。だから慈しむ心はブッダそのものである。

慈しむ心は人々のなかにあるブッダになる可能性である。人々にあるブッダになる可能性は彼らが煩悩におおわれているために自ら見ることができない。そのブッダになる可能性は慈しむ心なのである。

慈しむ心は大いなる空（くう）である。大いなる空は慈しむ心であり、それはブッダそのものでもある。

慈しむ心は虚空である。虚空は慈しむ心であり、それはブッダそのものでもある。

慈しむ心は常住であり、常住はすなわちブッダの教えである。ブッダの教えはそれを遵守する修行者の集まりである。修行者の集まりはすなわち慈しむ心の象徴でもある。

慈しむ心は安楽であり、安楽はすなわちブッダの教えである。ブッダの教えはそれを遵守する修行者の集まりである。修行者の集まりはすなわち慈しむ心の象徴でもある。

慈しむ心は清浄であり、清浄はすなわちブッダの教えである。ブッダの教えはそれを遵守する修行者の集まりである。修行者の集まりはすなわち慈しむ心の象徴でもある。

456c 慈しむ心は実在であり、実在はすなわちブッダの教えである。ブッダの教えはそれを遵守する修行者の集まりである。修行者の集まりはすなわち慈しむ心の象徴でもある。

慈しむ心は甘露であり、甘露はすなわち慈しむ心である。慈しむ心はブッダになる可能性で、ブッダになる可能性はすなわちブッダの教えである。ブッダの教えはそれを遵守する修行者の集まりである。修行者の集まりはすなわち慈しむ心の象徴でもある。

慈しむ心はすべての求道の人の最上の道である。その道は慈しむ心であり、私でもある。

慈しむ心はブッダの量り知れない心境であり、その心境が慈しむ心そのものである。

カッサパ菩薩、もし慈しむ心が無常であれば、その慈しむ心は未熟な修行者たちの説く心である。もし慈しむ心が思い通りにならないこと、つまり苦であれば、その慈しむ心は未熟な修行者たちの説く心である。もし慈しむ心が不浄であれば、その慈しむ心は未熟な修行者たちの説く心である。もし慈しむ心が実在でなければ、その慈しむ心は未熟な修行者たちの説く心である。

もし慈しむ心が妄想であれば、その慈しむ心は未熟な修行者たちの説く心である。もし慈しむ心が満足な施しの心でなければ、その慈しむ心は未熟な修行者たちの説く心である。この施し以外の五つの完全なさとりへの修行も同じである。

カッサパ菩薩、もし慈しむ心が人々のためにならないとなれば、その慈しむ心は未熟な修行者たちの説く心である。もし慈しむ心が唯一のブッダの教えの道に沿うものでなければ、その慈しむ心は未熟な修行者たちの説く心である。慈しむ心がすべての事象を十分に知り尽くしていなければ、その慈しむ心は未熟な修行者たちの説く心である。慈しむ心がブッダそのものを見ることができないようであれば、その慈しむ心は未熟な修行者たちの説く心である。

慈しむ心が事象を見る時に、それは因果でなるものと見ているようであれば、その慈しむ心は未熟な修行者たちの説く心である。慈しむ心が煩悩に染まったものであれば、その慈しむ心は未熟な修行者たちの説く心である。慈しむ心が作られたものであれば、その慈しむ心は未熟な修行者たちの説く心である。慈しむ心が求道仲間となる最初の位に値する心でなければ、その慈しむ心は未熟な修行者たちの説く心である。慈しむ心がブッダの特徴である十種の力と四つの怖れなき心を備えていなければ、その慈しむ心は未熟な修行者たちの説く心である。慈しむ心が四つのいわゆる聖者の位の心に値するだけであれば、その慈しむ心は未熟な修行者たちの説く心である。

カッサパ菩薩、慈しむ心が有るとか無いとか、有るでもなく無いでもないとかの境地を表わすものであれば、それは未熟な修行者の理解できる境地ではない。慈しむ心が不思議な境地であれば、そのブッダの
457a 教えも不思議である。したがって慈しむ心に比べられるブッダになる可能性も不思議である。及びブッダ

も不思議である。

求道の人は大乗の妙寂を信じ、このような慈しむ心を起こし、眠っている間でもその心を持ち続けている。眠っているようでじつは心を尽くしているので眠っていない。言ってみれば眠ることがないのだから、醒めているという言い方が成り立たない。いつも醒めているという時に醒めているという表現は成り立たないからである。

求道の人を神々が護るというが、求道の人はもともと悪行を行なわないから、護る意味がない。求道の人は眠っている間にも不善をするということがない。なぜなら眠らないからである。死んだ後、天界に生まれるというが、求道の人は自在の力を得ているので、どこかに生まれる必要がない。

カッサパ菩薩、このように慈しみを修める人は量り知れない功徳を成就できる。この大乗の妙寂を説く教えも、また慈しむ心の集まりである私も、このような量り知れない功徳を成就している』

# 第十三章〃ブッダの本心を打ち明ける

## 慈しみの心の威力

カッサパ菩薩はブッダに申し上げた。

『世尊、求道の人の念(おも)いはすべて真実です。ところが未熟な修行者たちのそれは真実ではありません。それなのに求道の人の力でどうして人々は楽にならないのでしょうか。人々が楽にならなければ求道の人の起こす慈しみの心はまったく効果がないということになりましょう』

ブッダは言われた。

『カッサパ菩薩、求道の人の慈しみの心がためになっていないわけではない。人々の中にはかならず苦しみを受ける人もあれば、受けない人もいる。かならず苦しみを受けている人がいたら、求道の人の慈しみの心はためになっていないということである。その人は極悪人の一闡提である。かならずしも苦しみを受けない人がいるとしたら、それは求道の人の慈しみのご利益(りやく)があったことで、人々を楽にしたことになる。

喩えていうと、ある人が遠くにライオン・虎・豹・狼・鬼神などがいるのを見たら、自然に恐ろしくな

り、夜道で枝のない木を見ると、なんとなく恐くなるように、人は自然に恐怖を感じるものである。これ
457b と同じように人々も慈しみの心を持っている人に接すると、自然に安らいだ気持ちになる。この意味で求道の人の慈しみの気持ちは真実の念いであるから、ご利益がないとは言えない。

カッサパ菩薩、私はこの慈しみの心には無数の入口があると考える。その一つは神通である。喩えていうと、提婆達多が阿闍世王をけしかけて私を殺害させようとしたことと同じである。あの時、私は王舎城で托鉢していた。それを見計らって阿闍世王は一頭のあばれ象を放って私や弟子たちを殺そうとした。実際にその時、その象は多くの人々を殺傷した。死傷した人々の身体から血が流れ出て、あたり一面血だらけとなった。あばれ象はその血の匂いに刺激されて一層狂暴になった。私につきしたがっている弟子たちの衣服が赤いのを見て、それを血と勘違いして襲ってきた。弟子たちのなかで、まだ修行が未熟な者は怖れて逃げまどった。ただアーナンダだけは違っていた。

そのおり、王舎城の人々はみな声をあげて泣き叫び、次のようなことを言っていた。

「こんなことがあっていいのだろうか。ブッダが殺されてしまう。最高のさとりを得たブッダが今朝死なれるなんて考えられないことだ」

これを聞いた提婆達多は内心喜んで、

〈沙門ゴータマがここで死んでくれたら、これほどうれしいことはない。これから二度とこの世に現われて来ないだろう。この計画はうまくいった。願ったり叶ったりだ〉

と考えていた。

カッサパ菩薩、私はその時、この暴れ象を鎮めるために慈しみの念いで一杯であった。手を差し出して五本の指に五頭のライオンの姿を現わして象にみせた。するとその暴れ象は、それを見て怖れをなして、思わず糞を垂れ、全身大地に投げ伏して、私の足下に敬礼した。

カッサパ菩薩、じつはその時の五本の指にはライオンなどいなかった。ただ慈しみの心をもって対処した力が、その象を鎮めたのである。

またある時、私が妙寂に入ろうとしてクシナーラに向かおうとした時のことである。途中、五百人のリッチャヴィ族の人々に出会った。彼らは私たちの通り道をきれいに掃除してくれた。ところがその道に一個の石が残っていた。人々はそれを道端に投げ捨てようとしたが、持ちあげることができなかった。それを見た私は憐れに思い、慈しみの心を起こした。そこで私は足の親指でこの石を空に跳ねあげ、これを手で捕り、右の掌に置き、息を吹き付けて粉々にした。そしてまた、それをもとの石の形にしてみせた。これを見ていたリッチャヴィ族の人々は高慢な心を治め、私の説法を聞き、みなブッダのさとりを求めようという気持ちを持つようになった。

カッサパ菩薩、その時、私は足の指で石を跳ねあげたり、粉々にしたりなどをじつはしていなかった。ただ慈しみの心の力でリッチャヴィ族の人々にそのことをして見せたにすぎない。

457c またある時、南インドのシャラーヴァティーという都市にいたことがあった。この町にルチという長者がいた。彼はその町の有力者であった。彼は過去世で多くのブッダたちに供養し、多くの善根を積んでいた。ところでその町の人々は邪教を信じたり、また、ジャイナ教を支持したりしていた。そのような町の状態を知って、まずその長者を教化しようと思って、彼の住む近隣に行った。いまいるところの王舎城からシャラーヴァティーの町までの道程は九一〇キロメートルくらいあり、歩いて行った。それは途中で出会う人々を教化しようと思ったからである。

さて、かのジャイナ教の教徒たちは私がシャラーヴァティーの町に到着しようとするのを聞いて、

〈沙門ゴータマが来たら、ここの人々は私たちの教義を捨てて施しをしなくなるだろう。そうなったら私たちは貰いがなくなり、自活することが難しくなるだろう〉

と思った。そこでジャイナ教の教徒たちは分散して、町の人々に次のようなことを告げて回った。

「沙門ゴータマがいまこの町に来ようとしている。彼にしたがっている弟子たちは母父を見捨てて東へ西へと教えを広めるために走り回っている。彼らが行くところではその地方の米穀類は不作となり、人々はみな飢餓に苦しみ、多くの死人が出たり、病に罹ったり、痩せ衰えたりしている人たちがいるのに、人々を救い出すことさえできないような者たちである。ゴーマタは頼りない人物であり、悪魔や鬼神を率いている人物である。母もいない、父もいない、まったくの孤独な人々が集まっており、教徒となっている。教えていることは虚無についてだけである。その教えの至り着く境地には安らぎはない」

これを聞いた町の人々はジャイナ教の教祖の足下に敬礼して言った。

「大師、私たちはいまどのように対処したらいいのでしょうか」

これに対して教祖は答えて言った。

「沙門ゴータマは森や池や泉があるところなどを好む性質がある。もしそんなところが近くにあったら、

みな壊してしまえ。そして町の外に行き、そこにある森も伐採し、池や泉は残らず糞や屍をもって埋めよ。町の入口の門は閉ざして、武器を備えて、壁を頑丈にせよ。彼らゴータマや連れの者が来たら、立ちはだかり進ませてはならない。いろいろの方策を尽くして、ゴータマを歩いて来たもとの道へ追い返すことだ」

人々はこの言葉を聞いてうなずき、実行した。樹木を伐採し、川の水を汚し、武器を携帯し、身辺を堅く防護した。

そのような状況にある町に私たち一行は到着した。その異様な情景を見て、私は憐れに思い、慈しみの心をもって接しはじめた。するとあらゆる樹木はもとのように復元し、生長しはじめた。川や池や泉の水
458a は清浄になり、ちょうど青色の瑠璃（るり）のような輝きになった。まわりにさまざまな花が咲き乱れ、それらのうえを飾った。町の城壁はレンガ色の瑠瑙のように輝いた。町の人々は私と弟子たちを見て、自然と門を開き、前進を阻む人はいなかった。人々が持っていた武器はさまざまな花に変化してしまった。ルチ長者をリーダーにして、人々は一緒になって私のところにやってきた。そこで私がいろいろの説法をしたので、聞いた人々はみなブッダの最高のさとりを求めたいという気持ちを起こした。

カッサパ菩薩、このような結果になったが、その時、実際には種々の花を咲かせたり、きれいな水を溢れさせたり、城壁をレンガ色の瑠璃のような輝きにしたり、入口の門を開かせたり、武器を花にしてみせたりなどしたことはなかった。これは慈しみの心の力がこれらをしてみせたようになっただけだ。

また、舎衛城にバラモンの女性でヴァシスタという人がいたが、この人のことについて話そう。

彼女には可愛がっていた一人っ子がいた。その子は病気で死んだ。その時、この女性は悲しみのあまり

気が狂い、恥ずかしげもなく裸で町中をさまよい、泣き疲れて声も出なくなった。彼女は町中を「私の子供はどこに！　私の子供はどこに！」と叫びながら歩き回った。町や村中を探し回り、疲れきっても、それでも探し続けた。この女性は前世では当時のブッダを信仰し、善根を植えていた人である。この女性の憐れな姿を見て、私は慈しみの心を起こした。

この時、この女性は私を見てわが子だと錯覚したようだが、我に返って、私のところに駆け寄り、身体を抱き締め、私の口に接吻した。その時、私はアーナンダに

「この女性に衣服を掛けてあげなさい」

といい、衣服を着させてから、いろいろと諭し、教えを説いて聞かせた。女性は説法を聞いて、やっと心が落ち着き、喜び、ブッダのさとりを求めようという気持ちを起こした。

ところで、彼女は私をわが子であるように錯覚したが、私は子供でもなく、彼女は私の母でもない。抱きつかれた事実もなかった。これらは私の慈しみの心の力がそのような状況を作って見せたにすぎない。

また、ベナレスという町にマハーセーナダッターという女の信者がいた。この人は過去世で多くのブッダたちを供養し、善根を植えていた。この信者がある夏の雨期の三ヵ月間、教団の修行者たちを招き、種々の薬を施した。じつはこの修行者のなかに重病の者がいた。彼の病状を診察した医者によると、肉料理を食べさせるべきであった。肉を食べさせるとこの病気はすぐに治るが、肉を食べなかったら、死ぬことになろうと診断した。これを聞いた先の女の信者が町中の店を回って、

458b 「肉を売ってくれるところがあれば、金をいくらだしてもいいから買います。肉の重さ、肉の量と同じだけの金を払います」

と云って探し求めた。これほどまでして探し回っても、ついに肉を手に入れることはできなかった。そこで彼女は自分の腿肉（ももにく）を切り裂き、これで温かい料理を作り、種々の香料を入れて病気の修行者に食べさせた。これを食べた修行者は快癒した。

一方、この女の信者は切り取ったところが悪化し、苦痛で我慢ができなかった。そこで彼女は自然と声を出して「ナムブッダ、ナムブッダ」と唱えた。この声を舎衛城にいた私は聞き取り、彼女に慈しみの心を起こし、薬を傷の部分に塗ってやった。その場面を彼女自身見ていた。即座に傷は治った。それから私は彼女に種々の教えを説いて聞かせたので、彼女は喜び、ブッダのさとりを求めようという気持ちを起こした。

カッサパ菩薩、いまここに述べたような、ベナレスへ行き、女の信者の傷の手当てをしたことなどは実際にはまったくない。あくまでも慈しみの心の力がそうさせていたにすぎないのだ。

また、提婆達多のことを話そう。

彼は悪人で欲張りで足ることを知らない人である。大酒飲みだから、いつも頭痛や腹痛に悩まされて、堪えきれない様子であった。そんな時、彼も「ナムブッダ、ナムブッダ」と唱えていたようである。私がたまたまウッジャイン国にいた時に、彼の声を聞き取り、憐れに思い、慈しみの心を起こした。そして私はすぐに彼のもとに行き、頭を撫でたり、塩湯を与えたが、そのことを彼自身見ていた。彼はこれによって快癒した。

彼は私がこのようなことを見たようであるが、私自身はなにもそのようなことをしていなかった。ただ憐れみから慈しみの心の力がそのことをして見せたにすぎない。

また、コーサラ国に住み着いていた盗賊について話そう。

彼らの数は五百人あまりで、いろいろな物を掠め盗り、人を殺害することも普通であった。パセーナディ王は彼らの眼に余る狂暴を憂え、兵を遣わして捕え、眼をえぐり、真っ暗な密林のなかに隔離した。この盗賊たちはじつは過去世においてブッダたちに供養し、功徳を積んでいた。彼らは眼を失い、苦しみを受け、みな「ナムブッダ、ナムブッダ、俺たちはもう救われることはないのだろうか」と嘆き、泣き叫んでいた。

その頃、私は祇園精舎にいたが、たまたま彼らの泣き叫ぶ声を聞き取り、慈しみの心を起こした。突然
に涼しい風が白檀の林のなかを吹き抜けて、その香りを乗せて彼らの眼のふちに吹き付けた。するとすぐ
458c に眼が復元し、まったく前の様子と同じになった。彼らはその眼で私が目の前に立って、説法している姿
を見ることができた。それから彼らは説法を聞いて、ブッダのさとりを求めようという気持ちを起こした。

カッサパ菩薩、じつはここに述べたような風を吹かせたり、彼らの前で説法したりしたことはなかった。ただ慈しみの心の力が盗賊たちにそのような場面があったように見せたのである。

また、ヴィルーダカ太子は事情を知らなかったばかりに父王を迫害し、自分が王となり、また、以前からの怨みから多くのシャカ族の人々を殺害した。一万二千人のシャカ族の女性の耳や鼻を削ぎ、手足を切

断し、その上塹壕に落とした。

時に彼女たちは苦しみのあまり、各々「ナムブッダ、ナムブッダ、もう私たちは助からない」と泣き叫んでいた。彼女たちはじつは過去世で善根を植えていた。

このことがあった時、私はたまたま舎衛城の竹林精舎にいて、彼女たちの声を聞き、慈しみの心が起こった。すぐにカピラの町に行き、水で傷を洗い、薬を塗ってやり、痛みを取り除き、耳や鼻や手足を復元させた。そして説法した。彼女たちはこれを聞いてさとりを求めようという気持ちを起こし、マハーパジャーパティ夫人のところに行き、出家した。

じつはカピラの町でいろいろと手当てをしたようなことはなにもなかった。ただ慈しみの心の力が彼女たちにそのような場面を見せたにすぎない。

これは憐れみの心、共に喜ぶ心の場合も同じである。この意味で、求道の人が慈しみの心を持って人々のことを思い続けているのは、真実であり、まやかしではない。

先に言った無量という意味は考えられないということである。求道の人の行なっていることは常識では考えられない。私が行なっていることも同じである。また大乗の妙寂も同じように常識では考えられないことである。

また、求道の人は慈しみ、憐れみ、喜びの心を起こして、ひたすら一子を愛するような境地に安住している。この境地を極愛といい、また一子とも呼ぶ。

喩えて言うと、わが子の幸せを見て両親が喜ぶように、この極愛一子の境地にある求道の人もこの両親と同じである。人々を一子のように見ているので、善いことをすると共に喜ぶ。だからこの境地を極愛という。

また喩えていうと、わが子が病で苦しんでいる様子を見て、親が心痛し、憂いが止むことがないようなことである。この極愛の境地にある求道の人の気持ちもこの親の気持ちとまったく同じである。人々が煩
459a 悩にまつわり付かれて、苦悩し、心休まらず、いつも憂いが離れないような状況は病の子と同じである。それはまた毛穴から血を流す有様にも似ている。この意味でこの境地を一子ともいう。

カッサパ菩薩、小さい時、土くれや糞や瓦礫や骸骨や木の枝などを拾って、それと知らずに口のなかに入れてしまうことがあるが、親はそれを見て驚き、左手で頭を押さえて右手で取り出す。極愛の境地にある求道の人もこれと同じことをする。まだ教えが身につかず、行動も言葉遣いも考え方もよくないことをしている人々を見ると、知慧の手でその善くない行ないを取り除き、苦しみの世界に流転しないように導く。だからこの境地を一子という。

カッサパ菩薩、たとえば最愛の子が母父を捨てて家出したのち、事故で死んだとしよう。この時、親は悲しみのあまり、子の後を追って死のうと思うものである。この親の気持ちと同じように、この求道の人も極悪人の一闡提が地獄に堕ちているのを見て、憐れみのあまり、一緒に地獄に堕ちようと願う。なぜなら、かの一闡提が苦しみを受けている時、一瞬の間でも後悔の気持ちを持つことがあったら、その時教えを説き、彼らの心の片隅に少しでも善根を起こさせられるからである。だからこの境地を一子という。

カッサパ菩薩、たとえば一人っ子を持つ親は、わが子が眠っている間にも、起きている間にも、いつも

悪いことをしたら諭し、決して悪いことをしないように心配することと同じで、人々が生まれ変わり、死に変わりしてひとときも苦しみから解き放たれず、善いことや悪いことをしている状態を見て、求道の人はいつも気がかりで見捨てておけない。人々が悪いことをしているのを見ても、決して怒ったりせず、悪巧みで懲らしめようとはしない。だからこの境地を一子という』

## ブッダの本心について

カッサパ菩薩はブッダに訊ねた。

『世尊、ブッダのお言葉は奥深く、秘密ですから、私のような知慧の浅い者には理解できないところがあります。というのは、求道の人の心はこの一子と名付ける境地にあると説かれましたが、もしそうであれば、どうしてブッダは昔、国王であって、求道の人のような行ないをなさっていた時、バラモンを殺害されたのですか。一子と名付ける境地にあったわけですから、本当はどんなことがあったにせよ、バラモンを護ってやる気持ちを起こすべきであったはずです。実際は殺害されたのですから、地獄に堕ちていくべきであったのに、堕ちなかったのです。

また、多くの人々を見る気持ちは実子、つまりラーフラを見るようにすべきでありましょう。ところが提婆達多(だいばだった)に対してブッダは、

「彼は愚か者で、恥知らずだ。吐き捨てた唾を食らうような奴だ」

とおっしゃったことがあります。これを聞いた彼に結局は怨みと憎しみの心を起こさせ、悪事をさせ、ついにはブッダを傷つける結果を招いたのです。提婆達多がこの悪事をはたらいた後で、ブッダは、

「先で地獄に堕ちて数えきれないほどの間、罪の報いを受けるだろう」

と予言されました。


　これらのことはブッダのいまの説法と過去の行状との矛盾を感じますが、いかがなものでしょうか。

459b 世尊、十大弟子の一人スブーティ尊者は虚空のような境地にあります。彼は町に托鉢に行くと、まず相手を見ます。もしその相手が嫌悪感やねたみの心を起こしたら、その人のところには行きません。たとえ空腹であってもその人から供養を受けません。なぜなら、彼はいつも
〈思い出すと、かつて過去世で供養してくれた人に一度悪心を起こし、そのことが原因で地獄に堕ちて、さまざまな苦しみを受けたことがある。いまたとえ飢えていても、また一日中なにも食べていなくても、供養してくれなかった人に対して悪心を起こして、そのために地獄に堕ちて苦しみを受けるようなことを二度としまい。もし私が立っていることを嫌がる人がいたら、終日端坐していよう。もし坐っているのを嫌う人がいたら、終日立ち続けていよう。歩くことについても、また、臥すことについても同じだ〉
と考えています。これは人々の心を気遣っているから、このように考えているのです。求道の人ならなおさらではないでしょうか。どういう理由でかつて一子と名付ける境地にある求道の人であったブッダは先ほどのような荒っぽい言葉を吐き、人々の心に悪心を起こさせるようなことをなさったのでしょうか』

ブッダは言われた。

『カッサパ菩薩、私が人々に煩悩を起こすようなことをしたと言っているが、そんな詰問をしてはならない。たとえ蚊が自分の針で海底を壊し尽くすようなことがあったとしても、私は人々が煩悩を起こすように仕向けることは決してしない。

たとえ大地が形をなくすことになったり、水が堅くなったり、火が冷たくなったり、風が動かなくなったり、ブッダ・教え・修行者の集まりの三つの柱やブッダになる可能性や虚空などが常住でなくなったりしても、私は人々が煩悩を起こすように仕向けることは決してしない。

たとえ生き物を殺すなどの四つの重罪を犯す者や極悪人の一闡提や正法を謗る者がブッダの十力、四つの怖れのない心境、三十二相八十種好相の瑞相を成就できるように仕向けることはあっても、人々が煩悩を起こすように仕向けることは決してしない。

たとえ未熟な修行者たちを不変の妙寂に入らせるように仕向けることはあっても、私は人々が煩悩を起こすように仕向けることは決してしない。

たとえ求道の人だけが修める十種の修行段階にある人たちに殺しなどの四つの重罪を犯させ、そして極悪人の一闡提とならせ、正法を謗らせるように仕向けることがあったとしても、私は人々が煩悩を起こすように仕向けることは決してしない。

たとえ数えきれないほどの人々にブッダになる可能性を壊すようなことをさせ、そのために私だけが最後に妙寂に入るようなことになっても、私は人々が煩悩を起こすように仕向けることは決してしない。

たとえ縄で風を縛り、歯で鉄を噛み切り、爪でヒマラヤを壊すなどのことができたとしても、私は人々が煩悩を起こすように仕向けることは決してしない。

たとえ毒蛇と一緒に同棲し、両手を飢えたライオンの口にくわえさせ、毒樹の炭で身体を洗うなどできたとしても、私は人々が煩悩を起こすように仕向けることは決してしない。

459c カッサパ菩薩、私は本心から人々のためを思って、彼らの煩悩を除こうと努力しているのであって、煩悩を起こすように仕向けることは決してしない。

カッサパ菩薩、君は「ブッダは昔バラモンを殺された」と言ったが、修行期間でも私は蟻一匹故意に殺したことはなかった。ましてやバラモンはいうまでもない。私はいつも種々の方便を尽くして、人々に量り知れない寿命を施した。

食を施す人、それは命を施しているのである。求道の人が完全な施しを行なっている時は人々に無量の寿命を施している。

生き物を殺さないという習慣を修めるなら、それは長寿を獲得することを意味する。求道の人が完全にその習慣を守るなら、それは人々に無量の寿命を施すことになる。

また、口を慎み、過ちのない生活を送るなら、長寿を獲得することができる。そこで完全な忍耐を実行するならば、怨みの心を起こさず、真っすぐなことをするように人に勧め、曲がったことがあるかどうか自ら正すように、そして争うことがないようにすれば長生きできると人々に教えていることになる。だから求道の人が完全な忍耐を実行している時は人々に無量の寿命を施している。

また、努力して善行をすれば長生きできる。だから求道の人が完全な精進を実行している時は人々に無量の寿命を施している。

また、自らの心を調えている人は長生きできる。だから求道の人は人々に差別のない心を起こすように勧める。それが実行できた人は長生きできる。求道の人が完全な注意を実行する時は人々に無量の寿命を施している。

また、正しいこと、善いことを怠らずに行なう人は、長生きできる。だから求道の人は人々に善いことを怠らずに実行するように勧める。これができた人は長生きできる。だから求道の人が完全な知慧を実行する時は人々に無量の寿命を施している。

このように考えると、求道の人が人々の命を奪うということがあり得るだろうか。

カッサパ菩薩、次に君が

「バラモンを殺した時に、地獄に堕ちたかどうか」

と訊ねたことについて答えよう。

バラモンを殺したのは悪気からではなく、愛するがゆえに殺したのである。それは喩えれば、親が可愛
がりすぎたばかりに悪事をした子供がいたとしよう。その子供が役人に捕まるのを怖れ、親は遠くに追い
460a やるか、あるいは殺すかの手段を取ることを想定してみよう。この時、親が子を殺すという行為は悪心か
らではない。この親の行為、親の心と同じように、私は正法を守るために相手の命を奪ったのであり、そ
れは過去を改めて善い教えを遵守させようと思ったからである。

求道の人はいつも〈どのようにして人々を発心させようか〉と考えている。そしてそれを実現するために種々の方便を用いる。一方、バラモンたちは死んだのち、阿鼻地獄に再生した時に、次の三つのことを念うのである。

一つは〈私はどこからここに来て生まれたのだろうか〉と念う。そして人間界から堕ちてきたのだと知る。二つは〈私がいま生まれ堕ちたところはどこだろうか〉と念う。そしてすぐにここは阿鼻地獄(あびじごく)であると知る。三つは〈私は何をしたからここに生まれ堕ちたのだろうか〉と念う。そしてすぐに大乗の教えを謗り、信仰しなかったことが原因で、国王に殺されてここに堕ちたのだと知る。

このようなことを念い、反省し、そして大乗の教えを信仰しようという心を自然と起こすことになる。そのうち、そこでまた寿命が尽きた時に、今度はブッダの住む世界に生まれ、その世界で一億万年の寿命を受けることになる。カッサパ菩薩、私がむかしこの人々にこの一億万年という年月の寿命を与えた。これを「殺す」といえるだろうか。

カッサパ菩薩、ある人が大地を掘り、草を刈り、木を伐り、その木を切断し、生類に罵詈雑言を浴びせ、鞭打ちを与えたりしたとしよう。この人はこの行為によって死後地獄に堕ちるだろうか』

カッサパ菩薩はブッダに申し上げた。

『世尊、私がブッダの教えを聞いたところから判断しますと、地獄に堕ちることになるでしょう。というのは、ブッダは昔、弟子たちに

「草木に対しても悪心を抱いてはならない。悪心を抱けば地獄に堕ちる」

と説法されているからです』

その時、ブッダはカッサパ菩薩を讃えて次のように言われた。

『そうだ。君が言うとおりだ。よくそのことを記憶しておくべきである。悪心によって地獄に堕ちるというなら、その悪心がない求道の人は、地獄に堕ちることがない。求道の人は小さな蟻にいたるまで、すべての生類に憐れみの気持ちを持ち、それらのためを念う気持ちを持っているからである。つまりすべてのものはさまざまな関わりのなかで生活しているから、種々の方便を通して生類の先々のことを考えて善根を植えさせたいと求道の人は願っている。

だから、私はどのような場合にも最善の方便をもって対処しているので、たとえ場合によって相手の生命を奪うことがあったとしても、それは悪心からではない。

バラモンの教えでは、蟻を殺して、十台の車をその死骸で充たしたとしても罪の報いはないという。また

〈蚊・虻・蚤・虱・猫・狸・ライオン・虎・狼・熊などの生き物、及び人々に害を加える者を殺して、そ
460b の死骸で十台の車を充たしても罪の報いはない。また、鬼神や羅刹鬼やクムバンダ鬼やプータナ鬼、その他暴虐極まりない鬼神たちや、生類に危害を加えるものなどの生命を奪っても、罪の報いを受けることはない。しかしもし悪人を殺したら罪の報いはある。殺して悔いることがなかったら餓鬼の世界に堕ちる。もし懺悔して三日断食するとその罪はまったく余すところなく消えてしまう。もし尊師を殺し、母父や女性や牛に危害を加えたら、数えきれない年月にわたって地獄で苦しみを受けることになる〉

という。

カッサパ菩薩、私は殺生に上・中・下の三種があることを知っている。

下の殺生とは、小さいものは蟻から、すべてのけだものの殺生である。ただ求道の人は願いによってけだものの姿を借りて出現することがあるので、神通力で化身しているけだものは除かれる。この下の殺生を下殺（げせつ）という。この殺生をすると地獄や畜生や餓鬼の世界に堕ちて、さまざまなわずかばかり（下）の苦しみを受けることになる。その理由は、これらのけだものでもわずかな善根を持っているので、それを殺すとそれなりに罪の報いを受ける。

次に中の殺生の中とは、俗人の位から俗界に戻ることがないほどの修行を積んだ聖者の位までをさす。この人々を殺生した行為によって地獄や畜生や餓鬼に堕ちて中程度の苦しみを受ける。これを中殺（ちゅうせつ）という。

次に上の殺生の上とは、母父や最高の修行を積んだ聖者や求道の人などの聖者たちをさす。この人々を殺したら地獄のなかでももっとも厳しい責め苦を受ける阿鼻地獄に堕ちて最上の苦しみを受ける。これを上殺（じょうせつ）という。

カッサパ菩薩、もし極悪人の一闡提を殺しても、かならずしもこの三種の殺生による地獄に堕ちることはない。云ってみればあのバラモンたちはみな極悪人の一闡提である。たとえば大地を掘り、草を刈り、木を伐り、その木を切断し、生類に罵詈雑言して鞭打ちを与えたりしても、なんの罪の報いもないように、彼ら極悪人の一闡提を殺しても罪の報いなどない。というのは、彼らバラモンたちはブッダの教えを信じたり、記憶したり、実践したり、念じたり、理解したりしようとしないのだから、彼らを殺しても地獄に堕ちるような罪にはならない。

君はさっき「ブッダはどうして提婆達多を愚か者で、唾を食べるような下種の人物だと罵られたのですか」と質問したが、そのような訊ね方をしてはならない。

私が発する言葉は意味深く、俗人が推し量ることができるものではない。真実の言葉であれば世間の
人々に愛される。適当でない時に、道理に反した、ためにもならないような言葉を私は発することをしな
い。荒っぽい言葉であっても真実を伝える言葉は、適時に、道理にしたがって、人々のためになるのであ
460c る。人々がそれを聞いて喜ばないようであっても私は説く。なぜなら、私は人々の心を喚起するさまざま
な方便を知っているからである。

カッサパ菩薩、あるとき私は荒野の中の、ある村の林に住み、そこで修行したことがあった。

その林にある鬼神が住んでいた。その名を広野と言った。その鬼神はもっぱら生肉を食い、そのために多くの生類が殺された。その村では鬼神は日に一人ずつ殺して食べた。そのようなことがあったので、私はその鬼神に説法したことがあった。

ところが鬼神は暴悪で、愚かで、無知で、まったく説法に耳を傾けなかった。そこで私は大力を持った鬼に化身して、その鬼神の住家を揺り動かし続けた。すると鬼神は従者を連れて私のところに来て、仕返しをしようとした。ところが鬼神は私を見て失神した。怖れあわてふためき、大地に倒れ、悶絶して、死人のようになってしまった。

憐れになって私は鬼神の身体をさすってやった。すると気が付き、起き上がり、坐り直し、私に向かって、

「おかげさまで生き返ることができました。あなたは大いなる力を持っておられ、その上慈しみの心をもって接してくださったのに、怨みや憎しみの心で仕返しをしようとしたことをお許しください」

と言った。かの鬼神は私の前で本当の信心を起こした。私はブッダの身体に戻り、鬼神にさまざまな教えを説き、その後で殺生をしないという習慣を守ることを約束させた。

ちょうどその日にその村の長者が亡くなった。その長者の亡骸（なきがら）を村人はその鬼神に託した。鬼神はその亡骸を受け取ったが、すぐに私にそれを渡した。私はこの長者の法名を手長者（しゅちょうじゃ）と付けた。

鬼神はこの時、私に訊ねた。

「世尊、私や従者たちは生肉を食べて生活しているのに、いまここで不殺生の習慣を守る誓いを立てたら、こののちどうやって生活していったらいいのでしょうか」

私は答えた。

「これから私の弟子たちに告げておこう、もし私の教えを修行している様子が君たちの間に見られたら、飲食物を施すようにと。もし君たちを見て施すことをしなかったら、彼らは私の弟子ではないだろう。そんな人々は悪魔の仲間であろう」

カッサパ菩薩、このように私は人々を教化するためにさまざまな方便を使っている。だから鬼神たちを恐（こわ）がらせるようなことはしていない。

カッサパ菩薩、ある時、私は護法という名の鬼神を木で打ったことがある。また、ある時、山頂から羊の頭をした鬼神を突き落としたことがある。また、ある時は木のうえで猿を護る鬼神を殴ったり、財産を護る象に五頭のライオンを見せて恐がらせ、金剛の杵（きね）を持つ、ブッダの守護神を論義に強いサッチャカ・ニガンタプッタに会わせて怖れさせたり、また、矢のような毛を持つ鬼神を針で刺したりした。このようなことを私がしたのは、鬼神たちを殲滅（せんめつ）するためではない。ただ彼らを正法に安住させようとするためであった。だからこのような方便を示したのである。

461a カッサパ菩薩、私は、じつは提婆達多を罵ったり、辱（はずかし）めたりしたわけではない。また、提婆達多自身が愚かであるわけはなく、彼が人の唾を食べるようなことをするわけもない。また、彼が阿鼻地獄に堕ちて罪の報いを長年月の間受けることもない。修行者たちをいじめ、私の身体を傷つけたりしたこともなかった。また、殺生などの四つの重罪を犯したり、大乗の教えを謗ったりしたこともなかった。また、彼は極悪人の一闡提でもない。また、未熟な修行者でもない。

提婆達多はじつに未熟な修行者の境地を超えている。これは私だけが知るところであり、君がさっき私に向かって「ブッダはどうして提婆達多を叱り、罵り、辱められるのですか」と質問したのは間違っている。君は私のすべての心に対して疑いを持ってはならない』

## 慈しみの心と空の見方

カッサパ菩薩はブッダに申し上げた。

『世尊、たとえばさつまいもをだんだんと煮詰めていくと、いろいろの味が出てくることと同じで、私もブッダに就いてこれまで数々の教えを聞き、それらの教えの味を知ることができました。いわゆる出家の味、世俗の欲を離れた味、静寂の境地の味、仏道の味です。

また、たとえば金は何度も熱いうちに打ち、また、溶かし、さらに鍛練すれば、一層きれいになり、密になり、柔軟になり、光沢は微妙になり、その値段は価を付けることができないくらいになり、天下の妙宝と重用されます。ブッダも同じではないかと考えます。丁重に訊ねますと、量り知れない深奥な意味を見聞することができます。奥深いところまで修行している者をさらに発展させ、その上多くの人々にブッダのさとりを求めるようにさせ、さらにその人を天下における尊敬の的にし、恭しく供養されるようにさせます』

その時、ブッダはカッサパ菩薩を讃えて言われた。

『そうだ。求道の人たちは人々の利益になるであろうと思って、私にいろいろの質問をして、その意味を聞き出そうとする。だから私は君にも願いどおりに大乗の深奥の教えを説いたのである。これが一子に対する極愛の境地である』

『世尊、もし求道の人が慈しみ、憐れみ、共に喜ぶなどの気持ちを起こし、つねに一子に対する極愛の境地にあって、すべての人々に対してまったくの差別の心を持たなかったら、次にはどのような境地が得られるでしょうか』

『カッサパ菩薩、いまそれについて説こうとしていた。いま、それをよく察して質問してくれた。まったく差別の心を持たないように修めていくなら、澄みきった空のような、すべてを平等に観察することができる境地に安住できる。ちょうどスブーティ（須菩提）尊者のような心境である。もしこの境地に安住することができると母父や兄弟や姉妹や子供など、また、親族や知人や怨親の人、そのいずれでもない人などといった、区別も差別も見えなくなる。身体の作りや取り巻く環境についても、生類についても、そし
461b
て寿命についても取り立てて意識することがなくなる。

喩えていえば、虚空に母父や兄弟や妻子があるだろうか。生類や寿命があるだろうか。それと同じようにこの世間に存在するものにも母父や兄弟や妻子、それに生類や寿命がない。求道の人が世間に存在するものを見る目にはこのように映る。その心はまさに平等そのもので、ちょうど虚空のようである。すべてのものは空であり、その実体を持たない、つまり空という道理を理解しているから、そのように映るのだ』

『世尊、空であり、実体を持たない、つまり空とはどのようなものでしょうか』

『カッサパ菩薩、空には内空・外空・内外空・有為空・無為空・無始空・性空・無所有空・第一義空・空空・大空などがある。

ではどのようにして内空を観察するのかを説こう。人の眼・耳・鼻・舌・身・意はみな空であると観察すること、これが内なるものの空、つまり内空である。これには母父や怨親の者、そのいずれでもない人、生類・寿命・不滅・安楽・実在・清浄、ブッダ・教え・修行者の集まりなど、それに金銭などはこの内なるものには当たらない。この内なるものの中にブッダになる可能性が含まれると思うだろうが、ブッダになる可能性そのものは内のものでもなく外のものでもない。つまりブッダになる可能性は不滅のもので不

という。

次にどのようにして外空を観察するかを説こう。外空には内空がない。このように観察することを外空という。

次にどのようにして内外空を観察するかを説こう。それはブッダ・教え・修行者の集まり、それにブッダになる可能性だけがあって、内と外とのいずれの空にもないことをいう。この四つは不滅で、安楽で、実在で、清浄であるからである。だからブッダ・教え・修行者の集まり、それにブッダになる可能性は空とはいわない。このように観察することを内外空という。

次にどのようにして有為空を観察するかを説こう。因果のはたらきによって存在するものはみな空である。たとえば内空・外空・内外空・不滅・安楽・実在・清浄などの空、生類・寿命、三つの柱などの第一義空をさす。ところがブッダになる可能性だけは因果のはたらきによって存在するものではない。だからブッダになる可能性は、因果のはたらきによって存在するものは空であるという見方には該当しない。このように観察することを有為空という。

次にどのようにして無為空を観察するかを説こう。因果のはたらきを超えた存在はみな空である。いわゆる無常・苦・不浄・無我、身体とその環境、生類・寿命・事象・煩悩、内なるもの、外なるものなどすべてである。因果のはたらきを超えた存在のブッダ・教え・修行者の集まり、ブッダになる可能性の四つは因果のはたらきによって存在するものでもなく、因果のはたらきを超えた存在でもない。ただその性質は善であるから因果のはたらきを超えた存在ではない。また、性質は不滅であるから因果のはたらきによって存在するものではない。このように観察することを無為空という。

　次にどのようにして無始空を観察するかを説こう。生死には初めがなく、虚しく、実体がないと観察することである。いうところの空とは不滅・安楽・実在・清浄であり、みな実体がなく、不変である。しかも生類・寿命、三つの柱、ブッダになる可能性、それに因果のはたらきを超えた存在をいう。このように観察することを無始空という。

461c　次にどのようにして性空を観察するかを説こう。性空とは、すべての形あるものの本性はみな空、つまり実体のないものだと観察することである。身体とそれとかかわる環境、恒常と無常、苦と楽、清浄と不浄、実在のものと実在でないものなどをはじめとする、現象しているものはその性質からみな実体を持たない。このように観察することを性空という。

　次にどのようにして無所有空を観察するかを説こう。ある人に子供がいない時はその家は空しいというように、結局はその家にはだれもいない、つまり空と観ることになり、親しみが湧かなくなってしまう。愚かな人はどちらをむいても空だといい、貧しい人はなにもかも空だというが、このような考え方はあるいは空であり、あるいは空ではないという議論にすぎない。求道の人が観察する空は貧しい人が私にはまったくなにもないという空のようなものである。このように観察することを無所有空という。

　次にどのようにして第一義空を観察するかを説こう。第一義空を観察するのは、見る目がどこから生じたとか、どこに消え去るとかを定めることができず、その在り方はもともとなかったのにいまここにあり、すでにあったがいまここにないということで、その眼の実体を推測しても眼そのものがなく、その主たるものさえない。つまり眼に本性がないように、すべての形あるものも同じだと観ることである。ではなにを第一義空というのだろうか。行ないがあれば、その果報があるが、じつはそれを作った主体が見えない。このような空の在り方を第一義空という。このように観察する空を第一義空という。

次にどのようにして空空を観察するかを説こう。この空空について未熟な修行者たちはその真意を理解できずに迷っている。これは有であり、これは無であると観察する、これを空空といい、また、これはこれであり、これはこれではないと観察する、これを空空という。たとえば十種の修行階梯で修行している求道の人たちでさえ、まだこのことを少ししか理解していない。眼に少し見えるくらいの塵程度である。まして普通の人はなおのこと理解できない。この空空の観察は私の弟子たちが修得した空空三昧とはおのずから違う。このように観察することを空空という。

次にどのようにして大空を観察するかを説こう。大空とは完成された知慧（般若波羅蜜多（はんにゃはらみった））のことである。このように観察することを大空という。

## 虚空の境地を説く

以上のように空という道理を理解したら、虚空に等しい境地に安住することができる。この空の意味を大衆のなかで説法した時、十個のガンジス河にある沙の数ほどの求道の人たちがこの虚空に等しい境地に安住することができた。彼ら求道の人たちはこの境地に安住したのち、あらゆることにこだわったり、縛られたり、悩んだりすることがなくなり、一切の迷妄から解放された。これを虚空に等しい境地という。

虚空は好きな物にこだわらず、嫌いな物に反感を持つことがない。そのように求道の人たちは好きな物
462a や嫌いな物に頓着することがない。

虚空は広大で対立するものがなく、あらゆるものを受け入れる。だからこの虚空に等しい境地に安住すると、すべての物を見たり知識したりする時に、また、実践したり、遭遇したりした時に、本性や形相や由来因縁や、人々の心や能力や、行いや家風や友人や規則や、もらった物や、さまざまなことについてなんでもよく見通せるようになる。

カッサパ菩薩、求道の人はこの境地に安住して、知っていて見ることがない。ではなにを知っているのだろうか。

たとえば断食行をしたり、淵に身を投げたり、燃える火の中を歩いたり、高い岩壁から堕ちたり、いつも一本の脚で立っていたり、回り四方と太陽の灼熱との五つの炎熱で身をあぶったり、いつも灰の上や刺（とげ）や束ねた丸太や木の葉や雑草や牛糞などの上に臥したり、粗末な布切れや死体捨て場に捨てられている泥や糞に塗（まみ）れた切れ端や毛織の布切れや鹿のなめし革やまぐさで編んだ布切れなどを着たり、野菜を食べたり、雑草や蓮根や油粕や牛糞や木の根や果実などを食べたりする人々を知っている。

また、托鉢に行くのはただ一軒だけに限り、もし布施がなかったらすぐに去り、たとえ呼び掛けられても振り返ることをしないとか、塩漬けの肉や乳製品を食べないとか、いつも糠汁や白湯を飲むべきことを

知っている。

また、他の宗教が説く、牛の仕草をまねると天に生まれることができるという修行や、犬や鶏や雉などの仕草をまねると天に生まれることができるという修行などをしたり、灰を身体に塗ったり、長髪を特徴とする修行をしたり、羊を祀る時にまず呪文を唱えてから殺したりする風習があることを知っている。また、四月には火を祀り、七日間風だけを飲み込み、数えきれない本数の花をもって神々を供養して、願いを叶えようとする風習があることを知っている。

これらの修行法や風習などは最高の解脱の足しになるわけがないと知っていることが、ここでいう知っているということである。

では見ることがないとはどのようなことをいうのだろうか。求道の人の中には一人としていま述べたようなやり方で正しい解脱を得た人を見たことがない。これを見ることがないという。

次に求道の人は見て、そして知っている。ではなにを見ているのだろうか。人々がいま述べたような誤った生き方をすれば、次の世でかならず地獄に堕ちることを見ている。これを見ているという。

ではなにを知っているのだろうか。人々が地獄から出て人間界に生まれ、満足すべき布施をし、そして完璧に正しい習慣を守り、一貫して忍耐し、怠けず努力し、不乱に心を統一し、そして円満な知慧を修めることを完全に身につけるならば、その人はかならず正しい解脱を得ることを知っている。これを知っているという。

また、次に求道の人は、見て、そして知っている。なにを見ているのだろうか。世間には恒常と無常があり、苦と楽があり、清浄と不浄があり、実在のものと実在でないものがあることを見ている。これを見ているという。

462b
ではなにを知っているのだろうか。ブッダは決して最後には妙寂に入らないということを知っている。そしてブッダの身体はダイヤモンドのように壊れない、煩悩からなる身体ではない、そして臭いがして汚く、腐るような身体ではないことを知っている。また、すべての生類にはブッダになる可能性があることも知っている。これを知っているという。

また、求道の人は知っていて見ている。ではなにを知っているのだろうか。人々はかならず信心を成就することができることを知っている。人々は大乗の教えを求める時に、この人は流れに順(したが)い、この人は流れに逆らい、この人は落ち着いている人だ、この人は安らぎの彼岸に渡った人だと、それぞれの人の性質を知っている。

ここで流れに順っている人とは俗人のことで、流れに逆らっている人とは四種の沙門と孤独なブッダのことである。そして落ち着いている人とは求道の人たちのことである。安らぎの彼岸に渡った人とはいわゆるブッダのことである。これを知っているという。

ではなにを見ているのだろうか。求道の人は大乗の教えを信仰し、清浄な修行生活を送り、神々のような眼で、人々が振る舞いや言葉遣いや心の中で不善を行なって三悪道に堕ちて行くところを見ている。しかし善行の人は死後天界や人間界に再生するところを見ている。人々の中には闇の世界から闇の世界に入る人、闇の世界から光の世界に入る人、また、光の世界から闇の世界に入る人、光の世界から光の世界に入る人がいるところを見ている。これを見ているという。

　また、次に求道の人は知っていて見ている。求道の人たちは身体を調え、習慣を身につけ、心を調え、知慧を修めておけば、現世で悪業を積み、さらにむさぼりや憎しみや愚かな行ないなどをしたことで地獄に堕ちて苦しみの報いを受けなければならないことになっても、現世で軽い苦しみの報いを受けるだけで来世で地獄に堕ちることはないことを知っている。どうして現世の軽い苦しみの報いを受けるだけで済まされるのだろうか。

　あらゆる悪を懺悔し、告白し、悔いて二度と悪事をしないからである。慚愧の心を全うするからである。ブッダ・教え・修行者の集まりの三つの柱を供養するからである。いつも自分自身を責めているからである。この善行によって決して地獄に堕ちることはなく、現世で軽い償いをするだけで済まされるのである。たとえば頭痛がしたり、眼が痛かったり、腹痛がしたり、背中が痛かったり、突然死ぬ思いの病に罹ったり、人に呵責され罵られたり、鞭や杖で打たれたり、牢に閉じ込められたり、飢えや渇きに苦しめられたりするなどの軽い報いである。このような現世で受ける軽い報いがあることを求道の人は知っている。これを知っているという。

　ではなにを見ているのだろうか。人々には、身体を調え、習慣を身につけ、心を調え、知慧を修めることができず、その上少しずつ悪事を重ね続けて、いまも報いを受けている人がいる。この人は少しの悪事をしても懺悔する気持ちがなく、自ら呵責することもなく、慚愧の気持ちもなく、悪業の報いがあるという教えを無視しているが、彼の度重なる悪事は積もり積もって膨大になり、ついには地獄に堕ちる報いを

462c 受けるはめになることを求道の人は実際に見ている。これを見ているという。

また、知っていて、まったく見ていないこともある。なにを知っていて、見ていないのだろうか。人々はみなブッダになる可能性があることを知っているが、実際は多くの煩悩に覆われているので見ることができないことをいう。

また、知っていて少ししか見ていないことがある。十種の修行階梯で修行している求道の人たちは人々にはみなブッダになる可能性があることを知っているが、それをはっきりと見ていない。それはちょうど闇夜に物がはっきり見えないのと同じである。

また、すべて見ていて、すべて知っていることもある。これはブッダを見ることと知ることである。

また、見ていて知っていることと、見ることもなく知ることもないこととがある。

では見ていて知っているとはどういうことだろうか。世間の文字・言語・男女・乗物・陶器類・建物・町村・着物・飲食物・山川・森林・生類・寿命などは見ることができて知ることができる。これを、見ていて知っていることという。

では見ることもなく知ることもないとはどういうことだろうか。聖人の秘密の言葉である。それには世間の文字・言葉・男女・乗物・陶器類・建物・町村・着物・飲食物・山川・森林がない。だから聖人の秘密の言葉は見ることも知ることもできない。これを見ることも知ることもないという。

次に知っていて見ることがないことがある。それは施しをする適切な場所を知り、施しをする意味を知り、施しを受けるに価する相手を知り、そして施しの果報がなにかを知ること、これを知っているという。

では見ることがないとはどういうことだろうか。施しをする適切な場所、施しをする意味、施しを受けるに価する相手、そして施しの果報などにまったくとらわれないこと、これを見ることがないという。

求道の人には以上の八種の知ることがある。これは私が持つ五つの眼力（仏五眼）によってすでに認められているところである』

# 第十四章〃なぜ正しい習慣を守るのか

カッサパ菩薩はブッダに訊ねた。

『世尊、求道の人はこのように世間の有様を知ることでなにか利益があるのでしょうか』

## 自在力とはなにか

ブッダは言われた。

『求道の人はこのように知ることで四つの自在力を得る。すなわちものについての自在力、ものの意味についての自在力、言葉についての自在力、そして演説についての自在力である。

ものについての自在力とは自分の身体、これを取り巻くものとその名字を自在に知るという力である。

ものの意味についての自在力とはあらゆるものの本義を知り、ものの名字にしたがって、それらの存在する意味づけが自在にできる力のことである。

言葉についての自在力とは、文字の字体や文字の正誤について知り、言葉を正確に発音でき、詩歌を詠むことができ、世俗のことに通じ、分別ができるなどに自在であることをいう。

演説についての自在力とはとどこおりなく、アガることなく、おどおどすることなく、そして相手を納
463a 得させるような演説が自在にできる力のことである。

これらが求道の人の四つの自在力である。

再び、ものについての自在力とは、説法だけを頼りとしている修行者（声聞）や孤独なブッダ（縁覚）や菩薩やブッダたちの教えを知っていることである。

また、ものの意味についての自在力とは、乗物に喩えられる教えに三つ（三乗）あるといわれるが、それらは結局は一つの教えに帰し、まったく差別がないと知っていることである。

また、言葉についての自在力とは、一つの教えにいろいろの名義を付けて説明するが、それが果てしなく続くことをいう。未熟な修行者たちはこのような説明はできない。

また、演説についての自在力とは、果てしなく人々のためにいろいろの事象を説明する時、名義や意味についてさまざまな説を尽きることなく聞かせることをいう。

再び、ものについての自在力とは、いろいろの事柄を知っていても、それについて執着しないことである。

また、ものの意味についての自在力とは、ものの種々の意味について広く知っていても、それに執着しないことである。

また、言葉についての自在力とは、言葉に関するあらゆることを知っていても、それに執着しないこと

である。

　また、演説についての自在力とは、あらゆることを楽しんで自在に説法することができても、それに執着しないことである。このように執着しないのは、もし執着したら求道の人の生き方ではなくなるからである』

『世尊、世間一般では、執着しないとはその教えを知らないのと同じに考えます。もし教えを知っていれば、それは執着していることなのです。知ったことに執着しないのは知っていないことなのです。どうしてブッダは〈教えを知っていて執着しない〉とおっしゃるのでしょうか』

『カッサパ菩薩、もし執着したら自在とはいえない。執着していないから自在といえる。だから執着するところがあったら、自在力を得ることはできない。自在力を持たない人は求道の人ではなく、俗人と言わなければならない。

　ではどうして執着する人を俗人というのだろうか。俗人は自分の身体の構成要素である肉体と五官のはたらきに執着している。肉体に愛着の気持ちを起こしている。愛着を起こすために肉体に執着する。肉体に対すると同じように五官のはたらきにも愛着を起こしている。

　このように肉体と五官のはたらきに縛られるから生まれること、老いること、病むこと、死ぬこと、憂い悲しむことなどの苦しみや、これに纏わって起こる煩悩から解放されない。このように執着する人が俗人である。だから俗人には求道の人にある四つの自在力がない。

　求道の人は数えきれない昔から修行して、ものの有様をよく観察して知り、その存在する本義を知って

463b いる。ものの有様を見て、その存在する本義を知っているので、肉体にとらわれない。五官のはたらきにもとらわれない。とらわれがないので肉体に愛着せず、五官のはたらきにも愛着しない。愛着しないので肉体にも五官のはたらきにも縛られることがない。縛られることがないので、生まれること、老いること、病むこと、死ぬこと、憂い悲しむことなどの苦しみや、これに纏わって起こる煩悩から解放されている。このような状態にあるので求道の人は四つの自在力を得ることができるわけである。

　これまで十二種の説法集に説いてきた教えだけを頼りにしている人は悪魔に縛られている人だと私は弟子たちに言ったことがある。このような教えに縛られない人こそ悪魔から解放された人である。喩えていうと、罪人は王に縛られるが、無罪の人は王に縛られることがない。このように執着している人は悪魔に縛られる。反対に執着がない人は悪魔に縛られることがない。この意味から求道の人はまったく執着するところがない。

　また、カッサパ菩薩、ものについての自在力とは、文字自身が所持するものを知り、忘れないことである。つまり所持するものとは大地のようなもの、山のようなもの、眼のようなもの、雲のようなもの、人のようなもの、母のようなものである。すべてのものもこれと同じである。

　また、ものの意味についての自在力とは、求道の人はものの名字について知っているようだが、その意味を知らないので、この自在力を得ることで初めてものの意味を知ることができる。たとえば大地が所有するものとは、大地の上に生物・無生物を生存させているようなものである。この意味で大地を所有するものという。次にたとえば山が所有するものとは、山は大地を支えて傾かないようにしているから、このようにいう。次に眼が所有するものとは、眼は光を所有するから、このようにいう。次に雲が所有するものとは、雲には龍の気配がある。龍の気配は水を所有しているから、このようにいう。次に人が所有するものとは、人には善と悪があるから、このようにいう。次に母が所有するものとは、母は子供を所有しているから、このようにいう。

求道の人はこのようにすべてのものの名字や語句の意味を知っている。

また、言葉についての自在力とは、さまざまな言葉を使って、ある一つの内容を説明しても、無意味である。言ってみれば言葉は男女・建物・乗物・生類などのようなものをいう。ではどうして無意味なのだろうか。意味というのは、これは求道の人にかかわる領域であるのに対して、名字は俗人にかかわる領域である。意味を知ることによってのみ名字について自在力を得るのである。だから求道の人は言葉についての自在力を得たのである。

また、演説についての自在力とは、言葉について、その意味について充分に知っているので、数えきれないほどの年月の間、言葉やその意味について説明し続けても尽きないことをいう。

463c カッサパ菩薩、求道の人は数えきれない年月の間、世間の道理について修学してきた。修学したことで世間の理法について熟知できた。また、数えきれない年月の間、求道の人は超俗の道理を修学したことで、ものの意味についての自在力を得た。また、数えきれない年月の間、求道の人は語学についての論書を学習したことで、言葉についての自在力を得た。また、数えきれない年月の間、求道の人は世間の道理についての論書を学習したことで、演説についての自在力を得た。

カッサパ菩薩、じつは未熟な修行者たちはこの求道の人の自在力を修得できない。かつていくつかの説法のなかで、私は説法だけを頼りとする修行者や孤独なブッダたちも四つの自在力を得ることができると言った憶えがあるが、実の所そのような道理はない。なぜなら、求道の人たちは人々を教化しようとするためにこれらの自在力を修得したのである。ところが孤独なブッダたちは煩悩を滅し尽くすだけの修行をし、一人さとりを楽しむ人たちである。人々を教化することがあっても、その時は神通力を使って驚かせ、終日沈黙して説法などまったくしない。こんな修行者がどうして四つの自在力を修得することができるだろうか。

ではどうしてこの孤独なブッダたちは沈黙して説法しないのだろうか。

彼らは説法しても求道の人を含む聖者たちのそれぞれのさとりの違いを理解させたり、それを修得させたりできないからである。また、人々に最高のさとりを求める気持ちを起こさせることができない。なぜなら、孤独なブッダは世間のさまざまなことを知っているが、ブッダの教えを余すところなく知り尽くしていないからである。孤独なブッダは文字を知っているが、自在に知り尽くすことがない。なぜなら、彼は不滅ということを知らないからである。その意味で孤独なブッダは教えについての自在力を得ていない。

また、意味を知っているが、意味を余すところなく知っていない。余すところなく知っているとは、人々にみなブッダになる可能性があることを知っていることを意味する。これについて孤独なブッダは知らないので、意味についての自在力を得ていない。だから孤独なブッダたちはみな四つの自在力を得ていないことになる。

説法だけを頼りとする修行者に四つの自在力がないという理由はなにか。この修行者は三つの巧みな方便ができない。その三つのうちの一つは穏やかな言葉で問いかけて、教えを受けること、二つは荒々しい言葉で問いかけて、感化を受けること、三つは穏やかな言葉でもない、荒々しい言葉でもない言葉で接して、いつのまにか感化を受けることである。このような三つの方便がないから、説法だけを頼りにする修行者には四つの自在力がない。

要するに孤独なブッダや説法だけを頼りにする修行者は言葉やその意味について余すところなく知るこ
464a とができない。自在の知慧を持たないでブッダの境地を知ろうとしている。また、ブッダ特有の十種の力や四つの畏れを知らない境地などを理解できない。結局は輪廻の大河を渡ることができないのである。また、人々の能力に優劣があること、違いがあることを理解できない。また、世俗の道理と超俗の道理の相違についてまったく理解できない。また、人々の心がなににとらわれているかを理解できない。また、第一義空とはなにかを十分に説明できない。だから孤独なブッダや説法だけを頼りにする修行者たちにはこれら四つの自在力はない』

カッサパ菩薩はブッダにまた訊ねた。

『世尊、もし孤独なブッダや説法だけを頼りにする修行者たちにはこれら四つの自在力がないとおっしゃるのでしたら、なぜあの舎利子尊者は知慧第一と言われ、目連尊者は神通力第一と言われ、マハーコッティタ尊者は四つの自在力では第一と言われたのでしょうか。そうでないとおっしゃるのでしたら、なぜさきほどのような考えを説かれたのでしょうか』

『カッサパ菩薩、たとえばガンジス河の量り知れない水を考えてみよう。また、シンドゥ河の量り知れない水、ヴァクシュ河の量り知れない水、シーター河の量り知れない水、そしてこれらの四つの大河の源流であるアナヴァタプタ池の量り知れない水を考えてみよう。これらの水はみな無量といっても、その水量が等しいわけではない。

つまり孤独なブッダや説法だけを頼りにする修行者、それに求道の人たちのそれぞれに四つの自在力があると考えた時に、それはこれら四つの大河各々の水量が等しくないことと同じである。もし等しいといったら、そんな理屈は通るわけがない。私は人々が解るようにと思って、マハーコッティタ尊者は四つの自在力において第一人者と言ったが、それは君がいま質問した趣旨と同じことである。説法だけを頼りとしている修行者は四つのうちの一つを得ていることもあり、二つを得ていることもあるが、四つのすべてを得ているということはありえない。それでも四つの自在力第一人者と呼んでいる』

『世尊、ブッダは先に「菩薩は四つの自在力を得ていることを自ら知見している」と説かれました。その場合、知見しているならば一切の所得がないということです。また、心がないのだから所得がないことであろうと考えます。そこでこの求道の人には実際に所得がないことになります。もしこの求道の人が心に得るところがあったとしたら、彼を求道の人ではなく、俗人と言わなければなりません。そこで世尊、ブッダはどうして求道の人に四つの自在力の所得があると説かれたのでしょうか』

『カッサパ菩薩、そのことについて説こうとしていたところを先に訊ねられた格好になってしまった。

カッサパ菩薩、求道の人には本当に所得はない。所得がないことが四つの自在力なのである。なぜかを説明しよう。所得がないこと、これを自在という。もし所得があれば、それは障害となる。障害があれば四つの誤り（ブッダは不滅であることを無常だと誤解し、永遠の安楽の境地にあることを苦の存在であると誤解し、不滅の実在であることを実在ではないと誤解し、純粋清浄である存在であることを不浄な存在と誤解していること）があることを意味する。求道の人はこのような四つの誤りがないのだから、自在なのである。その意味で所得がないと言ったのだ。

所得がないこと、それは了解ともいえる。求道の人はこの了解を得ているから所得がないともいう。反
464b 対に所得があることは無知、つまりまったく世間の真理に暗いこと（無明）をいう。求道の人はこの無知を持たないのだから、所得がないという。

また、所得がないとは一切の煩悩を断ち切った、大いなる妙寂のことでもある。求道の人はこの妙寂の境地に安住しているから、世間の事象をありのままに見て、それにとらわれることがない。だから所得がないという。反対に所得があることは二十五種の迷いの存在にまつわりつかれることである。求道の人はこの迷いの存在を離れて静寂の境地にある。その意味で所得がないのである。

また、所得がないとは大乗のことをいう。求道の人は世間の事象に執着せず、大乗の教えに安住している。その意味で所得がない。所得があるなら、彼は未熟な修行者の生き方に馴染んでいることになる。求道の人は未熟な修行者の生き方を離れ、ブッダの生き方にしたがっているのだから、その意味で所得がないという。

また、所得がないとは虚空ともいうことができる。世間ではなにも存在しないところを虚空というが、

求道の人はすべてのものを虚空のように観察する三昧を取得しているので、そこにはなにも見られるものが存在しない。だから、これを所得がないという。反対に所得があることは生と死の繰り返しのようだと考える。俗人は生と死のなかに輪廻しているので、そこには見られるものがある。ところが求道の人はこれらの生と死の繰り返しから解放されているから、所得がないことになる。

また、所得がないことを不滅・安楽・実在、そして清浄の四つの真実に喩えることができる。つまり求道の人はブッダになる可能性があることを知っているので、これら四つの真実を了解している。だから、求道の人には所得がないという。所得があるとは、これら四つを正しく了解していないことをいう。世間は無常なものばかり、苦しみばかり、実在はない、不浄なものばかりという考え方を求道の人は切り捨てているのだから、その意味で所得がないという。

また、所得がないとは第一義空のことでもある。求道の人は世間は第一義空と観察するので、固定してものの形を見ない。だから求道の人には所得がない。反対に所得があるとは五つの誤った見解（私のものがあるという見解、ものは不滅である、あるいは一過性であるという極端な見解、因果はないという見解、自分の考えを最高とする見解、さまざまな主義主張を取り入れて、確立した自分の解脱観を持たない見解）をいう。この誤った見解がないのだから第一義空を得ているといわれる。求道の人はこのような見解を捨てているので所得がないという。

また、所得がないとはブッダの最高のさとりをいう。求道の人はこの最高のさとりを得ることで、これ
464c 以上のものを見ない。だから所得がないという。反対に所得があるとは未熟な修行者たちのさとりをいう。

ところが求道の人は彼らのさとりを超えているから、所得がないという。カッサパ菩薩、君が問いかけていることもじつは所得がなく、私が説くところも所得がない。もし所得があると説く者がいたら、それは悪魔の仲間であり、私の弟子と認めることはできない』

## ものの変化と実在

『世尊、ブッダは先にシャーラ樹林の中で鍛冶屋のチュンダ青年に対して説法されました。そのおりに、「もとは存在したが、いまは存在しないこと、もとは存在しなかったが、いまは存在していることがあるという道理は、過去・現在・未来の三世に通じて法（ダルマ）そのものは実在するという道理とは相容れない」と説かれました。これはどのような教えでしょうか』

『カッサパ菩薩、私は人々の迷いを取り除くために、その説法をした。また、未熟な修行者や文殊菩薩のためにも説法した。チュンダ一人のためにしたわけではない。その時、文殊菩薩はこれを聞いてすべてを了解した』

『世尊、文殊菩薩のような人たちのどれだけの人が、この意味を了解しているのでしょうか。どうか大衆のためにもこの教えを解るように説き示してくださるようにお願いいたします』

『カッサパ菩薩、よく聞いてくれた。これから君のために重ねて解るように説法しよう。もとは存在していたとは、私のことでいうと、私には昔量り知れないほどの煩悩があったが、その煩悩のためにいま妙寂がないということである。もとは存在しなかったとは、もと、円満な知慧が存在せず、その円満な知慧が存在しなかったために、いまさまざまな煩悩の塊があるということである。もし沙門・バラモン・神・悪魔・梵天、そして人々が「ブッダは過去にも現在にも、そして未来にも三世にわたって煩悩を持ち続ける」という者がいたら、その考えは間違っている。

また、もとは存在していたとは、私の身体は、もと、母父の和合によってできた集まりであったが、そのためにいまダイヤモンドのような堅固な教えの集まりは存在しないということである。もとは存在しなかったとは、私の身体には、もと三十二相八十種好相が存在しなかったが、なかったためにいま四百四種
465a の病気が巣くっているということである。もし沙門・バラモン・神・悪魔・梵天、そして人々に「ブッダは過去にも現在にも、そして未来にも三世にわたって病苦があり続ける」という者がいたら、その考えは間違っている。

また、もとは存在していたとは、私は昔、もとは無常であり、苦しみがあり、不滅でなく、不浄であったので、いまブッダの最高のさとりを得ていないということである。もとは存在しなかったとは、私は昔、もとブッダになる可能性を見ていなかったので、いま不滅・安楽・実在、そして清浄の四つの真実を見ることがないということである。もし沙門・バラモン・神・悪魔・梵天、そして人々に「ブッダには過去にも現在にも、そして未来にも三世にわたって不滅・安楽・実在、そして清浄の四つの真実がない」という

者がいたら、その考えは間違っている。

　また、もとは存在していたとは、もと、俗人にわが身を極端に苦しめる苦行だけを修めていて、これでブッダの最高のさとりを得たという者がいて、そのためにいま四種の悪魔を退治することができないことをいう。もとは存在しなかったとは、もと六つのさとりへの充実した修行を修めていなかったために、苦行だけを修めて結局はブッダの最高のさとりを得ることができたと嘘を吐くようなことをいう。もし沙門・バラモン・神・悪魔・梵天、そして人々が「ブッダは過去にも現在にも、そして未来にも三世にわたって苦行する」という者がいたら、その考えは間違っている。

　また、もとは存在していたとは、もと私の身体は雑食する身体であったことをいう。それは雑食する身体であったために、いま限りない広大な身体がないということである。もとは存在しなかったとは、もと、さとりへの三十七種の修行がなかったことをいい、いまそのために雑食の身体があることである。もし沙門・バラモン・神・悪魔・梵天、そして人々が「ブッダは過去にも現在にも、そして未来にも、三世にわたって雑食する身体である」という者がいたら、その考えは間違っている。

　また、カッサパ菩薩、もとは存在していたとは、私に昔は執着の心があったことをいう。このためにいますべてを空と観察する心がない。また、もとは存在しなかったとは、私はもと中道の本当の意味を理解することがなかったことをいい、中道の本当の意味を理解しなかったために、すべてのものに執着する心がいま起こっていることをいう。もし沙門・バラモン・神・悪魔・梵天、そして人々が「ブッダは過去にも現在にも、そして未来にも、三世にわたってすべてのものは欲の対象であると説いている」という者がいたら、その考えは間違っている。

また、カッサパ菩薩、もとは存在していたとは、私が初めて最高のさとりを得た時は、低劣な能力の弟子がたくさんいたことをいう。低劣な能力の弟子たちがいたために、唯一の最高の教えを説明することができなかったことをいう。また、もとは存在しなかったとは、もとはあの能力が勝れた、人間界中の象王
465b
といわれたマハーカッサパ菩薩などの求道の人たちがいなかったことをいう。勝れた能力の持ち主がいなかったために、相手に応じて方便をもって三つの教え（三乗）をいま示していることをいう。沙門・バラモン・神・悪魔・梵天、そして人々が「ブッダは過去にも現在にも、そして未来にも、三世にわたって三つの教えを説明している」という者がいたら、その考えは間違っている。

また、カッサパ菩薩、もとは存在していたとは、私はもと「これより三ヵ月後にシャーラ樹のもとで妙寂に入るだろう」と陳べていたので、いま大いなる平等の教えである妙寂について説法することができないことをいう。また、もとは存在しなかったとは、むかし文殊菩薩などのような偉大な求道の人は存在しなかったことをいう。存在しなかったから、いま「ブッダは無常だ」と説いていることをいう。沙門・バラモン・神・悪魔・梵天、そして人々が「ブッダは過去にも現在にも、そして未来にも、三世にわたって無常である」という者がいたら、その考えは間違っている。

カッサパ菩薩、私は種々の事柄を知り尽くしているが、人々の前で〈知らない〉と言ったり、種々の事象を観察し尽くしているが、〈見ていない〉と言ったり、本当は無常であるのを〈不滅である〉と言ったり、本当は不滅であるのを〈無常である〉と言ったりすることがある。たとえば実在や安楽や清浄などの

ブッダの特色についても同じような説明をすることがある。また、求道の人や孤独なブッダや説法を聞くだけの聖者などのそれぞれに対する三つの教え（三乗）を一つの教え（一乗）にまとめて説くこともあり、一つの教えを三つに分けて解るように説明することもある。簡略にしたものを総合したものだと説明したり、総合して説明したものを簡略なものだと説明したり、殺生などの四つの重罪を軽い罪であるかのように説明したり、軽い罪を重罪であるかのように説明することもある。なぜなら、私は人々の能力の違いを見ているからである。

カッサパ菩薩、このように私は嘘をついているようであるが、結果的には嘘をついているのではない。たしかに嘘をつくことは罪である。しかし私はついには人々の罪や過ちを断ち切る。そのことがどうして嘘をついているということになるだろうか。

カッサパ菩薩、私には嘘の言葉がない。とはいっても、私が嘘をつくことで人々が正しく導かれて利益を得ることがあるのなら、適宜方便を使って説法することになる。

この世間の道理は私にとってはこの上ない究極の道理となる。なぜか。私は究極（の道理）であるからこそ、世間の道理を説き、人々にその本質を理解させようとする。人々にこの究極の道理を理解させることができなかったら、それこそ私は世間の道理を説く機会を失ってしまうことになる。

ある時、私が世間の道理を説法したら、人々は「ブッダは究極の道理を説法されている」と言うだろう。また、ある時、私が究極の道理を説法したら、人々は「ブッダは世間の道理を説法されている」と言うだろう。このことはブッダの深奥な心の境界であり、未熟な修行者たちの知るところではない。

カッサパ菩薩、このようなことから、君が先に「求道の人はなにも得ていない」と批判したことはあ
465c たっていない。求道の人はいつも究極の道理を修得しているのだ。どうしてなにも修得していないと言えようか』

『世尊、究極の道理は人の道と呼ぶことができます。また、さとりとも、また、妙寂とも呼ぶことができます。求道の人のなかで人の道・さとり・妙寂を得たという者がいたら、その三つは無常なものだといわなければなりません。なぜなら、法がもし不滅であれば、新たに得ることはないからです。ちょうど虚空のようで、もともとあるのですから、それを手に入れることがありません。

世尊、世間のもので〈もとはなくていまある〉というのは無常という意味です。それと同じく人の道ももし得たならば、無常なものといわなければなりません。法がもし不滅であれば、新たに手に入れることもなく、生ずることもなく、ちょうどブッダになる可能性が手に入れることも生ずることもないようなことと同じです。

ところで人の道とは形があるのでもなく、ないのでもない、長くもなく短くもない、高くもなく低くもない、生ずるでもなく滅するでもないのです。また、赤くもなく白くもない、青でもなく黄でもない、あるのでもなくないのでもないのです。そこでどうしてブッダは「取得できる」と説かれるでしょうか。これはさとりや妙寂についても同じことだと考えます』

## 人の道と知見について

『カッサパ菩薩、そうだ、君の言うとおりだ。人の道に二つある。一つは不滅の道と二つは無常の道である。これはさとりの場合もまったく同じである。また、妙寂の場合も同じである。

外道の説く人の道は無常の道で、ブッダの説く人の道は不滅の道である。未熟な修行者たちの説くさとりは無常のさとりであるのに対し、ブッダたちの説くさとりは不滅のさとりである。外道の説く解脱は無常であり、ブッダが説く解脱は不滅である。

ブッダたちの説く人の道・さとり、そして妙寂はみな不滅である。人々はいつも量り知れない煩悩に晦まされて、知慧の眼を持たないために、これらを見ることができない。そういう人々のなかにこれらを見ようとする者は正しい習慣を守ろうとし、そして瞑想を修めようとし、そして知慧を得ようと心がける者である。彼らは修行することで人の道やさとりや妙寂を得る。これを人の道・さとり・妙寂を得るという。

人の道の本質はじつに生滅しない。したがってこれを捉えることはできない。

カッサパ菩薩、人の道はその形を見ることも、推量することもできないが、そのはたらきは現実にある。たとえば人々の心は形がなく、長短がなく、荒さも細やかさもなく、縛ることも解き放つこともできず、観察されるものではないが、そのはたらきは現実にある。この意味で私はスダッタ長者に、

「長者、心を主となす。心を護らなければ身体と口を慎むことができない。心を護るならば身体と口を慎むことができる。この身体と口を慎むことがないために人々は三悪道に堕ちる。身体と口を慎めば、人々

は人間界や神々の世界にあって解脱を得る。これを得たら、それこそが真実であるが、得なかったら、それは真実とはいいがたい」

と教えたことがあった。

466a カッサパ菩薩、人の道とさとりと妙寂とはまさしく不滅である。もしこれらがなければ、どうしてすべての煩悩を断つことがあろうか。これらがあるからこそ、求道の人はこれらをはっきりと知見できるのである。

知見することに二つある。一つは形によって知見すること、二つはありありと知見すること。

では形によって知見するとはどういうことだろうか。それは遠くに煙を見て、火があると知見するようなことである。実際には火を見ないが、といって間違っているのではない。空に鶴を見たら、その下に水があるともいわれる。この場合、水を見ていないが、間違っているのではない。また、花や葉を見たら、そこには根があると知見するようなことである。根を見ていないが、間違っているのではない。また、はるか遠くに垣根の隙間から牛の角が見えたら、そこに牛がいると知見するようなことである。牛を見ていないが、間違っているのではない。また、女が懐妊しているのを見たら、男と性交した結果と知見するようなことである。性交した事実を見てはいないが、間違っているのではない。また、樹木の葉を見たら、そこに水があることを知見するようなことである。水を見ていないが、間違っているのではない。また、雲を見たら、雨を予見するようなことである。現実に雨を見ていないが、間違っているのではない。

このようなことを形によって知見するという。ではありありと知見するとはどういうことだろうか。

それは眼が色を見るようなことである。眼が病んでなく、汚れていなければ、掌中のマンゴーの実を見るようにはっきりと見ることができる。求道の人が人の道やさとりや妙寂などをはっきりと見通せるのも、これと同じである。見るといったが、じつは見る形相がない。このようなことから、昔私は舎利子尊者に、「沙門・バラモン・神・悪魔・梵天、そして人々などは世間についてなにも知らない、見ていない、理解していない。ただブッダたちだけが知り、見、そして理解している。君がもし世間を知り、見、そして理解したら、ブッダたちもそのように知り、見、そして理解している。世間の者たちは知らず、見ず、そして理解していない。世間の者たちが知り、見、そして理解したりすると、彼らは〈私は世間を知り、見、そして理解している〉と自慢して説くだろう。

ところで舎利子尊者、私はすべてのことを余すところなく知り、見、そして理解しているが、といって私は世間を知り、見、そして理解していると自慢して説くことはない。これは求道の人も同じである。なぜなら、もし私がすべてのことを余すところなく知り、見、そして理解していると自慢するすがたを現わしたら、それこそブッダのすがたではないからだ。それは俗人のすがたである。これは求道の人についても同じである」

と説いて聞かせたことがある』

『世尊、ブッダが舎利子尊者に「世間の者たちが知っていることも私は知っており、世間の者たちが知らないことも私はことごとく知っている」とおっしゃいましたが、その意味がなにか解りません』

『カッサパ菩薩、世間の者たちはブッダになる可能性について知らず、見ず、そして理解していない。も

466b しブッダになる可能性を知り、見、そして理解する者がいたら、彼らは世間の者でなく、求道の人と呼ばれる。世間の人たちは、十二種の説法集、十二因縁の教え、四つの誤った見解、四つの真理、さとりへの三十七種の修行、最高のさとり、そして大いなる妙寂などについてまったく知らず、見ず、そして理解していない。もし彼らもこれらを知り、見、そして理解したら、彼らは世間の人でなく、求道の人と呼ばれる。では、世間の者たちが知り、見、そして理解しているのはどの程度だろうか。

世界創造神はブラフマン・ヴィシュマカルマンであるとか、世界最高神はヴィシュヌであるとか、根本原質はプラクリティであるとか、世界の構成要素の一つに時間があるとか、最小の物質は原子であるとか、世間には美徳と悪徳とがあるとか、世界には初めがあり終わりがあるとか、死後はあるとかないとか、そして第一瞑想の境地から意識があるかないか判らない、究極の瞑想の境地に入ることが妙寂であるとか、種々の論説があるが、これらが世間を知ること、見ること、理解することである。求道の人はこれらについても十分知り、見、そして理解している。これらについて知り、見、理解したりしていないと言ったら、それは嘘になる。嘘をついたら罪作りとなり、地獄に堕ちる。

カッサパ菩薩、男であろうと、女であろうと、また、沙門であろうと、バラモンであろうと、「人の道やさとりや妙寂なんかない」という人がいたら、彼は極悪人の一闡提であり、悪魔の仲間である。そして教えを誹謗する者である。教えを誹謗することはブッダを誹謗することに通じる。このような人は世間の人でもなく、非世間の人でもない』

これを聞いたカッサパ菩薩は詩偈でブッダを次のように讃えた。

『大いに人々を慈しみたもう、ゆえに私はブッダに帰依する。
よく多くの毒矢を抜きたもう、ゆえに偉大な医王とブッダを呼ぶ。
世間の医者の治療するところは、治癒したあと、また再発する。
ブッダが治癒されたもうところは、完全で、再発がない。
世尊は甘露の薬をもって、多くの人々に施したもう。
それを人々が服めば、死ぬこともなく、また、再生もない。
ブッダはいま私のために、量り知れない妙寂を説きたもう。
人々はこの秘密の教えを聞き、即座に不生不滅の真理を理解した』

カッサパ菩薩はこの詩偈を陳べてから、ブッダに次のように申し上げた。

『世尊、ブッダは「世間の者たちが知り、見、理解していないことを、求道の人はことごとく知り尽くしている」とおっしゃいましたが、もし求道の人がこの世間の者であれば、「世間の者は知らず、見ず、そして理解せず、しかし求道の人はこれらを知り、見、そして理解している」とおっしゃることはできなかったのではないでしょうか。もし求道の人が世間の者でないとすれば、この求道の人と先の求道の人の在り方にどんな違いがありますか』

466c 『カッサパ菩薩、求道の人は世間の者ともいえるし、また世間の者でないともいえる。ところで知り、見、理解しない者は世間の者であり、知り、見、理解した者を世間の者とはいわない。君が「どんな違いがあるか」と訊ねたことについて説明しよう。

カッサパ菩薩、男であろうと女であろうと、もし初めてこの妙寂の教えを聞いて、信心を起こし、最高のさとりを求めようという気持ちを持ったら、この人は世間の求道の人である。つまり世間の者は知り、見、理解しないのであるから、この世間の求道の人も世間の他の者と同じように知り、見、理解しない。しかし求道の人がこの妙寂の教えを聞いた後でも、世間に知り、見、理解しない者がいるのだから、これは求道の人自身が知り、見、理解しなければならないと自覚するのである。このことを知って、求道の人自身〈私はどのような方法で修学すれば知り、見、そして理解することができるのだろうか〉と考えるだろう。そして重ねて〈真摯にひたすら正しい習慣を厳守しよう〉と決心することだろう。

カッサパ菩薩、求道の人は、この行ないによって来世でどんなところに生まれ変わろうと、正しい習慣を守り続け、傲慢や誤った考えや疑惑をなくすことであろう。そして「ブッダはついに亡くなられる」ということはない。このような求道の人が正しい習慣を守っている人といわれる。

正しい習慣を守り続けると、次に瞑想を修めようとする。瞑想を修めると、どんなところに生まれても心を慎むことを忘れないようになる。そして人々にブッダになる可能性があるとか、十二種の説法集とか、ブッダは不滅であり、安楽であり、実在であり、そして清浄であるとか、求道の人たちは妙寂の教えに安住して、みなブッダになる可能性を見るとかなどの教えを信じて忘れなくなる。瞑想を修めると十一種の事象について空（十一空）だと知るようになる。これを求道の人の清浄な瞑想という。

正しい習慣と瞑想の修行が成就されて、次に知慧を修めようとする。知慧を修めると身体のなかにアートマンがあるとか、アートマンのなかに身体があるとか、これが身体であるとか、これがアートマンであるとか、これは身体でないとか、これはアートマンでないとか、などの種々の論議をしなくなる。これが菩薩の勝れた知慧の修学である。知慧を修学することで正しい習慣を一層厳守するようになる。

たとえばヒマラヤが四方から吹く風に動じないように、求道の人もこのヒマラヤのようである。求道の人は自ら知り、見、そして理解して、厳守している正しい習慣に揺ぎがない。この求道の人の知、見、理解は世間のものではないということができる。

求道の人は正しい習慣を厳守して動揺がないことを自ら知り、これまでの生き方に後悔がなくなる。後悔がなくなり、心は喜びに変わる。喜びを得て、心は楽しみで一杯になる。楽しみで溢れて、心は安らぐことになる。安らぐことで内面は不動の静寂の境地になる。不動の静寂の境地になると、世間をありのままに知見できる。ありのままに知見できると生死輪廻（しょうじりんね）から離脱できる。生死輪廻を離れると、すべての煩悩から解放される。すべての煩悩から解放されると、ブッダになる可能性を見ることができる。これが知・見・覚である。この人はもう世間の者ではない。

467a
カッサパ菩薩、右に述べたことを世間の者は知り、見、そして理解しないが、求道の人はこれを知り、見、そして理解するのである』

## なぜ正しい習慣を守るのか

カッサパ菩薩はブッダに訊ねた。

『求道の人が正しい習慣を厳守して、心に後悔がなく、乃至、はっきりとブッダになる可能性を見るのはどうしてですか』

『カッサパ菩薩、世間の習慣は清浄だといいがたい。なぜなら、世間の習慣は、生き続けたいために、本性が不確かであるために、決定的でないために、人々の利益にならないからである。この意味で不浄といわなければならない。不浄であるから後悔することがある。後悔するから喜びがない。喜びがないから楽しみがない。楽しみがないから安らぎがない。安らぎがないから不動の静寂がない。不動の静寂がないからありのままに知見できない。ありのままに知見できないから生死輪廻を離れることができない。生死輪廻を離れないから、すべての煩悩から解放されない。すべての煩悩から解放されないから、ブッダになる可能性を見ることができない。ブッダになる可能性を見ることができないから、ついに大いなる妙寂を得ることができない。これが世間の習慣は不浄だという理由である。

では、求道の人の清浄な正しい習慣とはなにか。それは、習慣といわれる習慣はじつは習慣ではないために、生きるためのものではないために、決定的なものであるために、人々の利益となるために、清浄だと呼ばれる。

カッサパ菩薩、求道の人が清浄な習慣を修めていると、後悔のない気持ちを持ち続けようとしなくても自然にその気持ちは確実なものになる。たとえば自分の顔を見ようとしなくても、磨かれた鏡をかざすと自然に顔が映しだされるようなことと同じで、また、農夫が肥えた田畑に種を植えると、期待するしないにかかわらず、自然に発芽するようなことと同じで、また、明かりを灯（とも）すと、意図して暗闇をなくそうとしなくても自然に暗闇がなくなることと同じで、求道の人が正しい習慣を厳守すれば、これでよかったのだという、まったく後悔のない気持ちが自然に生ずるものだ。清浄な正しい習慣を守っていると心に喜びをもたらすからである。それは端正な人が自分の容姿を見て内心喜ぶようなことと同じである。

習慣を破る人は習慣の不浄さを見て不快感を生じる。傷だらけの自分の顔や姿を見て不快感を持つことと同じである。

カッサパ菩薩、たとえば牛飼いに二人の娘がいて、一人はヨーグルトが入ったビンを持ち、一人はバターが入ったビンを持って町に売りに出掛けたことを考えてみよう。この二人の娘たちは途中でなぜか石につまづいて転び、ヨーグルトとバターが入ったそれぞれのビンを割ってしまった。割ってしまったのに、一人の娘は喜んだ。もう一人の娘は悲しんだ。この喩えと同じで、習慣を守ることと破ることはこのようなことだと考えたまえ。正しい習慣を守る人は心に喜びを抱くのである。喜びを抱いて、その人は〈ブッ
467b ダは妙寂のなかにあって、正しい習慣を守る者はかならず妙寂を得ると説かれた。それを信じて私はいまこの正しい習慣を身につけ、かならず妙寂を得よう〉と考えるであろう。その人の心はここで喜びで満ち溢れるのだ』

これを聞いたカッサパ菩薩はさらに訊ねた。

『喜びと楽しみとはどこが違いますか』

『カッサパ菩薩、悪いことをしない時の心が喜びの心である。心に正しい習慣を堅持している時の心が楽しい心である。

生と死の真実を観察する時の心が喜びの心である。大いなる妙寂を知った時の心が楽しい心である。

上下で言えば、下になるものが喜びであり、上になるものが楽しみである。

世俗の在り方を離れている時の心が喜びの心である。世俗を超えた在り方に浸っている心が楽しい心である。

習慣を正しく修めているために身心とも軽やかで、ことばづかいに粗雑さや間違いがない。このような時、求道の人は見ること、聞くこと、嗅ぐこと、嘗(な)めること、触れること、知ることなど感覚することに悪心がまったくない。悪心がないので心は安穏となる。安穏であるから静寂の境地となる。静寂になるので、ものをありのままに知見できるようになる。ありのままに知見できるので、生死輪廻の苦しみを怖れることがなくなる。この怖れがなくなるので、あらゆる煩悩から解放される。解放されるので、ブッダになる可能性を見ることができる。ブッダになる可能性を見ることができるので、大いなる妙寂を得ることになる。これが清浄な正しい習慣の修得である。この正しい習慣は世間の習慣ではない。

カッサパ菩薩、求道の人が守る清浄な正しい習慣は五つの徳によって補佐される。一つは信心によって、二つは自分を恥ずかしく思う心によって、三つは他人に対して恥ずかしく思う心によって、四つはすぐれた友人によって、五つは習慣を根本にした敬う心によって、清浄な正しい習慣が守られる。

また、求道の人の習慣が世間のそれと異なる理由は、むさぼり・怒り・睡眠・動揺と後悔の入り混じった心、そしてためらいなどの、五つの煩悩（五蓋）を離れているからである。

また、求道の人の眼はものをはっきりとありのままにみる。それは五つの誤った見解を離れているからである。（五つとは身心に霊魂があり、私のものがあるという見解、すべてのものは刹那的であるとか永遠であるとかいう見解、因果の道理はないという見解、自分の考えが最高であるという見解、仏教以外の規則や誓いを守ることを解脱の因だとする見解である。）

また、求道の人の心にはまったく疑いためらう心がない。それは五つの疑いを離れているからである。五つとはブッダを疑い、教えを疑い、修行僧の集まりを疑い、個人の習慣と集団の規律を疑い、精進することの意味を疑うなどである。

求道の人はこのように清浄な正しい習慣を守ると、解脱を得るための五つの力（根）を取得するようになる。つまり信心・記憶・精進・注意力・知慧を得るのである。

この五つの力を得ると、次に五つの解脱を得ることができる。五つとは肉体から生ずる煩悩からの解脱、感受作用による煩悩からの解脱、想像作用による煩悩からの解脱、意志作用による煩悩からの解脱、そして認識作用による煩悩からの解脱である。

以上のことが求道の人が清浄な正しい習慣を守る姿である。これは世間の在り方とは異なる。カッサパ菩薩、世間の者はこれを知らず、見ず、そして理解していない。求道の人だけがこれを知り、見、そして理解しているといわなければならない。

カッサパ菩薩、私の弟子のなかで、この大いなる妙寂の教えを記憶し、唱え、書き写し、そして説法して歩く一方で、正しい習慣を守らない者がいたら、だれかがこの者を呵責し、軽蔑し、辱めて、次のように言うことだろう。

「もしブッダの妙寂の秘密の教えに神通力があれば、どうして君にそのように正しい習慣を破るようなことをさせるだろうか。人がこの妙寂の教えを修めているにもかかわらず正しい習慣を破っているのなら、おそらくその教えに神通力はないと思われる。神通力がないのであれば、たとえ唱えたとしてもなんのご利益もないはずだ」と。

しかしもしこの妙寂の教えを軽蔑すれば、そのために多くの人々を地獄に陥れることになる。この教えを守っていながら、一方で正しい習慣を破るような人は人々にとっては悪友である。そんな人は私の弟子とはいえない。悪魔の仲間である。そのような人に私の教えを伝え広めてもらいたいと思わない。むしろ
467c 教えを学ばず、伝えず、そして修めないようにして、習慣を破り、教えを伝えたり、修学したりしないようにさせるほうがましである。

カッサパ菩薩、私の弟子のなかで妙寂の教えを記憶し、唱え、書き写し、そして説法する者がいたら、つねに身心を正しくし、慎んで、決して戯れたり、軽はずみな行ないをしてはならない。身体は戯れ、心は軽率になる。弟子のなかで世俗の生き方を求めて悪業（あくごう）を作る者がいたら、その者はこの大乗の妙寂の教えを受け、そして伝えることはできない。このような態度でこの教えを受け伝える者がいたら、人々に軽蔑され、呵責されて、次のように言われるだろう。

「もしブッダの妙寂の秘密の教えに神通力があるのなら、どうして君にいまのような世俗の生き方を求めさせ、悪業を作らせているのだろうか。もし教えを受け、伝えている者が世俗の生き方を求めて悪業を作っているのならば、おそらくこの教えに神通力がないと思われる。神通力がないなら、受け伝えても利益はないだろう」と。

しかしもしこの妙寂の教えを軽蔑すれば、そのために多くの人々を地獄に陥れることになる。この教えを守っていながら、一方で世俗の生き方を求めて悪業を作っている者は人々にとっては悪友である。そんな者は私の弟子とはいえない。悪魔の仲間である。

カッサパ菩薩、私の弟子のなかで妙寂の教えを記憶し、唱え、書き写し、そして説法する者がいたら、正午以降に教えを説き歩いてはならない。人の集まっていないところで説いてはならない。求められていないのに説いてはならない。軽い気持ちで説いてはならない。あちらこちらで説いてはならない。嘆息して説いてはならない。他人を軽蔑して説いてはならない。ブッダの教えは滅びると説いてはならない。世俗の事柄を讃えて説いてはならない。

カッサパ菩薩、弟子のなかで正午以降に説法し、また世俗の事柄を讃えて説く者がいたら、人々は彼を軽蔑し、呵責して次のように言うだろう。

「もしブッダの秘密の妙寂の教えに神通力があるのなら、どうして君に正午以降に説法をさせたり、また世俗の事柄を讃えて説法させたりするだろうか。もし教えを受け伝えている者が世俗の生き方を求めて悪業を作っているのならば、おそらくこの教えに神通力がないと思われる。神通力がないなら、受け伝えてもご利益はないだろう」と。

この教えを受け伝えていながら、正午以降に説法したり、また世俗の事柄を讃えて説法したりすれば、その者は人々にとって悪友であり、私の弟子とはいえない。悪魔の仲間である。

カッサパ菩薩、もし妙寂の教えを受け伝えようとする人、妙寂を説く人、ブッダになる可能性を説く人、
私の秘密の教えを説く人、大乗の教えを説く人、平等の教えを説く人、説法だけを頼りにしている修行者
の教えを説く人、孤独なブッダの教えを説く人、煩悩からの解脱を説く人、そしてブッダになる可能性を
見た人などは日頃の行動を清浄にしなければならない。日頃の行動を清浄にすれば人々に呵責されること
はない。呵責されなくなれば、その行ないが多くの人たちに妙寂の教えへの信心を起こさせることになる。
468a 信心を起こさせることで、人々はこの妙寂の教えを敬うようになる。たとえ一節の詩であれ、一句であれ、
一字であれ、説法を聞く者は最高のさとりを求める気持ちを起こすようになる。このような人は人々に
とって勝れた友人であり、決して悪友とはならない。彼は私の弟子であり、悪魔の仲間ではない。

以上述べてきたことについて世間の者は知らず、見ず、そして理解していない。求道の人だけが知り、見、そして理解しているといわなければならない。

# 第十五章　正しい信仰を説く

## ブッタを念持する

また、世間の者が知らず、見ず、そして理解せず、求道の人だけが知り、見、そして理解しているものとはなんであろうか。

それは六種の念持である。つまりブッダ、教え、修行者の集まり、習慣、布施、そして天に生まれることなどについての念持である。

では、念仏、つまりブッダをつねに念頭に置き、忘れずにいるとはどのように考えることだろうか。

ブッダは不変で、十種の力と四つの事柄に怖れなし（四無所畏）という功徳を具えていて、あまねく世界に説法する偉大なる沙門であり、勝れたバラモンである。身心共に清浄で、ついには彼岸に到達し、ブッダより勝れる者がなく、頂上を見られたことがない。どんなことも怖れない、驚かない、動揺しない。唯一で類いがなく、師がなく独力でさとった人である。ブッダは迅速な知慧、偉大な知慧、勝れた知慧、深奥な知慧、解放された知慧、比較できない知慧、広大な知慧、究極の知慧を具えていて、知慧の蔵が完成している。人間界にあってちょうど象王・牛王（ごおう）・龍王、勇猛な男性、白蓮華、そして勝れた調教師である。

また偉大な擁護者であり、偉大な説法者である。あらゆる教えを知る人であるから、その教えの威儀を知る人であるから、説法する時期を知る人であるから、足ることを知る人であるから、実在するものを知る人であるから、大衆を知る人であるから、人々のさまざまな生まれを知る人であるから、人々のどれが勝れた能力なのかを知る人であるから、偉大なる説法者といわれる。また、中道を説くから偉大なる説法者とも言われる。

なにを如来というのか。過去のブッダたちが説かれたように、不変なるものが如来である。

では不変なるものとはなにか。

468b 過去のブッダたちは人々を彼岸に導くために、十二種の説法集を残された。私も同じである。だから私を如来と呼ぶ。ブッダたちは六種の完璧な修行法、さとりへの三十七種の修行、十一種の空観を修めて、ついに妙寂に到達された。私も同じである。だから目覚めた人を如来と呼んでいる。ブッダたちは人々を彼岸に導くために、方便を駆使して三つの生き方（三乗）を示し、それぞれの生き方を通して、世間で人々を限りなく、導かれた。そのはたらきは言葉には尽くせない。私も同じである。だから目覚めた人を如来と呼ぶ。

では、如来はなぜ〈殺賊の人〉といわれるのか。

如来にとって世間の事柄はみな仇である。如来にとって世間の事柄は殺害すべき対象であるから、如来は殺害し終わった人、阿羅漢（あらかん）と言われる。その仇、つまり悪魔に四種（煩悩・身体・死・神）がある。多くのブッダたちはかつてブッダになるための修行中に知慧によってこれら四種の悪魔を降伏させたので、殺害し終わった人と呼ばれる。

また、〈遠離している〉人であるから、阿羅漢と呼ばれる。私がブッダになるための修行中、数えきれない煩悩を捨て去ったからである。

また、〈安楽を得た〉人であるから、阿羅漢と呼ばれる。かつてブッダになるための修行中、数えきれない時間をかけて生類のために代わって苦しみを受けたが、苦しいと感じたことがなく、つねにこれを楽しんだ。ブッダになってからも同じであるので、安楽を得た人と呼ばれる。

また、すべての人々や神々は種々の香油や花や飾りや音楽などを如来に供養するので、如来を〈供養を受けるに価する〉人と呼ぶ。

次に如来をなぜ〈正しく、すべてを遍く知見した人〉と呼ぶのか。

正しくとは物事を逆さまに見ないことをいい、遍く知見するとは、存在するものについてなにが不滅であり、なにが無常であるか、なにが苦であり、なにが楽であるか、なにが実在であるのか、なにが実在でないのか、なにが清浄であるのか、なにが不浄なのかについて完璧に知見していることである。

また、正しくとは苦行をいい、遍く知見するとは苦行するとかならず苦しみの報いがあることを知るをいう。

また、正しくとは正しく数えることができること、正しく量ることができること、正しく表わすことができることをいい、遍く知見するとは数えることができないことも知見する、量ることができないことも知見する、表わすことができないことも知見するということである。その意味でブッダを〈正しく、遍く知見する人〉という。

カッサパ菩薩、たしかに未熟な修行者たちにも遍く知見する能力があるとも、またその能力がないともいわれる。なぜか。遍く知見するとは身体と身体を取り巻くさまざまなもの、つまり感覚器官と感受される有形無形の対象について知見することである。未熟な修行者たちにもこれらを遍く知見する者がいる。だから彼らの能力は遍く知見するともいわれる。では彼らが遍く知見することはないとはどういうことなのか。それは彼らにはどんなに長い年月の間、肉体について観察しても知り尽くすことができない者がいる。この意味から彼らには遍く知見する能力がないともいわれる。

次に如来はなぜ〈智と行の二つを備えた人〉と呼ばれるのか。智とは喩えれば量り知れない善の果報をいい、行とは喩えれば脚のことである。その善の果報とは最高のさとりをいい、脚とは正しい習慣と知慧をいう。正しい習慣と知慧を脚にして最高のさとりを得ることができる。このような意味から、ブッダを智と行とを備えている人と呼ぶ。

468c また、智とは真言（呪）をいい、行とは徳行（吉）をいい、そして備えている（足）とは善の果報をいう。これは世間的解釈である。ここの真言とは煩悩からの解脱であり、徳行とは最高のさとりであり、そして善の果報とは妙寂である。これを智と行とを備えているという。

また、智とは光のことであり、行とは行為のことであり、そして備えているとは果報のことである。これは世間的解釈である。ここの光とは精進のことであり、行ないとは六種の完璧な修行（六波羅蜜多）のことであり、そして果報とは最高のさとりのことである。

また、智に三つの種類がある。一つは求道の人の智、二つはブッダの智、三つは無知の智である。求道の人の智とは完全な知慧をいい、ブッダの智とはブッダの眼をいい、無知の智とは究極の空をいう。次に行とは人々のためにあらゆる善行を修めることであり、備えているとはブッダになる可能性を見ることである。

このようなことをもって智と行とを備えているという。

次に如来はなぜ〈完全に彼岸に往(い)った人〉と呼ばれるのか。完全(善)にとは超俗のことで、往ったとは超俗でないことである。これは世間的解釈である。じつは超俗とは最高のさとりのことをいい、超俗でないとは如来の心をいう。もし心が超俗であれば如来とはいえない。だから如来を完全に彼岸に往った人と呼ぶ。また、完全にとは善い友人をいい、彼岸に往ったとは善い友人のもたらした果報をいう。これは世間的解釈である。じつは善い友人とは初めて帰依の心を起こしたことをいい、友人のもたらした果報とは妙寂をいう。如来は最初の帰依の信心を持ち続けて、ついに妙寂を得たのである。だから如来を完全に彼岸に往った人と呼ぶ。

また、完全にとは好ましいことをいい、彼岸に往ったとは存在をいう。これは世間的解釈である。じつは好ましいとはブッダになる可能性を見ることをいい、存在とは妙寂の有様をいう。妙寂そのものは実際に存在するものではない。しかし世間に生活しているので如来は存在していると説くのである。喩えていうと、世間の人々が子持ちでないのに私には子供がいると言ったり、道がないところに道があると言ったりすることと同じで、妙寂の場合も同じである。世間に合わせて世間の在り方を示している。
ブッダたちは妙寂を成就したのだから、完全に彼岸に往った人と呼ばれる。
次に如来はなぜ〈世間を理解し尽くした人〉と呼ばれるのか。ここの世間とは五つの集まり（五蘊）をいい、理解し尽くしたとは知識のことをいう。つまりブッダたちは身体の五つの構成要素をよく理解しているから、このように呼ばれる。

また、世間とは五欲、つまり色に対する欲、声に対する欲、匂いに対する欲、味に対する欲、触れることに対する欲をいい、理解しているとはとらわれないことをいう。五欲に執着していないことをもって世間を理解し尽くした人という。

469a 〈世間を理解し尽くした人〉とは、東方の数えきれない数の世界に住む未熟な修行者たちは知らず、見ず、理解していないが、ブッダたちだけがすべてを知り、見、そして理解している。これはその他の方角に存在する数えきれない数の世界の未熟な修行者たちでも同じである。このことからブッダを世間を理解し尽くした人という。つまり未熟な修行者たちは知らないが、ブッダだけが知るところから、ブッダを世間を理解し尽くした人といっている。

また、世間とは蓮華ともいい、理解しているとは汚れがないともいう。これは世間的解釈であるが、じつは蓮華とは如来のことをいい、汚れがないとは如来が浮世の八つの慣わし、つまり利益と損失、誉れと誹り、非難と称賛、そして楽しみと苦しみなどに惑わされないことをいう。だからブッダを世間を理解し尽くした人という。

また、世間を理解し尽くした人とは、ブッダと求道の人たちを合わせたことでもある。なぜなら、ブッダと求道の人たちは世間をよく観察するからである。それは食べ物によって生命を永らえると食べ物を生命というように、ブッダと求道の人たちも世間をよく観察するので、世間を理解し尽くした人と呼ばれる。

次に如来はなぜ〈この上もない勇士〉と呼ばれるのか。上級の勇士とは敵を討った人をいうが、この上もない勇士とは討つべき敵がまわりにまったくいない人をいう。ブッダには煩悩がまったくないので、なくすべきものがない。だからブッダをこの上もない勇士という。

また、上級の勇士をいつも争っている人といい、この上もない勇士とは争いがない人をいう。如来にはこの争いがない。だからブッダをこの上もない勇士という。

また、上級の勇士とは言葉が不確かな人をいい、この上もない勇士とは言葉が確かな人をいう。如来の話すことは人々を裏切らない。だからブッダをこの上もない勇士という。

また、上級の勇士とは高位の徳がある修行者をいい、この上もない勇士とは比べられない徳をもつ修行者をいう。過去・現在・未来に現われたブッダたちを超える者がいないから、ブッダをこの上もない勇士という。

また、上とは新しいことを意味し、勇士とは古いことを意味する。ブッダは妙寂を大いに説教する人であるから、新しいとか古いとかの意味で著わすことはできない。だからブッダをこの上もない勇士という。

次に如来をなぜ「すぐれた調教師」と呼ぶのか。ブッダは勇猛な男性であって、また、勇猛な男性を調教する。しかしじつは如来は勇猛な男性でもなく、勇猛な男性でないのでもないが、そのブッダが勇猛な男性を調教するから勇猛な男性と呼ばれている。

　また、どんな男女であれ、次の四つを具えると、勇猛なる男性と呼ばれる。その四つとは、一つは勝れた友人に恵まれること、二つはよく相手の話を聞くこと、三つは物事をよく考えること、四つは言われたように実行すること、である。男でこの四つを具えていなければ、人は勇猛な男性とは呼ばれない。なぜなら、身体は男であっても、行ないはけだものと同じであるから。如来は相手が男であれ、女であれ、等しく調教する。だからブッダは勝れた調教師と呼ばれる。

469b　また、たとえば馬の調教法を考えてみよう。じつは騎手に四つのタイプがある。一つは毛に触れて調教する人、二つは皮膚に触れて調教する人、三つは肉に触れて調教する人、四つは骨に触れて調教する人、などである。それぞれ馬の一部分に触れることで、騎手の気持ちに馬を従わせることができる。

　これと同じく、如来も四つの方法で人々を調教する。一つは人の生まれについて説き、ブッダのことを信じさせる。これは毛に触れて調教師の気持ちに従わせることと同じである。二つは人は生まれたら老いることを説き、ブッダの言葉を信じさせる。これは毛と皮膚に触れて調教師の気持ちに従わせることと同じである。三つは生まれたら老い、そして病むことを説き、ブッダの言葉を信じさせる。これは毛と皮膚と、そして肉に触れて調教師の気持ちに従わせることと同じである。四つは生まれたら老い、病み、そして死ぬことを説き、ブッダの言葉を信じさせる。これは毛と皮膚と肉と、そして骨に触れて調教師の気持ちに従わせることと同じである。

　カッサパ菩薩、騎手が馬を調教する時は、かならずしも自分の思うように調教することはできないが、如来が人々を調教する時は決して失敗することはない。だから如来は勝れた調教師と呼ばれる。

次に如来はなぜ〈天界と人間界の最高の教師〉と呼ばれるのか。教師に二種ある。一つは善を教える教師、二つは悪を教える教師である。ブッダたちはつねに善いことだけを人々に伝える。

ではなにを善というのだろうか。振る舞いと言葉遣いと心遣いにおいて善を行なうことを考えてみよう。私は次のように教えた。

「悪業（あくごう）を積んではならない。悪業を離れると解脱を得ることができるからである。悪業を離れて解脱を得ることができなかったら、教育を失敗したことを意味する。もし人々のなかに悪業を除いたのに三悪道（さんまくどう）に堕ちた人がいたら、そんな道理はない。悪業を離れたら、かならず最高のさとりを得て、妙寂を得るからである」と。

この教えを私や求道の人たちはいつも人々に説いている。これは言葉遣いや心遣いにおいても同じである。この意味で如来を天界と人間界の最高の教師と呼ぶ。

また、昔は得ていなかった人の道を現在は得て、人々に説法している。従来修めていなかった禁欲の修行をいまは修めつくし、人の道を説法している。無知から自ら解脱し、いま人々の無知を除こうとしている。自ら清らかな眼を得て、光を見ることができない人々に清らかな眼を得させようとしている。世間的な見方と世間を超えた見方の二つがあることを自ら理解したのち、この二つの見方を人々に説法している。自ら煩悩から解放されて、この解脱の教えを人々に説いている。自ら限りない生死輪廻の河を渡り終え、いま人々が渡るのを助けている。自らなにものにも怖れることがない心境を得て、その境地を得るように人々を導いている。自ら妙寂を得て、その境地を人々に説法している。

　このように人々を導いているから、如来を天界と人間界の最高の教師と呼ぶ。

　天界とは昼をいう。天界の昼は長く、夜は短い。また、天界とはあらゆる憂いや悩みがないところをい
469c う。つねに快楽を享受できるところが天界である。また、天界とは燈明をいう。暗闇を破る燈明そのも
のが天界である。天界は悪業の暗黒を取り除き、善業を積んだ者だけが生まれ、住むところである。また、
天界とは吉祥をいう。吉祥に満たされているところ、それが天界である。また、天界とは太陽をいう。隈
なく光明に満ちているから太陽のようで、したがって天界は太陽と言われる。

　人間界とは恩義が多いところをいう。また、人間界とは肉体と口が柔軟なところである。また、人間界とはおごり・高ぶりがあるところをいう。また、人間界はこのおごり・高ぶりを断つところでもある。

　ところでカッサパ菩薩、ブッダはあらゆる生類のなかで〈この上ない教師〉であるけれども、説法のなかでは天界と人間界の最高の教師と呼ばれている。なぜか。それは生類のなかで、ただ神々と人々だけが最高のさとりを求める心を起こし、善業を修め、種々の聖者のさとりを取得し、そして最後には最高のさとりを手にすることができるからだ。その神々と人々を導くのがブッダであるから、ブッダを天界と人間界の最高の教師と呼ぶ。

　次に、なぜ如来はブッダと呼ばれるのか。ブッダとは目覚めた人という。自ら目覚め、そして他の者を目覚めさせる人である。たとえばある人が盗人らしいと注目すると、それを察知した盗人は盗みをはたらくことができないように、すべての煩悩を熟知し、起ころうとする煩悩を押さえ、起こった煩悩を取り除

こうとして、煩悩のはたらきを撲滅する。これがブッダである。この目覚めがあるために、ブッダには生まれること、老いること、病むこと、死ぬことの四つの苦しみがない。これがブッダである。

次になぜ如来はバガヴァットと呼ばれるのか。バガは破壊をいい、ヴァットは煩悩をいう。煩悩を破壊した人であるから、バガヴァットと呼ばれている。また、あらゆる善を成就した人であるから、また、あらゆる教えの意味を知見し尽くしている人であるから、また、量り知れない功徳を持っている人であるから、また、あらゆる方角にいる生類にその名を知られている人であるから、また、生類に差別なく知慧を授ける人であるから、また、量り知れない年月のなかで女に生まれることがなかった人であるから、バガヴァットと呼ばれる。

カッサパ菩薩、男であれ、女であれ、このようなブッダを心にいつも思い続ける人は、歩いている時も、立ち止まっている時も、坐っている時も、横になっている時も、また、昼も夜も、明るい時も暗い時も、どんな状況にあってもブッダの姿を心から忘れることがない。

カッサパ菩薩、なぜ私に如来、乃至バガヴァットのような種々の名称があるのだろうか。

それは、かつて数えきれないほどの年月の昔、母父・和尚・教師・出家者、そして長老などを敬い、長い年月の間、人々に施し、自ら正しい習慣を厳しく守り、辱(はずか)しめに耐え、勤勉で、心を慎み、知慧を修め、
470a 人々を慈しみ、憐れみ、共に喜び、差別しないように生きてきたからである。このおかげでいま三十二相八十種好相を具えた健康な身体を持って、この世に生まれることができたからである。

また、私は数えきれない年月の昔、信じること、記憶すること、努力すること、心を慎むこと、そして

知慧を具えることを心がけて修行し、多くの教師や長老を敬った。これらはつねに過去のブッダたちの教えを修得するためであり、生活のためではなかった。私が十二種の説法集を記憶し、読み、唱え、人々に説いたのは、彼らを解脱させて安楽を得させようとするためで、自分の利益のためではなかった。

なぜなら、私は世間を超えた心、出家の心、世間の在り方に惑わされない心、争いを超えた心、汚れのない心、束縛のない心、とらわれがない心、覆われていない心、あやふやでない心、生死の苦しみを離れた心、疑いをもたない心、貪欲がない心、怒りがない心、邪見がない心、おごりがない心、濁りのない心、悩みや煩いがない心、苦しみがない心、量ることができない心、広大な心、虚空のような心、無に等しい心、ないということがない心、調(ととの)えるべきものがない心、ひた隠しに護るべきものがない心、覆い隠すべきものがない心、世間的でない心、つねに落ち着いている心、つねに慎み深い心、つねに煩悩から解放されている心、果報を求めない心、世間のものに願わしきものはないと知る心、善のみを願う心、誤りがまったくない心、柔軟な心、世間のものに執着しない心、あらゆることに自在に対応する心、漏れ出る汚れがない心、究極の心、退くことのない心、変幻自在の心、正直な心、諂(へつら)いがない心、純粋な善に満ちた心、多いとか少ないとか量で計れない心、頑(かたく)なで硬いところがない心、俗人と異なる心、未熟な修行者と異なる心、なにが善なのかを知った心、迷いの世界とはなにかを知った心、生き物が誕生する世界を知り尽くした心、生き物が生存する世界を知り尽くした心、そしてまったく障害がなく、自由自在に生きる世界にいるような心など、これらの心をみな私は修めている。

だから、私はいま如来特有の十種の力、四つの畏れなき境地、大いなる慈悲、三つの心に止め置くべきこと、常住と安楽と実在と清浄、などを得ているのである。このようなことから私は如来、乃至バガヴァットと呼ばれる。このように如来を念持することがブッダを念頭に置く〈念仏〉という意味である。

## 教えを念持する

では、次に「念法」、つまり教えを念頭に置き、忘れずにいるとは、どのように考えることだろうか。カッサパ菩薩、私は〈ブッダたちが説かれる教えは最勝であり、最上である〉と考えている。このような教えであるから、多くの人々に今日見るような喜ぶべき果報をもたらしたのである。この正しい教えは時節を択ばない。ブッダの眼は教えの眼であり、肉眼ではない。その眼は喩えようもなく勝れている。ブッダたちが説く教えは生じたものとか出現したものでなく、存在するとか滅するとかいうものでもなく、始めも終わりもなく、そして作られたものでもなく数えられるものでもない。

家を持たない人には家となり、帰るところがない人には帰るところとなり、明かりのないところで明かりとなり、彼岸に渡っていない人を彼岸に渡らせ、香りのないところに、あまねく漂う香りとなり、見られない人に見させる。この教えは不動で不退転で、長くも短くもない。そしてもろもろの快楽を断つ。この教えには本物の安らいだ楽しみがある。まさに究極の不可思議な教えである。

このブッダの教えは肉体でないのに肉体を断ち、しかも肉体である。心ではないのに心を断ち、しかも

心である。行為ではないのに行為を断ち、しかも行為である。行為によって作られた固まり、つまり煩悩
470b ではないのに煩悩を断ち、しかも煩悩である。物ではないのに物を断ち、しかも物である。迷いの世界ではないのに迷いの世界を断ち、しかも迷いの世界である。作られた存在でないのにその存在を断ち、しかも作られた存在である。物の刺激を受け入れる感覚器官ではないのにその感覚器官を断ち、しかも感覚器官である。ものの原因ではないのにその原因を断ち、しかも原因である。原因から得られた結果ではないのに結果を断ち、しかも結果である。教えは偽りでもなく真実でもないが、すべての真実を断ち、しかも真実である。生ずるでもなく滅するでもないのに、永く生滅を離れ、しかも滅である。形をもたない、形をもたないでもないのにすべての形を断ち、しかも形がある。教えでなく、教えでないのでもないのにしかも師となる。怖れもなく安らぎもないのに、すべての怖れを断ち、しかも安らぎである。忍耐するでもなく、忍耐しないでもないのに、永く耐えられないという心を断ち、しかも忍耐を教える。悪を止めるのでもなく、止めないのでもないのに、悪を止める心を断ち、しかも止めることを教える。この教えはすべてのものの頂上にあって、あらゆる煩悩を断つ。清浄で形を持たず、あらゆる形を超える。

　教えはすべての人々の究極の拠(よ)りどころとなる。そしてすべての生まれ変わり死に変わりの苦しみの燃え盛る火を消す。教えはブッダたちの住むところであり、不滅である。このようなことを教えを念頭に置くこと（念法）という。

## 修行者の集まりを念持する

次に「念僧」、つまり修行者の集まりを念頭に置き、忘れずにいるとは、どのように考えることだろうか。ブッダの弟子たちの集まりは教えにしたがって生活し、正しい教えを受けて修行している。その内容は外見から見がたく、捉えがたく、そして和合の有様は外から壊しがたく、妨害しがたく、まったく不思議な領域である。その集まりは、すべての人々の心に利益をもたらす肥沃な田畑である。肥沃な田畑とはいっても、その収穫は形で表わすことができない。修行者の集まりは清浄無垢で、漏れる汚れがなく、世俗の有様を離れ、生活の態度は広大で言葉で言い表わすことができない。修行者たちの心は調(ととの)えられて柔軟で、すべての修行者は平等で、心を一つにしている。ねじ曲がった気持ちがなく、正直で変わることがない。

このように修行者たちの集まりをつねに念頭に置くことを念僧という。

## 正しい習慣を念持する

次に「念戒」、個人生活で遵守すべき習慣を念頭に置き、忘れずにいるとは、どのように考えることだろうか。

求道の人は〈正しい習慣があれば破らない、漏らさず守る、汚さない、自己流に変えない。表面に現われないところの習慣であっても守ろう。対象がなくても工夫して修め、具足し、過ちがないように心がけるならば、かならずブッダに称賛されるだろう。そしてこれが大いなる妙寂を得る原因となるだろう〉と考えるものだ。

カッサパ菩薩、たとえば大地・船舶・装飾品類・上層階級・大海・灰汁（あく）・家宅・刀剣・橋梁・名医・妙薬・不老長寿の薬、魔法の宝珠、手足眼目・母父・木陰などは盗まれることがなく、害を受けることもなく、火に焼かれることもなく、水に流されることもない。それらは大山の階段やブッダや菩薩たちの妙宝やすばらしい旗のようだ。そしてその正しい習慣を身につけると聖者の最初のさとりの境地を成就できる。もしこの正しい習慣を身につけて聖者の最初のさとりの境地を成就したら、自分のために享受することができるが、その人はこれに満足しない。なぜなら、もしその最初のさとりの境地に満足しているだけであれば、人々を教化し彼岸に渡らせることができないからである。

もしこの正しい習慣を身につけてブッダの最高のさとりを得たら、その人は自分のために享受し、自分が思うように活用できることになる。なぜなら、ブッダの最高のさとりを得たら、人々のためにつねに勝れた教えを説き、彼岸に導くことができるからである。このように正しい習慣を念頭に置くことを念戒という。

## 施しを念持する

次に「念施」、つまり布施を念頭に置き、忘れずにいるとは、どのように考えることだろうか。

470c 求道の人は施しの意義についてよく観察すべきである。それがブッダの最高のさとりへの要因となる。求道の人は次のように施しを考える。

〈もし施しがなければ仏教信者と出家者との関係はなりたたない。また施しだけでは煩悩をすべて取り除くことはできないけれども、その場の煩悩を取り除くことはできる。また、施せば、その恩恵を受けた、無数の世界に住む生類に称賛される〉と。

求道の人は人々に食べ物を施す時には自分の生命をも施す気持ちでいる。この報いはブッダになった時に不滅で不変の生命を得ることになる。求道の人は施す時安楽を施す。この報いはブッダになった時、自らも安楽を得る。求道の人は施す時には然るべき正しい方法で得た物を与える。決して不法な手段で得た物を与えることはしない。だからブッダになり、一切の煩悩を取り除いた清らかな境地に至ることができる。求道の人は人々が求めていなくても察して与える。この功徳によってブッダになり、自在力を得る。

私自身も人々に力を施し与えた。これによって私はブッダになり、如来の十種の力を得た。また、施して人々に言葉についての知識を与えた。このことでブッダになり、四種の自在力を得た。

このようにじつは、求道の人はこの施しによって解脱の要因を作ったのである。私の場合も同じである。これについては雑草の花の数ほど至る所で説法している。

## 天界を念持する

次に「念天」、つまり天界に生まれることを念頭に置き、忘れずにいるとは、どのように考えることだろうか。

天界には、四天王から最高の非想非々想天までの種々の神々が住んでいる。もし信心があれば、四天王のところに生まれることができる。ここには私も生まれることができる。もし正しい習慣を守り、説法を多く聞き、布施に精進し、知慧を修得すれば、四天王のところに生まれることも、乃至非想非々想天のところに生まれることもできる。私自身もここに生まれることができるが、私が求めているところではない。なぜなら、これらのところは無常であるからだ。無常であれば、生老病死がある。だから私が求めるところではない。

喩えていえば蜃気楼（しんきろう）みたいなところである。愚か者はそれを見て本物だと思うかもしれないが、智者は惑わされない。四天王、乃至非想非々想天などの神々のところは蜃気楼にあたる。愚か者とは俗人をいい、私は愚者俗人とは異なる。

昔、私は天界に第一級の神がいると聞いたことがある。ブッダたちはその神は常住不変で、したがって生まれること、老いること、病むこと、死ぬことなどの四つの苦しみがその神にはないと話していた。私は人々のためを思ってこの第一級の神を努力して求めた。なぜなら、この神はちょうど魔法のカルパ・タル（如意樹（にょいじゅ））のように人々の煩悩を取り除くことができたからである。

そこで〈信心を持ち、正しい習慣を守り、多く説法を聞き、施しに精進し、知慧を得たら、この第一級の神に巡り合えるだろう。それが実現したら、人々のために第一級の神のことを広く説き伝えよう〉と念願することが、ここでいう念天である。

いままで述べた求道の人の方便と生き方は、まさに世間のそれではないといわなければならない。これ
471a を求道の人の知り、見、そして理解しているところという。

ところで、かつて私が説法した十二種の説法集を弟子たちが受け伝え、読み、唱え、書き写し、そして説き広めることと、ここで説いている妙寂の教えを受け伝え、読み、唱え、書き写し、そして説き広めることとは、その行ないの上では等しく、違いはないと考えるべきでない。なぜなら、妙寂の教えはあらゆるブッダたちの深奥なる秘密の教えだからである。深奥なる秘密の教えであるから、最勝といわれる。この意味で妙寂の教えは奇特であり、不可思議といわれる』

## 求道の人は不可思議

カッサパ菩薩はブッダに申し上げた。

『世尊、私もこの妙寂の教えの不可思議を理解できました。また、ブッダ・教え・修行者の集まりの三つの柱も不可思議であり、そして求道の人のさとりも不可思議であることを知りましたが、世尊、このなか

で求道の人のさとりが不可思議であることについて解りにくいところがあります。求道の人のさとりの不可思議について説法してください』

『カッサパ菩薩、求道の人は教えなくてもさとりを求める心を起こす人である。起こしてからひたすら修行に明け暮れる。たとえ大火で身体を焼かれることがあっても、教えを捨てて救いを求めることはない。なぜか。彼はいつも

〈私は教え切れない年月の間、輪廻の世界で煩悩の火に焼かれて来て、いまだかつて解脱を一度も得たことがなかった。もし最高のさとりのためであれば、私は身命を惜しむことはない。最高のさとりのためにたとえ身を微塵のように砕いても、さとりへの修行を捨てることはしない。それはこの修行を続けることが最高のさとりを得る要因であるから〉

と考えているからである。

カッサパ菩薩、このような求道の人は、まだ最高のさとりを知らなくても、それを求めるために身命を惜しまない。まして知ったらいうまでもない。だから求道の人のさとりは不可思議だという。

また、求道の人は生まれ変わり死に変わりして輪廻する間、量り知れない過ちや煩わしいことを漏らさず察知するが、それは未熟な修行者たちの及ぶところでないから、その力を不可思議という。

輪廻のなかで生じる量り知れない過ちや煩わしいことを知っていても、それから逃げようともせず、あえて人々のために代わって苦しみを受けているから、求道の人のさとりは不可思議という。

求道の人は人々のためを思って地獄に堕ちてさまざまな苦悩を受けるが、身心の苦楽を離れた瞑想のな

471b

かの安楽の境地にいるかのように行動する。だから求道の人のさとりは不可思議という。

たとえば長者の家が火事になった状況を考えてみよう。長者が火事から逃れようと家から飛び出した時、中に子供たちがいることに気づき、わが身を顧みず家のなかに戻り、子供たちを救い出した。これと同じように求道の人も人々のためを思って、苦悩の多い世間の中に喜んで住み、教化に励むのである。だから求道の人のさとりは不可思議という。

カッサパ菩薩、多くの人々はさとりを求める心を起こしても、世間にあまりにも苦悩が多いことを知り、修行を怠けて、修行半ばにして満足してしまう。もし求道の人でこの妙寂を聞いたら、さとりを求める心を捨てて、修行半ばにして満足することはない。求道の人は不退転の境地に達していなくても、その心は堅固で落伍することはない。その意味で求道の人のさとりは不可思議という。

カッサパ菩薩、ところである人が大海を泳いで渡ったと言ったら、これは不可思議だろうか』

『世尊、それは不可思議とも言えますが、また、不可思議ではないとも言えます。もし人が渡ったら、それは考えられないことですが、アスラ神が渡ったら、それは考えられます』

『カッサパ菩薩、私はアスラ神についてはなにも言っていない。私は正しい人だけについて言っているのだ』

『世尊、人の場合も常識で考えられるような人もいれば、考えられないような人もいます。人に賢者と俗人の二種類あると思います。俗人は考えられない生き方をする人たちであり、賢者は考えられる生き方をする人たちです』

『カッサパ菩薩、私は俗人のことを言っているのであって、賢者のことを言っているわけではない』

『世尊、たしかに俗人はじつに考えられないような生き方をしています』

『カッサパ菩薩、俗人は大海を渡ることができないが、求道の人はじつに輪廻の苦海を渡ることができる。その意味で求道の人のさとりは不可思議という。ある人がもし蓮根の糸でヒマラヤを釣り下げたとしたら、この様子は考えられるだろうか』

『世尊、そんなことはとうてい考えられません』

『カッサパ菩薩、求道の人は一瞬の間でもすべての生まれ変わり死に変わりの苦しみを推し量ることができる。その意味でも求道の人のさとりは不可思議という。

カッサパ菩薩、求道の人は数えきれない年月の間、生まれ変わり死に変わりの現実や、世間は無常で、実在するものはなく、究極の安楽や清浄がないことを観察しているが、世間には不滅なものがあり、究極の安楽と実在するものと清浄なものがあることを人々のために解るように説法している。このように説法しているけれども、求道の人は決して間違った考え方を説いているわけではない。このことから求道の人のさとりは不可思議という。

カッサパ菩薩、ある人が水に入ったら、水が彼を溺れさせることができないとか、猛火のなかに入ったら、火が彼を焼くことができないとか、このようなことがあったら、それは不可思議なことである。そのようなことが求道の人の場合にある。求道の人は輪廻の苦しみの世界に生まれても、その苦しみに悩まされ、傷つけられることがない。この意味で求道の人のさとりは不可思議という。

カッサパ菩薩、人を価値の上から見ると上品（じょうぼん）・中品（ちゅうぼん）・下品（げぼん）の三種に分けることができる。

471c

下品の人は子宮に宿る時、次のようなことを考える。〈私はいま屎などの汚いものが集まるところ、屍のようなところ、茨や刺のある雑草が茂る真っ暗闇のところにいる〉と。生まれる時に、彼は〈私はいま屎などの汚いものが集まるところ、屍のようなところ、茨や刺のある雑草が茂る真っ暗闇のところを出る〉と考える。

次に中品の人は子宮に宿る時、〈私はいま生い茂る樹林のきれいな河や家や部屋のなかに入る〉と考える。生まれる時はそれらの場所から出ると考える。

次に上品の人は子宮に宿る時、〈私は殿堂に昇り、花壇のなかに入り、馬に乗り、象に乗り、高山を踏破する〉と考える。生まれる時はそれらの場所から出ると考える。

ところで求道の人は子宮に宿る時、子宮に入るところを自覚し、そこに住むことを自覚し、そこから出る時を知る。その間、むさぼりや怒りの心を起こすことがない。

カッサパ菩薩、ブッダの最高のさとりは喩えをもって説明することができない。心も同じである。しかしそれについて説明しないでおくわけにはいかない。求道の人は教師に教授され、修学しなくても最高のさとりを得ることができる。教えを受けたのち、それを惜しまず人々のために説いて聞かせる。このことによっても求道の人のさとりは不可思議という。

カッサパ菩薩、求道の人に身体的悪行はないが言葉の上での悪行は残っていることがある。言葉の上での悪行はないが身体的悪行は残っていることがある。身体的悪行も言葉の上の悪行もあるが、それ以外の悪行を離れていることがある。

その身体的悪行がないとは殺生・盗み、そして不倫をしないなどをいうが、言葉の上での悪行は残っていることがある。言葉の上での悪行とは偽り・二枚舌・悪口・戯言(たわごと)などをいうが、この言葉の上での悪行はないが身体的悪行は残っていることがある。身体的悪行も言葉の上の悪行もあるが、それ以外の悪行がないとは、むさぼりやねたみ・怒り、そして誤った考え方をしないことをいう。

カッサパ菩薩、求道の人はたとえ一つの教えでも身体やその行為や、主である心と無縁ではありえないことを知っているが、しかし教えはそれらと無縁であることも知っている。このことによって求道の人のさとりは不可思議という。これは言葉の場合も同じである。

カッサパ菩薩、ところで身体によって身体の煩悩を離れ、言葉によって言葉の煩悩を離れ、知慧によって身体や言葉の煩悩以外の煩悩を離れることがある。じつは知慧はあるが、求道の人はそれらの煩悩を完璧に離れることはできない。なぜなら、ものは一つとして完全に破壊したり、創造したりすることがありえないからである。

世間の作られたものそのものはさまざまな形で生じ、そしてさまざまな形で滅(めつ)するからだ。だからこの知慧はあらゆる煩悩から離れることができない。この知慧は破壊できない。火は焼くことができない。水は乱すことができない。風は動かすことができない。大地は支えることができない。出生させることも、老衰させることも、止まらせることも、壊すこともできない。むさぼらせることも、怒らせることも、迷
472a わせることもできない。世間の作られたものそのものはさまざまな形で生じ、滅するものであるから、求道の人はついにこの知慧ですべての煩悩を断ち切ったという念いを持てないのだが、しかし自分ではあら

ゆる煩悩を断ち切ったと宣言する。この言葉は決して嘘をついているわけではない。この意味で求道の人のさとりは不可思議という』

## なにが仏法を滅ぼすのか

『世尊、私はいまはじめて求道の人のさとりの不可思議について知ることができました。ところでブッダの無上の教えは永くこの世間に流布することでしょうが、いつごろまで流布するのでしょうか』

『カッサパ菩薩、妙寂の教えや、聖行（習慣と注意と知慧の三つの行ない）、梵行（苦をなくし、楽を与える行ない）、天行（自然の理に従う行ない）、病行（苦悩する人と同じに苦しみを現わす行ない）、そして嬰児行（慈悲から小善を行なうこと）などの五つの行為を弟子たちが受け伝え、読み、唱え、書き写し、そしてその意味を説き広めるならば、人々に敬われ、尊ばれ、讃えられ、供養されるであろう。このようになれば私の教えはまだ滅びることはない。

ところが妙寂の教えや五つの行為の教えが流布しようとしている時に、弟子のなかに、正しい習慣を破り、悪行をなし、これらの教えを謗り、信じない者がいると、彼らはこれらを受け伝え、読み、唱え、書き写し、そしてその意味を説き広めることができないだろう。結果として人々に敬われ、尊ばれ、讃えられなくなるだろう。真面目に受け伝えている弟子がいても、「おまえは外道の者だろう。ブッダの弟子ではないはずだ」と軽蔑され、謗られることになる。そうなれば私の教えは遠からずして滅びることになる』

『世尊、私はブッダから「過去第六代カッサパ仏の教えは世間にわずか七日間流布して、滅んでしまった」ということをよく聞かされました。ところで世尊、このカッサパ仏にはいまブッダが説かれている妙寂の教えがあったのでしょうか。もしあったのであれば、どうして滅んでしまったのでしょうか。もし滅んだのであれば、どうして「妙寂の教えはもろもろのブッダたちの秘密の教えの宝庫だ」と言われるのですか』

『カッサパ菩薩、私は先に文殊菩薩だけがこの意味を理解していると言ったことがあるが、重ねて説くことにしよう。よく聞きたまえ。

ブッダたちが説かれる教えを大きく二つに分けて考えることができる。一つは世間の考え方に沿って説かれた教えで、もう一つは世間を超えた究極の立場に立って説かれた教えである。世間の考え方に沿った教えは廃れ、滅びるが、世間を超えた立場の教えは常住不滅である。

また、別の分け方による二つの教えがある。一つは不変のものがない、実在がない、安楽がない、清浄なものがないなどと世間が説く教えで、もう一つは究極の常住と実在と安楽と清浄とがあると説く教えである。前者は廃れ、滅びるが、後者は常住不滅である。

また、二つの分け方による教えがある。一つは未熟な修行者の説く教えで、もう一つは求道の人の説く教えである。

また、二つの分け方による教えがある。一つはブッダ以外の者の教え、もう一つはブッダの教えである。

472b

また、現象世界を説く教えと現象世界を超えた境地を説く教えとの二つに分けることもある。

また、理解しやすい教えと理解しにくい教えとの二つに分けることもある。

また、共有できる教えと共有できない教えの二つに分けることもある。

また、人間界で説かれる教えと天界で説かれる教えとの二つに分けることもある。

また、十一種の説法集と平等を説く説法集との二つに分けることもある。

いずれの場合も、前者は廃れ、滅びるが、後者は常住不滅である。

ところで平等を説く妙寂の教えを受け伝え、読み、唱え、書き写し、解説し、敬い、供養し、尊重し、讃えるならば、私の教えは滅びることはない。

カッサパ菩薩、先の〈カッサパ仏にはこの平等を説く妙寂の教えがあったかどうか〉という君の質問であるが、この妙寂の教えはブッダたちの秘密の宝庫である。なぜなら、十一種の説法集にないブッダになる可能性を説いているからである。十一種の説法集は〈ブッダは不滅で、安楽で、実在で、そして清浄である。ブッダは結局は死なない〉とは説いていないのだ。

このことから、この妙寂の教えはブッダたちの秘密の宝庫という。十一種の説法集には説かれていないから、宝庫（蔵）といわれるのだ。ちょうど七宝の宝物を門外不出にしていると、それを宝庫というのと同じである。その宝物を所持している人が隠し持っているのは先々のことを考えているからである。それは飢饉の時である。外敵に国を侵害されたり、悪王に国を乱されたりした時に、食料も金もなくなったりしたら、隠していた宝物を出して使うだろう。

これと同じように、ブッダたちの秘密の教えの宝庫も将来の世間のためにある。悪い修行者たちの中に所有してはならない物を貯えたり、出家者や在家者に向かってブッダは結局は死ぬことになると説いたり、ブッダたちの教えを捨てて、世間に流布する他宗教の経典を読んだり、唱えたりする者が横行する時代が来たら、そのような時、ブッダは諸悪を滅ぼし、生活のために宗教を利用しようとしている者を正しい生き方に導き、この秘密の教えを説くのである。もしこの秘密の教えの宝庫が滅んで二度と出現しなくなったら、その時こそブッダの教えは滅んだことになる。

カッサパ菩薩、しかし妙寂の教えは不滅で不変である。どうして〈カッサパ仏の時にこの教えがあった
かどうか〉と訊ねる必要があろうか。カッサパ仏が出現された時代の人々にはむさぼりの心が少なく、彼
らは多くの知慧を持っていた。求道の人たちは柔軟な心を持ち、教えに従順であった。勝れた徳を持つ聖
472c 者がいて、あらゆることを知っていて、何でも正しく記憶していた。大いなる象王のようであった。その
時、世界は清浄で、人々はブッダは決して滅びない、そして常住し、不変であることを知っていた。

カッサパ菩薩、ところがいまの世の人々は煩悩が多く、愚かで、物忘れが多く、知慧を持たない。疑い深く、確かな信心を持たず、住んでいる世界が不浄である。彼らはみな、ブッダは無常で変化して、そしてついに死ぬと考えている。そのようなことだから私はこの妙寂の教えを説明しなければならない

カッサパ仏の教えは本当は不滅である。つねに不変であるからだ。もし人々が実在のものを実在でないと見、実在でないものを実在と見、常住のものを無常と見、無常のものを常住と見、安楽のものを安楽でないと見、安楽でないものを安楽と見、清浄なものを不浄と見、不浄なものを清浄と見、滅するものを不

滅と見、不滅のものを滅すると見、罪のものを罪でないと見、罪でないものを罪と見、軽い罪を重罪と見、重罪を軽い罪と見、乗物（教え）を乗物でないと見、乗物でないものを乗物と見、道（修行法）を道でないと見、道でないものを道と見、さとりをさとりでないと見、さとりでないものをさとりと見、苦しみを苦しみでないと見、苦しみの原因を苦しみの原因でないと見、安らぎの境地を安らぎの境地でないと見、真実を真実でないと見、世間の真理を世間を超えた究極の真理と見、世間を超えた究極の真理を世間の真理と見、心の頼りを心の頼りでないと見、心の頼りでないものを心の頼りと見、ブッダの言葉を悪魔の言葉と言ったり、悪魔の言葉をブッダの言葉と言ったりするならば、このような人々に対して、私はこの妙寂の教えを説法するだろう。

カッサパ菩薩、蚊が針で大海の底を掘り尽くしたとうそぶくことがあっても、ブッダの教えが滅ぶという言葉を口にしてはならない。口でヒマラヤを粉々に吹き散らしたとうそぶくことがあっても、ブッダの教えが滅ぶという言葉を口にしてはならない。縄で暴風を縛り挙げたとうそぶくことがあっても、ブッダの教えが滅ぶという言葉を口にしてはならない。カディラ樹の燃える火のなかに蓮華が生えたとうそぶくことがあっても、ブッダの教えが滅ぶという言葉を口にしてはならない。妙薬アガダは毒薬だとうそぶくことがあっても、ブッダの教えが滅ぶという言葉を口にしてはならない。地・水・火・風の四つの要素はみな物の構成要素ではないとうそぶくことがあっても、ブッダの教えが滅ぶという言葉を口にしてはならない。

カッサパ菩薩、もしブッダが出現し、最高のさとりを得てから、弟子たちに深奥な教えの意味を理解さ

473a せないうちに妙寂に入ったら、この教えは世間に永く流布しないだろう。反対に弟子たちに理解させたら、その教えは永く世間に流布するだろう。

もしブッダが出現して、最高のさとりを得て、弟子たちにその深奥な意味を理解させたとしても、熱心に供養し、教えを敬う信者がいなければ、この教えは世間に永く流布しないだろう。

もしブッダが出現して、最高のさとりを得て、弟子たちにその深奥な意味を理解させ、その上熱心に供養し、教えを敬う信者がいたら、この教えは世間に永く流布するだろう。

ブッダが出現して、最高のさとりを得て、弟子たちにその深奥な意味を理解させた後、その弟子に対して熱心な信者が供養し、教えを敬うことがあろう。もしその弟子たちが解脱のためでなく、生活上の調度品をもらいたくて彼ら信者に説法するようなことがあったら、ブッダがいなくなった後に教えは永く流布しないだろう。

ブッダが出現して、最高のさとりを得て、弟子たちにその深奥な意味を理解させた後、その弟子に対して熱心な信者が供養し、教えを敬うことがあろう。もしその弟子たちが解脱のために彼ら信者に説法することがあれば、ブッダがいなくなっても教えは永く流布するだろう。

ブッダが出現して、最高のさとりを得て、弟子たちにその深奥な意味を理解させた後、その弟子に対して熱心な信者が供養し、教えを敬うことがあろう。もしその弟子たちのなかで争いを起こして互いに是非を論じるようなことがあったら、ブッダがいなくなった後に教えは永く流布しないだろう。

ブッダが出現して、最高のさとりを得て、弟子たちにその深奥な意味を理解させた後、その弟子に対して熱心な信者が供養し、教えを敬うことがあろう。もしその弟子たちの間で尊敬と和やかな雰囲気があり、互いに是非を論じる争いがなければ、ブッダがいなくなっても教えは永く流布するだろう。

ブッダが出現して、最高のさとりを得て、弟子たちにその深奥な意味を理解させた後、その弟子に対して熱心な信者が供養し、教えを敬うことがあろう。もしその弟子たちの間で尊敬と和やかな雰囲気があり、互いに是非を論じる争いがなくなっていても、弟子たちのなかに所有してはならない物を貯え、「私は聖者のさとりを得た。最高の聖者（阿羅漢）のさとりを得た」と言って公に自慢する者がいたら、ブッダがいなくなった後に教えは永く流布しないだろう。

ブッダが出現して、最高のさとりを得て、弟子たちにその深奥な意味を理解させた後、その弟子に対して熱心な信者が供養し、教えを敬うことがあろう。もしその弟子たちの間で尊敬と和やかな雰囲気があり、互いに是非を論じる争いがなくなって、弟子たちが所有してはならない物を貯えず、「私は聖者のさとりを得た。最高の聖者のさとりを得た」と公言しないなら、ブッダがいなくなっても教えは永く流布するだろう。

ブッダが出現して、最高のさとりを得て、弟子たちにその深奥な意味を理解させた後、その弟子に対し
473b て熱心な信者が供養し、教えを敬うことがあろう。もしその弟子たちの間で尊敬と和やかな雰囲気があり、互いに是非を論じる争いがなくなって、弟子たちが所有してはならない物を貯えず、「私は聖者のさとりを得た。最高の聖者のさとりを得た」と公言しなくなっていても、弟子たちが自分の考えを押し通し、勝手な考えを唱えて、

「ブッダが設けられたさまざまな正しい習慣（戒）や集団的規則（律）などはある時は厳しく、ある時は緩やかに科せられるようになっている。なぜなら、それぞれの国土やその国土の気候風土が異なり、人々も異なり、人々の能力や生活の違いもあることをブッダは知っておられるから、したがって場所や慣習や人々などの条件が異なるので、規則はある時は厳しく、ある時は緩やかに科せられている。だから罰則にも軽いものと重いものの違いがある。たとえば名医が病によって乳を服ませたり、服ませなかったり、たとえば熱病の患者には乳を服ませたり、冷え性の人には乳を服ませないようにすることと同じで、ブッダの場合も人々の煩悩の病の度合いを観察して、罰則を科したり、許したりされる。私たちはブッダから〈私だけが真実の意味を知っていて、君たちは知ることができない。ただ私だけが正しい習慣や教団の規則を理解していて、君たちは理解できていない。私だけがあらゆる教えを理解していて、君たちは理解できていない〉という言葉を聞いたことがある」

という弟子たちがいるようになったら、ブッダがいなくなった後に教えは永く流布しないだろう。反対にこのようなことを言わない弟子たちがいる間はブッダがいなくなっても教えは永く流布するだろう。

## ブッダ死後の破戒僧たち

カッサパ菩薩、ブッダの教えが滅びようとする時、弟子たちのなかに、霊魂があると説く者、ないと説く者、死後次に生まれ変わるまでの四十九日間の霊魂があると説く者、ないと説く者、過去・現在・未来の三世があると説く者、ないと説く者、修行者に聞法だけの者、さとりを独占する者、そしてひたすら自己犠牲に尽くす者の三つのタイプ（三乗）があり、その三つの教え（三乗）があると説く者、ないと説く者、すべてのものには実体があると説く者、ないと説く者、生類には始めも終わりもあると説く者、始めも終わりもないと説く者、ものは十二の原因と条件の関わりによって生成するという法を転変の法則と説く者、永遠不滅の法則と説く者、ブッダに病苦があると説く者、ないと説く者、などが現われるだろう。

473c

また、ブッダは人・蛇・象・馬・兎・犬・ライオン・猪・狐・猿などを食べることを禁じ、その他の肉は食べることを許されたという者、一切食べることを禁じられたと説く者、ブッダは家畜・刀・酒・バター類、そして胡麻油などを売ることを禁じられたが、その他は売ることを許されたと説く者、ブッダは屠殺（とさつ）を生業とする家、売春婦が住む家、酒を売り、飲ませることを生業とする家、王宮、そして不可蝕民の家に出入りすることを許されていないが、その他の家に出入りすることを許されていると説く者、ブッダは絹織の衣を着ることを許されないが、その他の織物は許されていると説く者、ブッダは修行者たちに衣類、食品、寝具類など持ち物はそれぞれ十万円の値段までの物を限度として持つことを許されていると説く者、そんなことは許されていないと説く者、などが現われるであろう。また、妙寂は究極の常住・実在・安楽、そして清浄であると説く者が現われるだろう。

また、妙寂はただ煩悩が完全に滅した状態であって、他の言葉で妙寂を表わせるものはない、たとえば糸を織ったら、それを布といい、布が破れると布と言わないことと同じで、妙寂自体もこれと同じであると説く者が現われるだろう。

カッサパ菩薩、このようにブッダの教えが滅ぶ時は正しく説法する弟子は少なく、邪説を唱える弟子が多くなる。正法を受け伝える弟子が少なく、誤った教えを受け伝える弟子が多くなる。ブッダの言葉を受け伝える弟子が少なく、悪魔の言葉を受け伝える弟子が多くなる。

カッサパ菩薩、時に、コーサンビー国に最高の聖者と正しい習慣を破った対照的な弟子がいた。後者の仲間は五百人いた。前者の仲間は百人くらいしかいなかった。

後者の仲間たちは
「ブッダは結局は亡くなるだろう。我々はかつて〈私が設けた種々の正しい習慣や教団の規則は守るもよし、犯してもとくに罪にならない〉という意味のことをブッダから親しく聞いたことがある。我々は現在最高の聖者のさとりを得て、四種の自在の知慧を取得しているが、しかしその最高の聖者にさえ殺生などの四種の重罪を犯す者がいる。考えるにこの四種の重罪が本当の罪であったら最高の聖者たちのだれも犯すことはなかったはずである。ともかくもブッダが生きておられる間だけ堅く遵守すると彼らは言っているようで、ブッダが死んでしまったらみな守らなくなるだろう」

と言い触らした。

これに対して最高の聖者たちは、

「長老たち、ブッダは結局は妙寂に入られるだろうと言ってはならない。我々はブッダは不滅、不変であることを知っている。ブッダが生きておられる間であろうと、亡くなられた後であろうと、不殺生などの四種の守るべき習慣を犯した罪の重さには違いはない。最高位の聖者さえも四種の守るべき習慣を犯すことがあるという発言はまったくでたらめである。聖者の最初の段階にある修行者でさえ、決して四種のうちの一つも犯すことはない。まして最高位の聖者が犯すわけがない。もし長老が「私は最高の聖者である」ということがあっても、本当に最高位の人が〈私は最高の聖者のさとりを得た〉と思うことはない。最高の聖者はただ善に係わることだけを説き、不善に係わることは口にしない。長老たちの言っていることは教えに沿っていない。ブッダが説き残された十二種の説法集を読んでみると、長老たちの生き方は最高位の聖者の生き方でないことが知られる」

と非難した。

474a

　このことがあって破戒の修行者たちはこれら最高位の聖者たちを殺害してしまった。この事件を見て、人々は「悲しいことだ、ブッダの教えも廃ったものだ」と噂した。

　しかしカッサパ菩薩、私の正法は滅びなかった。その頃、この国に十二万の求道の人たちがいて、私の教えを受け継いでいた。これをみてもどうして私の教えが滅んだということができようか。

　その頃、このインドには私の弟子といえる修行者が一人としていなかった。また、悪魔が大火をもって私が説いた説法集をみな焼却してしまった。それでも焼け残りの説法集をバラモンたちが盗みだし、その中から必要なところを引いて自分たちの経典に利用した。このようなことがあったために、未熟な修行者たちは私がこの世間に現われる前におおむねバラモンの言葉を信じていたようである。バラモンたちは自分たちにこそ正しい清らかな身心の生き方があると説いていたが、外道の説く事柄には中身がない。外道も世間には実在のもの、究極の安楽と清浄なものがあると説くが、じつのところその意味が当を得ていない。ただ彼らが説く教えは、私の教えの一字、あるいは二字、あるいは一句、あるいは二句を使って、我々の経典にもこのような教えがあると言うにすぎない程度であった』

これまでのブッダの説明を聞いた、クシナーラのシャーラ樹林に集まった数えきれない数の群衆は、

『世間は虚しい。世間は虚しい』

と口々に言った。

その時、カッサパ菩薩は群衆に向かって告げた。

『君たち、憂い、悲しみ、泣くことをやめよ。世間は虚しくない。ブッダは消えてなくなられるのではなく、つねに世間に在りつづけ、永遠に生きておられるのだ。ブッダが説き示された教えも、この教えにしたがって修行する人たちの集まりも永遠に存続するのだ』

群衆はこの言葉を聞いて泣き止み、ブッダの最高のさとりを求めようという気持ちを起こした。

# 第十六章 阿闍世王の病と苦悩

## 阿闍世王と六人の思想家たち

その頃、マガダ国の首都・王舎城では阿闍世王（あじゃせおう）が権勢をふるっていた。王の性格は暴悪で人を殺すことを喜びとし、悪口や嘘やだましなど平気で行なっていた。むさぼりや怒りやわがままはしたい放題で、心はすさんでいた。いまのことしか見ず、先のことなど考えもしなかった。取り巻き連中は悪人ばかりで
474b あった。父の財産や名誉や地位などに頓着していたために、父王のすることなすことになにかと難癖をつけて逆恨みし、危害を加えることが多かった。

ある時、幾度となく危害を加えたことを後悔するあまり、発熱した。アクセサリーを付ける気もせず、また、音楽を聞く気にもならなかった。身体中に腫物ができ、それがだんだん臭くなり、だれも近付かなくなった。そこで王は〈いまのこの身体の醜態は悪事の報いであろう。地獄の報いを受けることもそう遠くないだろう〉と一人考えていた。

これを見た阿闍世王の母ヴァイデーヒー（韋提希（いだいけ））夫人は種々の薬で手当てをしたが、腫物は治るどこ

ろかますます増えた。王は母に、

『この腫物は心が原因で発生したもので、身体が原因ではないのです。だれもこれを治療できる者はいないはずです』

とあきらめたように告げた。

　この状況を知った大臣たちのなかに月称という大臣がいた。彼は王のもとに行き申し上げた。

『大王、どうしてそのように憔悴し、顔色がすぐれないのですか。身体のどこかが痛むのですか。それとも心の痛みですか』

『身も心もどうして苦しまないでおれよう。私は罪なき父王を罪人扱いし、危害を加えた。智者の言うように、「世間に母を傷つけ、父を殺すなどを初めとする五つの大罪を犯した者は地獄に堕ちることから免れない」ということだ。これまで数えきれないほどの罪を犯してきた。こんなことをしてきた私がどうして身心の苦痛を受けないことがあろうか。どんな名医でもこの苦痛を治すことはできまい』

　月称大臣は、

『大王、そんなに憔悴なさいますな』

と言って、次のような詩偈を述べ、慰めようとした。

　『もしつねに憔悴していると、ますます増長する。

　眠りをむさぼると、いつまでも眠られる。淫欲も酒もむさぼると同じ。

大王は世間に五つのことを犯した者は地獄に堕ちると聞かれたそうですが、だれか実際にその証拠を見てきて報告しましたか。地獄とは世間の智者たちが言ったことです。あてになりません。

大王は名医であろうと治療できまいとおっしゃいましたが、かならずしもそれはあたりません。私の知るところ、プーラナ・カッサパという偉大な医者がいます。あらゆることを知り、瞑想の世界に自在に入ることができ、世俗の欲楽を捨てた清浄な修行を修め、いつも数えきれない人々を無上の解脱への道に導いています。彼は弟子たちに次のような教えを説いています。

「悪業(あくごう)といわれるものはない。したがって悪業の報いもない。また、善業(ぜんごう)というものもない。したがって善業の報いもない。すぐれた業から卑賤の業(ごう)までいろいろの業があるわけではない」と。

この医者はいま王舎城にいます。大王、いま駆け付けて、この医者に心の治療をお願いなさい』

王は言った。

『大臣、君が言うとおりにたしかに私の罪をみな消してくれるようであれば、彼に帰依しよう』

また、蔵徳という一人の大臣が来て申し上げた。

『大王、どうしてげっそりした顔をなさっているのですか。唇は乾き、声は細く、臆病者が敵を見るように顔色は真っ青で、眉間にしわを寄せていらっしゃいますが、どうなさいましたか。苦しそうですが、身体の具合が悪いのですか、心の痛みですか』

474c 『どうして身も心も苦しまずにおれよう。私はまったく愚かで、物を正しく見ることさえできない。これまで悪友ばかりと付き合い、悪いことに親しみ、あのブッダの従弟の悪人提婆達多(だいばだった)の言うことを信じて、正しい政治を行なっていた父王に逆らい、危害を加えてしまった。むかしある智者から「もし母や父、ブッダや弟子たちに悪意を抱き、危害を加えたら、その報いで阿鼻地獄に堕ちる」と聞いた。これを思い出して、私は報いを怖れて、いま苦悩している。もうどんな名医にも治療してもらうことはできまい』

この王の苦しい心境を聞いた大臣は言った。

『大王、そのように苦しみ、怖れることはありません。考えるに、世間の法に二つあります。一つは出家の法、二つは王法です。

父を殺害すると王の治められている国では親に逆らった罪となりますが、といってその罪で罰を受けることはありません。たとえば赤子が母の腹を破って生まれてくる時のようで、生まれるという在り方は母の身体を傷つけていますが、といってこれは罪にはなりません。ロバが懐妊して子を産む時も同じです。国の法ではこのように考えられているのですから、父を殺したとしても罪にはなりません。これが王法です。ところが出家者の法では蚊や蟻一匹でも殺すと罪になります。

このようなことから、大王、心をひろく持ってください。悩むことはありません。なぜなら、

もしつねに憔悴していると、それはますます増長する。

眠りをむさぼると、いつまでも眠られる。淫欲も酒もむさぼると同じ。

と言われるからです。大王は世間に私の身心の苦痛を治療できる名医はいないと言われましたが、それはあたりません。

大王、私はマッカリ・ゴーサーラという偉大な師を知っています。彼はあらゆることを知り、人々を赤子を見るように憐れみ、むさぼりや怒りやおごりなどを初めとするすべての煩悩を離れています。人々は

世間の事柄についてなにも知らず、見ず、理解がありませんが、彼だけは違います。彼は弟子たちに次のような教えを説いています。

「生類の身体は七つの要素からなる。その七つとはなにか。地・水・火・風・苦・楽・霊魂である。これら七つの要素は原因がなく生じたものでなく、作られたものでもない。矢の材である葦のイーシーカのように、折れず傷つくことがない。ヒマラヤのように安定し不動である。それぞれの乳製品が互いに害(そこ)なうことがないようにそれぞれ離れず、しかも害なわない。苦の要素、楽の要素、善の要素、不善の要素、それぞれを刀で切り付けても傷つけることはできない。なぜか。七つの要素の集まっているそれぞれの隙間に刀が切り付けるのであるから、また、妨げる物がないからである。また、霊魂の場合も害を受けることがない。このような理由から危害を受ける者も死ぬ者もないことになる。はたらきをおこす者もそれを受ける者もなく、聞く者も聞かせる者もなく、考える者も教える者もいない」と。

475a　このようなことを説きながら、人々の罪の意識をなくしてやっています。この偉大な師はいま王舎城にいます。いますぐに行き、面会されると悩みを解決してくれます』

『大臣、そのように私の罪を本当になくしてくれたら、彼に帰依しよう』

また、実徳という大臣がいた。王のところにきて詩偈をもって申し上げた。

『飾りを外し、乱れ髪の姿を見ると、大王の身に何があったのか。
なにかに戦(おのの)き落ち着かぬ様子は、暴風に吹かれ荒れる花や樹の様(よう)。
大王の顔色がすぐれず、憔悴しきっておられるお姿は、農夫が種をまいたのち、雨が降らない時に焦りと不安を抱く姿に似ています。心の痛みですか、それとも身体の痛みですか』

『大臣、私の身心に苦痛がないわけがないではないか。私の父王は慈愛に溢れた方で、懇ろに心に掛けてくださった。なんの罪過(つみとが)もなかった人であった。ある時、人相を見る仙人が「生まれてくる子はのちに父王を危害するであろう」と予言した。その子である私を父王はやさしく育ててくださった。その父王に危害を与えてしまったのだ。ある時、一人の智者に「もし母や女の修行者を犯し、修行者の共有する物品を盗み、最高の聖者を殺し、そして父を殺害する者は、かならず阿鼻地獄に堕ちるだろう」と教えられたことがある。これを聞いていたので私は身も心も苦しみ痛むのだ』

そこで大臣は次のように語った。

『大王、そのように悲しみ、苦しまないでください。もし父王が解脱を得ておられたのであれば父を殺害したら有罪になります。しかし父王はそうでなかったのですから、この国の法律では殺しても罪にはなりません。

大王、殺人罪の法でなければ法がないことを意味します。法がないことは罪がないことです。喩えていえば、子がなければ「子なし」ということと同じです。また、親の言い付けを聞かない子をわが子でないということと同じです。このような「子でない」という言い方はじつは子がいないというわけではありません。

また、食べ物に実際に塩味(しおあじ)がなければ塩味がしないといい、わずかに感じるほどの塩味があっても塩味がしないということもあります。これと同じです。また、河に水がないと水なし河といい、わずかばかりの水があっても河に水が流れていないということもあります。これと同じです。また、刻々に変化しても無常といい、一千万年永住するものでも滅ぶものであれば、無常ということもあります。これと同じです。また、苦しみを感じると楽しみがないといい、少しばかりの楽しみがあっても楽しみがないということもあります。これと同じです。また、自由自在でないと自分の思うようにならないといい、少しばかり自由であっても思うようにならないということもあります。これと同じです。また、真っ暗闇の時に太陽が出ていないといい、雲や霧で薄暗い時も太陽が出ていないということもあります。これと同じです。

大王、わずかばかりの法が生きていても法は廃れたといいますが、実際に法がなくなったわけではありません。どうか大王、魂を据えて私の申し上げることをお聞きとどめください。

人々にはみななんらかの悪業の残余があります。その業が原因で何度も生まれ変わり死に変わりを繰り
475b 返すのです。もし父王にこの残余の業があったとしたら、いま父王を殺害されてそれが罪になるでしょうか。このようにお考えくだされば、心は落ち着かれ、悲しまれるいわれはなくなるでしょう。

　もしつねに憔悴していると、それはますます増長する。
　眠りをむさぼると、いつまでも眠られる。淫欲も酒もむさぼると同じ。

と詠われています。

大王はご自身の身心の苦痛を治療できる名医は世間にいないとおっしゃいましたが、いまサンジャヤ・ヴェーラティプッタというすぐれた師がおります。この人はあらゆることを知り尽くし、知慧は深く、大海のようです。すぐれた徳を持ち、神通力を具えています。彼は多くの人々の疑問を解決し、あらゆるこ

とを知り、見、そして理解しています。彼はいま王舎城に住んでいます。

大王、彼は弟子たちに次のように教えています。

「王は自在に、思うままに善悪の基準を作ることができる。王は人々から見て悪と見られることをしても、罪を犯していることにはならない。たとえば火が物を焼く時に清浄な焼き方、不浄な焼き方がないように、王もこの火のようである。また、大地は清浄な物と不浄な物をなんでも載せているが、大地はこれに対して好き嫌いの感情を起こさない。王もこの大地と同じである。また、たとえば水は清浄な物や不浄な物を何でも洗うが、その時いやだとか好きだとかの感情を起こさない。王も水と同じである。また、たとえば風は清浄な物や不浄な物にかまわず吹き付けるが、好き嫌いの感情を起こさない。王も風と同じである。たとえば秋に木の小枝を切り落としても春になると芽が出るので、このことは罪にはならない。生類は死んでもまた生まれ変わってくるので、生命を奪ったとしても罪にはならない。生類の苦楽の果報はみなこの世の行ないによるものではない。原因は過去にあって、現在はその結果であり、現在に原因がないのであるから、未来に結果はないということになる。現在は過去の結果であるから、いまここで規律を守り、修行に精進して、受けた悪の報いをなくすようにすべきである。規律をかたく守るならば、煩悩をなくすことができ、したがって身体は清浄となる。悪業をなくすことであらゆる苦悩をなくすことができる。苦しみがなくなれば、解脱を得る」

サンジャヤのところにすぐに行かれて、身心の苦痛を治療してもらわれるようにお願いします。そうすればあらゆる罪から解放されることでしょう』

『君の言うとおりにその師が私の罪を取り除くことができたら、彼に帰依しよう』

　また、悉知義（しっちぎ）という大臣がいた。彼は王のところに行き、次のように申し上げた。

『大王、どうしてみすぼらしい身形（みなり）をしておられるのですか。国を失った孤独な人のようで、枯れた泉のようで、蓮華のない池のようで、花や葉がない樹木のようで、規律を破り、まったく威厳のない修行者のようです。なにか身体の痛みか、心の痛みがあるのですか』

475c 『大臣、私の身心に苦痛がないわけがなかろう。私の父王は慈悲深い人で思いやりのある人であった。その父王に私は不孝をし、恩に報いることをしなかった。いつも私にやさしい気持ちで接し、楽しいことをさせてくださったのに、その恩に背き、幸せにしてくださったことに逆らった。父王は罪悪を犯しておられないのに、私は逆らって危害を加えた。私はかつてある智者から「父を殺害すれば、数えきれない年月の間、耐えられない苦しみを受けるだろう」と聞いている。だから私はかならず地獄に堕ちることになろう。こんな私の罪をだれが救ってくれるだろうか。だれもいないのだ』

　これを聞いた大臣は次のように申し上げた。

『大王、そのような憂いごとはさっぱりとお捨てください。大王は聞いておられませんか。むかしラーマ王がおられました。その王は父を殺害して王位に即（つ）かれました。また、バドリーカ王・ヴィルチャ王・ナフシャ王・カルッチカ王・ヴィサーカ王・月光明王・日光明王・愛王、そして持多人王などはみな自分の父を殺害して王位を継いだのです。聞くところでは、これらの王のなかでだれも地獄に堕ちた王がいなかったそうです。現在ヴィルーダカ王・ウデーナナ王・悪性王（あくしょうおう）・ムーシカ王・プンダリーカ王などはみな自分たちの父をいじめていますが、だれ一人畏れ悩んでいる王はいません。世間に地獄や餓鬼の世界に堕ちるとか、天に生まれるとか言いますが、だれかその世界を実際に見た人がいるでしょうか。

大王、世間で人の世界とか畜生の世界とか言いますが、いずれかの世界に生まれるといっても、なにかの因縁で生まれてくるものではありません。また、なにかの因縁で死ぬというものでもありません。因縁がないとなれば、何が善で何が悪といえるでしょうか。そんなものはありません。大王、悩まれることはありません。

もしつねに憔悴していると、それはますます増長する。
眠りをむさぼると、いつまでも眠られる。淫欲も酒もむさぼると同じ。

と詠まれています。

大王は世間に自分の身心の苦痛を治療できる名医はいないと言われましたが、いまアジタ・ケーサカンバリという偉大な師がいます。彼はあらゆることを知り尽くしていて、金と土の二つを観察すると本質的に同じ物だといいます。また、刀で右の脇腹を刺した者と、左の脇腹に白檀の香油を塗る者との二人の人物を見た時に、彼は二人を見る心に差別がなく、怨みも親しさも超えて見て、違った者とは見ないのです。彼こそ世間の名医です。歩いている時も、立ち止まっている時も、坐っている時も、そして臥している時も瞑想の境地にあって、心に乱れがありません。

彼は弟子たちに次のように教えています。

「生類がどんな状態になるにしても、すべて自分が作り出し、他に作らせ、自分が切り、他に切らせ、自分で焼き、他に焼かせ、自分で害し、他に害させ、自分で盗み、他に盗ませ、自分で不倫し、他に不倫させ、自分で淫らなことを言い、他に淫らなことを言わせ、自分で飲酒し、他に飲酒させ、一村・一城二国
476a を殲滅し、武器で生類を殺害し、ガンジス河の南方に住む人々に布施し、北方に住む人々を殺害するようなことをしても、罪になることも反対に福を得ることもない。施しをしたり、規律を守ったりすることによる報いが確実にあるというのは嘘である」

この偉大な師はいま王舎城に住んでいます。すぐに行って教えを受けると、罪を取り除いてくれます』

『大臣、君の言うとおりに私の罪を取り除いてくれるなら、彼に帰依するであろう』

また、吉徳という大臣がいた。彼は王のところに行き、次のようなことを申し上げた。

『大王、どうして真昼の燈火のような、日中の月のような、国を追われた王のような、荒れ果てた土のような、冴えない顔をなさっているのですか。現在四方を見渡してみますに、大王の敵になる者はおりません。それなのにどうして浮かぬ顔をして悩んでおられるのですか。身体の痛みですか、それとも心の悩みですか。王子たちは〈いつになったら自分が采配を揮える時が来るだろうか〉と窺っています。大王、いまこそ思いどおりに行動し、自在にこのマガダ国を支配し、先の大王が残された一切の宝を受け継ぐことが可能なのです。心置きなく自在に楽しまれることができるのです。それなのにどうしていまのような悩みをもたれるのですか』

『吉徳大臣、どうして憂い、悩まずにおれようか。私は喩えていえば愚者が食べ物の味をむさぼって、ナイフに付いている片割れを嘗めて舌を切るような愚かな行為と同じように、また、毒が混じっている物

を食べて、後になって苦しむことと同じように、私もしたのである。鹿が草を食べることに熱中して深い穴に落ち込むように、また、鼠が夢中に餌を食べていて猫が来ていることに気づかないようなことと同じで、私もそうである。私はいまの楽しみだけを考えていて、先々どんな苦しみの報いがあるかを見なかった。かつてある智者から〈一日に三百回の讃め言葉を聞いても、母や父にわずかでも悪意を持ってはならない〉と言われたことがある。私はいま地獄の燃え盛る火の近くにいるような心地で、どうして悩まずにおれようか』

『大王、だれか来て誑かして地獄があると言ったのですか。いがいが頭の鳥の羽のさまざまな色はだれが作ったのでしょうか。水が湿性であること、石の堅性、風の動性、そして火の熱性など、また万物がおのずから死滅し、おのずから誕生するなど、どれもだれが仕掛けているのでしょうか。地獄というのは、ただ智者の想像の産物です。

いったい地獄とはどんな意味があるのでしょう。いま私がご説明申し上げます。

地とは大地のことをいい、獄とは破ることをいいます。地獄を破壊すれば一切の罪報がなくなることを地獄といったのです。また、地とは人のことで、獄とは天のことをいいます。父を殺害すると人間界や天界に生まれることができます。この意味でヴァスという仙人が「羊を殺して人間界や天界の楽しみを受ける」と述べています。これを地獄といったのです。また、地とは命のことをいい、獄とは長いことをいいます。殺生することで長寿を得ることができます。これを地獄といったのです。

476b 大王、だから、所謂の地獄というものはありません。麦を植えて麦を収穫し、稲を植えて稲を収穫するように、地獄を殺す者はかえって地獄に生まれることになり、人を殺せばかえって人に生まれることになります。

私の言うことをよく聞いてください。じつにこの世間に殺害するものなどありません。もし不滅の霊魂があるならば殺害することができません。もし不滅の霊魂がなければ殺害するものがないことになります。どうしてかといいますと、もし霊魂があれば、それは不滅であり、変化しないのですから、殺すことが成り立たないからです。壊れない、破れない、繋がれない、縛られない、怒れない、喜ばないのですから、ちょうど虚空のようなものです。そんな霊魂を相手に殺害が成り立たないのですから、罪作りがありません。また、もし霊魂がなければ、すべてのものは無常です。無常であることは刹那刹那に壊れ、滅ぶのです。刹那刹那に滅ぶのですから殺す人も殺される人もみな刹那刹那に滅ぶのです。そうであればだれがだれを殺し、だれがだれに殺されることや、罪作りが成り立つでしょうか。

大王、火が樹木を焼く時に火に罪がないように、斧が樹木を伐る時に斧に罪がないように、鎌が草を刈る時に鎌に罪がないように、そのように刀が人を殺した時に刀に罪がない。そしてその刀を使った人にも罪はない。毒が人を殺す時に、毒は人ではなく、毒に罪はない。同時に人にも罪はない。万物はみなこのようで、殺害することが成り立たなく、罪作りがないのです。いままで述べてきたことをお考えくだされば、なにも悩み、悲しむ必要はありません。

もしつねに憔悴していると、ますます増長する。
眠りをむさぼると、いつまでも眠られる。淫欲も酒もむさぼると同じ。

と詠まれています。

大王は世間に私の悪業を治療できる名医はいないと嘆いておられますが、大工、パクダ・カッチャーヤナというすぐれた師を知っておられますか。彼はあらゆることを知り、そして見ています。過去・現在・未来のあらゆる世界を一瞬に見ることができます。それらの世界の声も聞くことができます。人々が作ったあらゆる罪障を、ガンジス河の水があらゆる罪を洗い流してくれるように、彼は取り除くことができます。弟子たちに彼は次のように教えています。

「もし人々を殺害して心に慚愧の気持ちがなくても悪道に堕ちることはない。ちょうど虚空が塵や水に汚されたり、濡れたりしないようなことと同じである。かえって慚愧があれば、地獄に入ることになる。ちょうど水が大地を潤し、湿らせるようなことと同じである。生類はヴィシヴァカルマン（一切創造神）が造ったのである。ヴィシヴァカルマンが喜ぶならば生類は安楽になり、ヴィシヴァカルマンが怒れば生類は苦悩することになる。罪も幸福もみなヴィシヴァカルマンの支配することで、人に本来罪とか幸福とかがあるわけはない。たとえば大工が造ったからくり人形は歩いたり、立ち止まったり、坐ったり、臥したりすることはできるが、話すことができないのと同じように、生類も同じである。ヴィシヴァカルマンは
476c この大工と同じである。生類の身体はヴィシヴァカルマンの造ったものであるから、人々にはなんの罪作りもないというべきである」

このようにこの師は教えています。彼はいま王舎城に住んでいます。すぐに彼のもとに行き、教えを乞うならば、これまでの罪障をみな消してくれるでしょう』

『大臣、彼が私の罪をみな消してくれるなら、彼に帰依しよう』

また、無所畏（むしょい）という大臣がいた。彼は王のところに行き、次のように申し上げた。

『大王、あるところに愚者がいました。一日の中で何度か喜んでは悲しみ、何度か眠っては醒め、何度か驚いて喚（わめ）いたりしたことか。智者にはこのような姿は見られません。時に大王、どうしていま憂い、悲しみのご様子をなさっているのですか。そのお姿は友を失った旅人のようで、深い泥沼に落ちてだれも助けてくれない人のようで、水が得られず渇きに苦しむ人のようで、道に迷って道案内人を探している人のようで、医者がいなくて苦しむ病人のようで、船が難破して助け求めている人のようです。大王、身体の痛みですか、それとも心の苦しみですか』

『大臣、どうして憂い、悩まずにおれようか。私はこれまでに悪友と付き合い、嘘を吐（つ）いたり、悪口を言ったり、だましたり、お世辞を言ったりしたことがどれほどあったかしれない。父王にはなんの罪もないのに罪をかぶせ、危害を加えてきた。これまでのことを考えると地獄に堕ちることは必定（ひつじょう）である。どんな名医でもこの罪から救ってくれることはできまい』

『大王、ご心配なさいますな。クシャトリヤ出身の者は王家の血筋を引く者です。クシャトリヤ出身の者は国のために、種々の修行者のために、人民のためにはたらく階層ですから、殺害することがあっても罪になることはありません。先の父大王は、沙門たちを尊敬されましたが伝統のバラモン僧たちには帰依されませんでした。つまり心のなかでは平等に扱われていませんでした。平等に扱われていなかったのですから、この意味ではクシャトリヤ出身ではありませんでした。大王、あなたはいま、もろもろのバラモン僧を供養しようとされているので、父大王を殺害されたことになんの罪がありましょうか。殺害したことにはなりません。殺害とは寿命を殺害することです。寿命は風の気をいいます。風の気の本性は斬ったり、害したりできないものです。したがって寿命を害することはできないのだから、殺害しても罪にはなりません。このように考えればなにも憂い、悲しまれることはありません。

　もしつねに憔悴していると、それはますます増長する。
　　眠りをむさぼると、いつまでも眠られる。淫欲も酒もむさぼると同じ。

と詠まれています。

　大王は世間に自分の身心の苦痛を治療できる名医はいないと言われましたが、いまニガンタ・ナータプッタというすぐれた師がいます。彼はあらゆることを知り、見ています。人々の能力の差を知り、相手に応じて方便を駆使して対処することに熟達し、世間の八種の俗事に汚れることがなく、つねに心静かで、きれいな修行を修めています。彼は次のようなことを弟子たちに教えています。

「施した物、善なるもの、母・父などすべて存在しない。現世も、来世も存在しない。最高の聖者である阿羅漢（あらかん）もなく、それに至る修行もなく、修行方法も存在しない。生類は八千億年の間輪廻し続けるならば、
477a 自然に輪廻の苦しみから解脱することができる。ここに至れば有罪も無罪も関係ない。ちょうどシンドゥ河・ガンジス河・ヴァクシュ河、そしてシーター河などの四つの河水がみな大海に流れ込むと区別がつかなくなるようなことと同じである。生類も解脱する時はみな差別がなくなる」

　この師はいま王舎城に住んでいます。すぐに行き、罪を消してもらわれることをお薦めいたします』

477b

『大臣、もし私の罪を消してくれたら、彼に帰依しよう』

また、ジーヴァカという偉大な主治医がいた。彼は王のところに行き、次のように申し上げた。

『大王、この頃熟睡されていますか』

王は詩偈で次のように答えた。

『さまざまな煩悩もなく、世間の俗事に染まらなければ、安眠できるだろう。

完全な解脱を得て、深奥な教えを説くことができたら、バラモンだ。そうなれば安眠できるだろう。

身体に悪業がなく、口に過（とが）なく、心に疑いがなければ、安眠できるだろう。

身心に燃えるような悩みがなく、静かなところに住み、この上もない安楽を得たら、安眠できるだろう。

心に気掛かりがなく、怨みを捨て、つねに穏やかで争いがなければ、安眠できるだろう。悪業を造らず、慚愧の心を持ち、悪の報いがあることを信じるならば、安眠できるだろう。母父を養い、殺生せず、他人の財産を盗まなければ、安眠できるだろう。身体を健康に保ち、善友（ぜんゆう）と交わり、死をもたらす行為を離れたら、安眠できるだろう。わが身の吉凶、苦楽などを占わず、ただ人々のためを願い、世間に流転することがなければ、安眠できるだろう。

だれが安眠できる人であろうか。それはブッダであろう。

ブッダは深く空なる三昧に入り、身心とも安住し、不動である。

だれが安眠できる人であろうか。それは慈悲ある人である。

慈悲ある人はいつも怠けず、人々を一人っ子のように見る。

生類は無知であり、世間に暗く、煩悩がもたらす果報を知らず、いつも悪業を造り、安眠できない。自分にも、また他人にも十種の悪行をし、安眠できない。もし自分の幸せのために父を殺害したら罪にはならないと説く悪友と交われば、安眠できないだろう。もし食べすぎや冷たいものを飲みすぎれば、病気になり、安眠できないだろう。もし王に対して過ちを犯したり、他人の妻に邪念を抱いたり、広野を歩いたりすることがあれば、安眠できないだろう。

規律や習慣を守った効果がまだ熟さない時、太子がまだ即位できない時、盗人が財を手にしない時などは安眠できないだろう。

ジーヴァカ、私の病は重い。ともかく正しい政治を行なった父王に逆らい、そして殺害したのだ。こんな重罪を犯した病をたとえ名医が妙薬や呪術を使っても治すことはできまい。私の父王は模範となる王であって、法にしたがって国を治め、悪政を布いたわけではなかった。その父王に私は逆らってきた。ちょうど陸に釣り上げられた魚みたいに。こんな私にどうして安らぎがあろうか。罠にかかった鹿が苦しんでいるように、自分の命が今日一日もないことを知った人のように、国を追われて他国に逃げて行く王のように、不治の病だと宣告された病人のように、規律を破った人がその罪過を諭されている人のように、私も同じである。

私はかつてある智者から「振る舞いや言葉遣いや心がけが清潔でなかったら、地獄に堕ちる」と教えられたことを思い出した。私はまったくこれに該当する。どうして安眠できようか。たとえ君が治療してみても、この私の病苦を取り除くことは不可能である』

『大王、すばらしいことです。あなたはたしかに罪を作られましたが、心に深く悔いて、慚愧の気持ちを持っておられます。ブッダは次のような言葉を説かれました。

「人々は二つのことを行なうことで救われる。一つは慚る、二つは愧かしめる。慚るとは自ら罪を作らないこと、愧かしめるとは他人に罪を作らないように教えることである。また、慚るとは内面に自ら恥ずかしく思うことで、愧かしめるとは他人に対して恥ずかしく思うことである。また、慚るとは人に恥じること、愧かしめるとは天に恥じることである。これらが慚愧の意味である。だから慚愧の気持ちがない人は人とはいえない。けだものと同じである。慚愧の気持ちがあるから母や父、先生や目上の人たちを敬うのであり、慚愧の気持ちがあるから、母や父、兄弟、そして姉妹がある」と。

477c いいですか、大王、あなたは慚愧の気持ちを持っておられます。私の考えをお聞きください。

ブッダの説法によると、智者に悪行をしない智者と悪行をしてのちに懺悔する智者があるようです。また、愚者に罪作りをする愚者と悪行をしたことを隠す愚者があると教えられています。

悪行をしてもすぐに懺悔して、悔い改めて慚愧の気持ちを持ち、二度と悪行をしない人がすぐれた智者だと言われます。ちょうど濁り水のなかにマニ宝珠を入れると、その威力で水が澄むように、雲や煙が払われると月が明瞭となるように、悪行をしても悔い改めると身心はきれいになるのです。大王が懺悔して慚愧の気持ちを持たれるならば、すべての罪は消され、きれいな身心となります。

大王、富に二種類あります。一つは象や馬などの動物、二つは金銀などの貴金属類です。富と言っても、象や馬などの富がたとえ多くても、ひと塊の純金にはかないません。人々の場合もこれと同じです。世に悪の福と善の福があります。さまざまな悪を作っても、たとえ一度の善行によって消されます。私がブッダの教えを聞いたところでは、一つの善行は百の悪を滅ぼすそうです。

大王、わずかなダイヤモンドがヒマラヤを壊すように、小さな火がついにはすべてを焼き尽くすように、わずかな毒が生類を殺害するように、わずかな善行もついには大悪を滅ぼすのです。わずかな善行と馬鹿にしてはなりません。その実は甚大です。大悪を滅ぼすからです。

大王、ブッダは説かれています。隠せば漏れます。最初から隠さなければ漏れることがないのです。懺悔して過ちを悔いるなら、漏れることがありません。もし罪を作っていても、ひた隠すことがなければ、隠さなかったことによって罪は軽く、小さくなるのです。もし慚愧の気持ちを持てば罪は消えます。たとえば水滴が積もり積もって大きな器を一杯にするように、善行もたとえ一つ一つは小さくても、大悪を滅ぼすことになります。

罪を隠すと罪は増長しますが、もし懺悔し慚愧すれば罪は消滅します。だから智者は罪を隠さないとブッダは言われました。大王、どうか因果の道理を信じ、行ないの積み重なりがあることを信じ、そしてその報いがあることを信じてください。どうか大王、憂い、悲しむことをおやめください。

人々はさまざまな罪を作っていながら、それを隠し、悔いもせず、慚愧の気持ちを持たずにいれば、因果の道理によって日頃の行ないの積み重なりがいろいろの報いをもたらすことを見ようとしません。智者から教えを受けようともせず、善友と親しまない。こんな人々の病はどんな名医でも治療することはできません。それは黄疸に罹った状態と同じです。世間の医者はこれには手を拱きます。
ではその罪作りの人とはどういう人でしょうか。これは極悪人の一闡提です。この者は因果の道理を信じない、慚愧の気持ちを持たない、悪業や善業の報いを信じない、現在及び未来の世を見ようとしない、
478a 善友と付き合わない、ブッダの教えや正しい習慣を守ろうとしないのです。屍は医者の治療する相手ではないように、極悪人の一闡提はブッダの教化の相手ではありません。それに比べると、大王は極悪人の一闡提ではありません。どうして救われないことがありましょうか。

　大王は私の病はたとえ名医でも治療することはできまいと言われますが、大王、いまカピラの都の出身でシュッドーダナ王を父とする、氏をゴータマ、名をシッダッタという人がいます。だれに師事したわけでなく独力でさとりを開き、自然にブッダの最高のさとりを得た人です。また、三十二相八十種好相という瑞相を持っておられ、ブッダ特有の十種の力、四種の自信を具え、すべてを知り、そして見尽くしている人です。生類に対する慈しみと憐れみの心は大にして、彼の実子ラーフラを視るような気持ちと同じです。善男善女に寄り添う気持ちは子牛が母牛の後を逐う気持ちと同じです。

　時機だと知れば説き、時機でない時は話さない人です。真実の言葉、きれいな言葉、含蓄のある言葉、意義ある言葉、真理に適う言葉、唯一の言葉などをもって人々の煩悩を取り除く人です。人々の能力や性格を察知し、相手に応じた方便を駆使して対処する人です。知慧はヒマラヤのように高大であり、大海のように深遠です。その知慧はダイヤモンドのように堅固で、人々のあらゆる悪業を破壊してくれます。この方に不可能ということはありません。

いまクシナーラという町にあるシャーラ樹林で多くの求道の人や大衆に種々の説法をしておられます。死後の世界はあるかないか、世間の在り方と世間を超えた在り方、煩悩のある状態とない状態、煩悩がもたらす報いと善行がもたらす報い、物質的世界と非物質的な世界、非物質的で非物質的でない世界、霊魂と霊魂でないもの、霊魂でなく霊魂でないでもないもの、不滅なものと不滅でないもの、不滅でなく不滅でないでもないもの、安楽なものと安楽でないもの、安楽でなく安楽でないでもないもの、形を持つものと形を持たないもの、形を持たず形を持たないでもないもの、個人の存在はこの世だけで断絶するか断絶しないか、断絶せず断絶しないでもないか、世間と出世間、世間でなく出世間でないもの、教えという乗物と乗物でないもの、乗物でなく乗物でないのでもないもの、自ら作りそれを自ら受け取ること、自ら作りそれを他が受け取ること、作ることも受け取ることもないこと、これらのことについて彼は説法しています。ところでこれらの説法のなかで作ることもなければ受け取ることもないという教えを聞かれたら、おそらくあらゆる重罪は消えるでしょう。

大王、しばらく私の話を聞いてください。あの帝釈天（たいしゃくてん）は寿命が終ろうとした時に、五つの兆しが現われました。一つは着ている衣装に汚れが目立ちはじめました。二つは頭上の花輪の花が萎みはじめました。三つは身体が臭くなりはじめました。四つは脇の下に汗をかくようになりました。五つは天界に厭きるようになりました。帝釈天は閑散とした林に沙門らしい、あるいはバラモン僧らしい人の姿を見たので、そこに行きました。帝釈天はその修行者をブッダではないかと思いました。

478b その時、沙門、あるいはバラモン僧らしい人は帝釈天が近付いて来るのを見て、喜んで歓迎し、

「天主、私はあなたに帰依します」
と告げました。帝釈天はこの言葉を聞いて相手がブッダでないことを知りました。帝釈天はこの時、私の五つの衰滅の兆しを取り除くことはできなくなったと思い、失望していました。

その時、パンチャシキンという臣下が語りかけました。

「カウシカ（帝釈天）さま、ガンダルヴァ鬼神王にスバドラーという側女（そばめ）がいます。カウシカさま、この女を私にくだされたら衰滅の兆しを取り除く方法を教えてあげましょう」

帝釈天は、

「ビマライトラという阿修羅王にシャチという娘がいる。この娘は私の好みの女である。ところで君がたしかに衰滅の兆しを取り除く方法を教えてくれたら、この娘をあげよう。その上にスバドラーもあげよう」
と答えました。

「カウシカさま、それでは教えましょう。いまこの世間にブッダが出現されて、その名を釈迦牟尼（しゃかむに）といいます。この方は王舎城に住んでおられます。その方のところに行き、悩みを打ち明けていろいろなことを訊ねますと、その方は衰滅の兆しを取り除いてくださいます」

「大臣、そのブッダが本当に衰滅の兆しを取り除いてくれるのであれば、すぐにいま馬車を走らせてそこに行きたい」

大臣は命令を受けて馬車を用意し、帝釈天を王舎城の近くのラージギル山に案内しました。帝釈天はブッダの側に近付くと、足下にぬかずき、敬礼し、対面して坐り、申し上げました。

「世尊、神々や人々の心を縛っているのはなんでしょうか」

「カウシカ、それはむさぼりと嫉妬である」

「世尊、ではそれらはなにから生じるのでしょうか」

「カウシカ、無知から生じる」

「世尊、では無知はなにから生じるのでしょうか」

「カウシカ、怠け心から生じる」

「世尊、怠け心はなにから生じるのでしょうか」

「カウシカ、怠け心は誤った考えから生じる」

「では、誤った考えはなにから生じるのでしょうか」

「カウシカ、誤った考えは疑心から生じる」

「世尊、いま誤った考えは疑心から生じると言われたことはまさに聖者の教えのようです。なぜなら、私はいままで疑心がありました。疑心があったので真実を正しく見ることができませんでした。そのために世尊でない人を世尊であるかのように信じていました。いまブッダと会い、話を聞いているうちに疑いが晴れて、誤った考えを持っていたことに気づきました。疑いが晴れて、むさぼりの気持ちも嫉妬の気持ちもなくなりました」

「カウシカ、いま君はむさぼりや嫉妬の気持ちがないと言ったが、世俗生活に退転することがない聖者の心境に達しているのか。その心境の聖者にはむさぼりの心がないのだが、……。もしむさぼりの心がないのであれば、どうして命乞いのために私のところに来たのか。というのは世俗生活に退転することがない聖者の心境に達した人は命を惜しむことはないはずだから」

「世尊、誤った考えを持っていると、たしかに命を惜しむ気持ちがあります。もし誤った考えを持たなければ、命を惜しむことはないはずです。ところが私はいま命を惜しんでいるわけではありません。私は命を長らえようとしているのではなく、求めているのはブッダの教えの身体であり、ブッダの知慧なのです」

「カウシカ、ブッダの教えの身体、及びブッダの知慧を求めたいと考えているようだが、将来その願いは達成されるであろう」

このような会話が交わされた時、帝釈天は五つの衰滅の兆しを取り除くことができました。帝釈天はブ
478c
ッダのまわりを三度巡り、恭しく合掌してブッダに申し上げました。

「世尊、私はいま一度死んで生き返りました。命を失って再び命を得ました。また、ブッダの最高のさとりを将来得るだろうというブッダのお言葉を聞くことができました。まさしく更生しました。再び命を得たのですが、人々はどうすれば命を長らえ、何が命を縮めるのでしょうか」

「カウシカ、もし争いを起こし、戦うことがあれば命を縮め、互いに和やかに、敬い合うならば命を長らえることができる」

「世尊、私はいまから好戦家アスラ神と争わないようにします」

「カウシカ、よし、よし。多くのブッダは忍耐こそ最高のさとりのもとだと説いている」

これを聞いた帝釈天はブッダに敬礼して、その場を立ち去りました。

さて、いま述べたように、大王、このブッダはさまざまな悪を取り除くことができる人です。だから不可思議な人と呼ばれています。大王が行かれ、話を聞かれるならば、あなたの罪障を取り除くことができるはずです。

このような例もあります。ちょっと聞いてください。

不害という名のバラモンの子がいました。彼は多数の人を殺したことから、アングリマーラ（指の首輪を懸けている者）とあだなされました。彼は、ある時母を殺そうという気持ちが湧くと同時に身体が動き、気が付いたら母を殺していました。母を殺したことで五つの重罪の一つを犯しました。このために地獄に堕ちるはずでした。

また、ブッダの姿を見て殺したいという気持ちが起きた時には、すでにブッダに切り掛かっていました。果せなかったのですが、彼は五つの重罪の一つを犯したのです。このために地獄に堕ちるはずでした。ところがこの時、ブッダに巡り合ったことで、地獄に堕ちる因縁を消すことができ、彼はブッダの最高のさとりを求める気持ちを起こしました。

このようなことがあったことから、人々はブッダを無上の医者と呼んでおります。この方はあの六人の外道の師たちとは違います。

大王、スヴィーラという王子がいました。彼は父の怒りに触れ、脚を切断されて深い井戸に落とされました。母は憐れに思って、人に頼んで井戸から彼を助けあげ、すぐにブッダのところに連れて行かせました。するとと不思議なことにブッダを見ただけで手足がもとの形に戻りました。彼は、こののちブッダの最高のさとりを求めようという気持ちを起こしました。

大王、ブッダを見たことで、このご利益を得たのです。このようなことができる方であるために無上の医者と呼ばれています。この方はあの六人の外道の師たちとは違います。

また、大王、ガンジス河の畔に五百を数える餓鬼が住んでいました。餓鬼たちはまったく水を見たことがありません。河の水の流れをうえから見ても、それを火の流れと見るのです。だから餓鬼たちは喉が渇いた時も水を見ないので、その苦しみで声をあげて喚（わめ）くだけでした。時にその河の畔のウドゥンバラ樹林のなかで修行されていたブッダのところに餓鬼たちがやって来て、申し上げました。

「世尊、我々は喉の渇きで苦しく、そんなに永く生きられないと思っています」

「君たち、どうしてガンジス河の水を飲まないのだ」

「世尊、あなたには水に見えるでしょうが、我々には火に見えるのです」

「君たち、ガンジス河の流れは火の流れではない。君たちの悪業が心を転倒させて水を火と錯覚させてい
479a るのだ。私が君たちの誤った考えを取り除き、水が見えるようにしてあげよう」

このように言って、ブッダは彼らのためにむさぼりの過（とが）を説かれました。これを聞いて餓鬼たちは、

「私たちは喉が乾きすぎて教えを聞いてもまったく頭に入りません」

と悲しそうに言うと、ブッダは、

「君たち、それではいますぐに河に飛び込んで、思い切り水を飲みたまえ」

と言われました。餓鬼たちはどういうわけかブッダの力によって水を飲むことができたのです。思う存分

に飲み終わってから、再びブッダの説法を聞きました。聞き終わって、彼らはブッダの最高のさとりを求めようという気持ちを起こしたのです。と同時に餓鬼の姿が消え、天界の神々の姿に変わりました。このようなことがあったので、人々はブッダを無上の医者と呼んでいます。あの六人の外道の師たちとは違います。

　大王、舎衛城に五百人の盗賊がいました。彼らを捕え、パセーナディ王は全員の眼を抉り取りました。眼を失った彼らはブッダのところに助けを求めに行こうとしましたが、だれも先導してくれる者がなく、困り果てているのを憐れに思って、ブッダは自ら彼らのところに来て、

「君たち、日頃の行ないや言葉づかいに注意して、決して悪いことをしてはならない」と諭されました。盗賊たちはブッダのきれいな、優しい声を聞いて、心が安らぎ、眼ももとどおりに見えるようになりました。彼らはブッダの前で合掌敬礼して、揃って次のように申し上げました。

「世尊、我々はいまブッダの慈しみのお心があらゆる生類に及び、ただ神々や人々だけに止まらないことをはじめて知りました」

　ここでブッダは彼らのためにあらためて説法され、ブッダの最高のさとりを求める気持ちを持たせられたのです。このことからも人々はブッダを無上の医者と呼んでいます。あの六人の外道の師たちとは違います。

　また、大王、舎衛城に気嘘という名の不可蝕民がいました。彼は多くの人々を殺害しました。ある時、仏弟子の目連尊者に出会い、その姿に接したことで地獄に堕ちるべき因縁を断ち切ることができました。

そして三十三天のところに生まれ変わることができたのです。このようなすぐれた弟子を擁しておられることからも、ブッダを無上の医者と呼んでいます。あの六人の外道の師たちとは違います。

また、大王、ベナレスの町にアジタという名の、長者の子がいました。彼は母と邪淫したことで父と争
い、ついには父を殺害しました。その母はまた、ほかの者とも密通したので、子はその母をも殺害しまし
た。じつはこの子の教育係であった聖者がいたが、その子は顔向けができないことをしたという慚愧の気
持ちから、この聖者も殺してしまいました。この子はこののち、すぐに祇園精舎（ぎおんしょうじゃ）に行き、出家しようと願
い出ました。しかし修行者たちはこの子が三つの罪、つまり母と父と聖者を殺した罪を犯していたために
出家を許しませんでした。許されなかった腹いせで、その夜、彼は精舎に放火し、僧坊を焼き、罪のない
人たちを殺害しました。こののち彼は王舎城に行き、ブッダのもとで出家したいと申し出ました。ブッダ
479b は出家を許し、教えを説き聞かせられました。次第に少しずつ罪障は軽くなり、ついにブッダの最高のさ
とりを求めようという気持ちが起こりました。このこともあり、ブッダのことを無上の医者と呼んでいま
す。あの六人の外道の師たちとは違います。

大王、あなたの本性は暴悪で、かつては悪人提婆達多（だいばだった）を信奉し、彼に頼んでブッダを暴れ象で殺そうとされました。ところがその暴れ象がブッダを見た瞬間、正気に戻りました。ブッダは手を差し伸べて象の頭を撫で、教えを説かれ、さとりを求める気持ちを起こさせられました。あの象がブッダを見ただけでけだものの悪業の報いを取り除いたのです。人の場合も言うまでもありません。大王、ブッダを見る人はだれでも見るだけであらゆる罪障を取り除くことができます。

大王、かつてブッダがまだ修行中であった時、数えきれない数の悪魔たちが修行の邪魔をしようとしたことがありました。その時、ブッダはひたすら忍耐して、ついに悪魔たちの悪心に勝ち、彼らに教えを説き、ブッダの最高のさとりを求める気持ちを起こさせたのです。ブッダはこのような偉大な力を持っておられます。

大王、広野という村のアータヴァカという鬼神が、人々に危害を加えていました。ある時、ブッダはその村の善賢長者に招かれて、説法されました。その説法を外で聞いていたアータヴァカ鬼神は歓喜して長者を手放しました。そして鬼神自身さとりを求めようという気持ちを起こしたのです。

大王、ベナレスの町に広い額とあだなされる肉商人がいました。彼は毎日多くの羊を解体していました。ある時、舎利子尊者に出会い、心を動かされて八つの習慣を守ることを誓い、一昼夜が過ぎました。次の日、彼は死にましたが、誓いを立てていたことで北方の守護神である毘沙門天（びしゃもんてん）の子として生まれ変わることができました。このように弟子にも大きな力があります。ブッダはいうまでもありません。

大王、北インドに細石という名の都市があります。そこに龍印という王がいました。彼は国をわがものにして、王位を奪おうと父を殺害しました。父を殺したのち、彼は改心して国政を司ることを辞め、ブッダのところに行き、出家したいと願い出ました。ブッダはよく来たと歓迎し、弟子にしました。このことによって彼の罪障は消え、最高のさとりを求めるという心を起こしました。このようにブッダには量り知れない、無限の力があります。

大王、ブッダに提婆達多という従弟がいました。彼は多くの修行者たちに危害を加えたり、ブッダに傷を負わせたり、ウッパラヴァンナ（蓮華色）尼僧を犯すなど、三つの大罪を作りました。ところがこの提婆達多にもブッダは種々の説法をして少しずつ罪障を消してやりました。このようなことから、人々はブッダを偉大な名医と呼ぶのです。あの六人の外道の師とは違います。

大王、これまで申し上げたことを信じられるのでしたら、すぐにブッダのところに行かれるのがよろしいかと考えます。もし信じられないところがあったら、もう少し熟慮されることを願います。

479c 大王、ブッダの憐れみの心は多くの人々に向けられています。教えは広く、あらゆることを説かれます。怨みも親しみも超えて、平等に説かれ、ブッダの心には愛情や怨憎が入り混じっていません。ただ一人だけでもさとりを得ることができればいい、他の者が得ることができなくてもいいというのではありません。ブッダは弟子たちと信者たちだけの指導者ではなく、あらゆる神々・人々・龍神・鬼神、そして三悪道に苦しむ生類の指導者です。だから生類は自分の母や父を想う気持ちでブッダを見なければなりません。

大王、ブッダは上は一人高貴な人、たとえばバドリーカ王だけのために説法されているだけでなく、身分の低い理髪業を営んでいたウパーリなどの者たちにも説法されています。また、貧しい者への布施を楽しみとするスダッタ長者だけが供養する食べ物を受けているだけでなく、貧乏人のスダッタの供養も受けておられます。

一人すぐれた才能を持つ舎利子尊者のためだけでなく、無学なチューラパンタカ（周梨槃特）のためにも説法されています。一切のむさぼりの心を離れたマハーカッサパなどのような尊者にだけ出家の願いを許されたのではなく、貪欲な異母弟のナンダの出家も許されたのです。煩悩が少ないウルヴェーラ・カッサパなどの三兄弟の出家を許されただけでなく、パセーナディ王の弟、煩悩が多く、重罪を犯したウダヤ王の出家も許されました。海辺に生えるハマスゲ草を供養しても、その供養した人の憎しみの根を取り除くばかりか、殺人鬼アングリマーラが悪心からブッダを殺害しようとしても、それでもブッダは救わずにはおられないのです。一人の男だけに説法されるのではなく、きわめて愚かな、そして半人前の智者ぶった女にも説法されています。

出家した弟子だけに四種の聖者のそれぞれのさとりを得させるだけでなく、在家の信者にもそれらのさとりを得るように指導されています。プラーナ尊者たちのような世間の雑事を離れて、静寂な思索の生活をしている者だけに説法されているだけでなく、ビンビサーラ王などのような国事を司り、忙しい雑務を処理している人たちにも説法されています。

禁酒している人だけでなく、酒に浸っているウグラ長者のような飲んだくれにも説法されています。深い瞑想の境地に入るレーヴァタ尊者のような者たちだけでなく、六人の子を失い乱心したバラモンの妻ヴァシスタにも説法されています。

自分の弟子たちだけでなく、ジャイナ教の修行者にも説法されています。二十五歳の若者から八十歳の老人にも説法されています。善根を積んだ人だけでなく、未熟な人にも説法されています。パセーナディ王の妃マッリカー夫人だけでなく、ウッパラという売春婦にも説法されています。

ブッダはパセーナディ王の最上の料理や甘味類の施しを受けられるだけでなく、シュリーグプタ長者のごちゃ混ぜの食べ物の施しでも受けられています。このシュリーグプタ長者はむかし重罪を犯した人です

480a が、ブッダの説法を聞いたことで改心し、ブッダの最高のさとりを求めようという気持ちを起こした人です。

大王、ひと月の間、毎日衣食を貧しい人に施し続けても、それは本心からブッダを一瞬心に念じて得る功徳の十六分の一にもかないません。

大王、純金で等身大の人形を百体作り、馬車百台に宝石を満載し、それぞれ施したとしても、発心してブッダのもとに一歩ずつ近づいて行くことには及びません。

大王、百頭の象に支那の種々の珍宝を満載し、ありったけの飾りで飾り立てた美女を百人、これらをすべて施しても、発心してブッダのもとに一歩ずつ近づいて行くことには及びません。

また、これらのことはさて置き、もし生活に必需な飲食と衣服と寝具と薬品類などを十億個の太陽系に存在するあらゆる生類に施しても、発心してブッダのもとに一歩ずつ近づいて行くことには及びません。

また、大王がガンジス河の沙の数ほどの生類に施されたとしても、一度でもシャーラ樹林に行かれて、ブッダのもとで教えを聞かれることには及びません』

ここまでをじっと聞いていた大王はジーヴァカ医に言った。

『ジーヴァカ、ブッダは優しい心の持ち主であるようだ。白檀の林が白檀の木々で囲まれているように、ブッダは清浄であり、また、清浄な人たちに囲まれているようだ。大龍が多くの龍を従者とするようにブッダは心静かで、追慕する人たちも心静かであるようだ。ブッダはまったくむさぼりの心がなく、従っている人たちもむさぼりの心がないようだ。ブッダには煩悩がなく、まわりの人たちにも煩悩がないようだ。これに比べて私はなんと極悪人であろうか。悪業にまとわれ、身体は臭く、汚れ、地獄に縛られているようだ。こんな私がどうしてブッダのもとに行けるだろうか。もし側近くに行けたとしても顧みられることも、面接されることも、言葉をかけられることもないだろう。おまえが私を連れていこうとしても、いまの私の気持ちは恥ずかしく、後悔だらけで、まったくここを離れたいと思っていない』

　この時、天空から声がして告げた。

『ブッダの無上の教えがいままさに滅びようとしているのだ。不可思議な教えの河がまさに枯渇しようとしているのだ。最勝の教えの明かりがまさにまもなく消えようとしているのだ。教えの山が崩れようとし、教えの船が沈もうとしているのだ。教えの橋が壊れようとし、教えの宮殿が潰れようとしているのだ。教えの旗が倒れようとし、教えの樹木が折れようとしているのだ。善友が去ろうとし、大恐怖がいま襲おうとしているのだ。まもなく教えに飢えた人々が溢れることだろう。煩悩の疫病が流行するだろう。暗黒の時が来て、教えが枯渇する時が来るだろう。悪魔たちが喜び、甲や鎧などの善し悪しを選び、ブッダという太陽は死の山に投げ込まれることになろう。

　大王、ブッダがもしこの世間から去ったら、大王の罪障の治療はさらに難しくなるだろう。いまの君は
阿鼻地獄に堕ちるほどの悪業を作っている。その悪業の報いを受けることは疑いない。阿とは無という意
480b 味で、鼻とは間という意味である。間断なく苦しみを味わうところから無間地獄とも呼ばれている。そこ
にたとえ一人で堕ちても、その身体は数十万キロメートルの長さに伸びて、その地獄のあらゆるところに
届き、広く身体中に種々の苦しみを受けるだろう。たとえ多くの人々が堕ちて、彼らの身体が長く、大き
くなっても、それでも狭苦しい感じがしないだろう。

大王、寒冷地獄に堕ちて、暫くの間熱風に吹かれると楽になるし、灼熱地獄に堕ちて、寒風に吹かれると楽になる。生身のままで堕ちた普通の地獄で死んだ時に、もしだれかに呼び掛けられた声を聞いたら、生き返ることができようが、阿鼻地獄ではこのようなことはありえない。

阿鼻地獄の四方に門がある。それぞれの門外には火が燃え盛っている。東西南北のどの方角も数十万キロメートルに亙って鉄の壁が囲っている。また、上は鉄の網でおおわれている。大地は鉄でできている。上の火炎は下も燃やし、下の火炎は上も燃やしている。魚が鍋のなかで炒められる時脂が燃えるように、この地獄にいる罪人もこの魚と同じである。

大王、母父の殺害などの五つの重罪のなかの一つの罪でも犯した者は、この地獄のなかで一つの罪の報いを受ける。二つを犯した者の報いは二倍になる。五つを犯した者の報いは五倍になる。大王、君の悪業は報いを受けることが必定であると私は考える。願わくばいますぐにブッダのところに行きたまえ。ブッダのほかに救ってくれる人はいない。かわいそうだと思ったから、このことをすすめているのだ』と。

この天空からの声を聞いて、怖くなり、身体に戦慄が走り、身体中震えがとまらなかった。ちょうど風に吹かれている棕櫚の樹のようであった。王は天を仰いで言った。

『君はだれだ。姿が見えず、声だけがする。君はだれだ』

『大王、私は君の父ビンビサーラ王だ。君はジーヴァカ医の言ったようにしたまえ。あの六人の外道の師たちの言葉に惑わされてはならない』

これを聞いた王は悶絶して倒れた。その身体の傷の痛みはなお一層激しくなり、臭さを増した。軟膏を塗って治療したが、傷は腫れ、ますます熱を持つようになった。

# 第十七章 ブッダと阿闍世王の対話

## ブッダの配慮と月愛三昧

その頃、シャーラ樹林のなかにおられたブッダは、阿闍世王（あじゃせおう）が悶絶して倒れているところを神通力で見て、まわりにいる人々に告げられた。

480c 『いま暫く私は阿闍世王のために妙寂に入る時を延ばし、この世間に留まることにしたい』

カッサパ菩薩がブッダに申し上げた。

『世尊、本来ならば無数の人々のために留まっていただくべきはずなのに、どうして一人阿闍世王だけのために留まられるのでしょうか』

『カッサパ菩薩、ここにいる人々のなかのだれ一人として、私が結局は妙寂に入るだろうという者はいない。阿闍世王だけがブッダは妙寂に入ると思っているのだ。だから王は悶絶して地に倒れたのだ。私が阿闍世王のために妙寂に入らないと言ったのは、このような裏の意味があったことを君は解っていない。私が「……のため」と言っているのは、決まってすべての俗人のためという意味である。阿闍世王と言ったのは五つの重罪を犯した者という意味である。

また、「……ため」とはこの世間の生類のためという意味である。私はこの世間以外の生類のために生きているのではない。大体、世間を超えたところにいる者は生類ではないからだ。阿闍世王と言ったのは煩悩を持っている者という意味でもある。

また、「……ため」とはブッダの可能性について知らない人々のためという意味である。彼らがもしブッダの可能性（仏性）を知っていたら、私は彼らのためにこの世間に長く留まることはない。なぜなら、ブッダの可能性を知った人は迷える人々とはいえないからである。阿闍世王と言ったのはブッダの最高のさとりを求めようとする気持ちを起こしていない人を意味している。

また、「……ため」とはアーナンダ尊者やマハーカッサパ尊者のためという意味で、阿闍世王と言ったのは阿闍世王の後宮・妃・太后、及び王舎城のすべての女たちを意味している。

また、「……ため」とはブッダの可能性のためという意味である。阿闍（アジャータ）とは生じないことを意味し、世（サットゥ）とは怨みを意味している。なぜならブッダの可能性を実現するどころか、煩悩の怨みを起こすからである。煩悩の怨みを起こすからブッダの可能性を見ることができない。煩悩を起こさなければブッダの可能性を見ることができ、ブッダの可能性を実現すると妙寂に安住することができる。この時、生ずることがないという境地に到る。この境地を得るためにという意味で阿闍世王のために、と言ったのである。

阿闍（アジャータ）とは生じないことをいい、生じないとは妙寂のことをいう。世（サットゥ）は世間の在り方をいい、ためとは汚れないことをいう。つまり世間の八つの事柄（利益と損失、誉れと謗り、非難と称賛、楽しみと苦しみ）に汚されることがないから、数えきれない年月の間妙寂に入らない。だから私は阿闍世王のために数えきれない年月の間妙寂に入らないと言ったのである。私の秘密の言葉は不可思議なのだ。教えも修行者の集まりについても同じように不可思議なのだ。求道の人も不可思議、妙寂の教えも不可思議なのだ』

この説法ののち、ブッダは阿闍世王のために月愛三昧（がつあいざんまい）という、月の光が人々の心を和らげるような、そのようなはたらきを持つ三昧に入って、身体全体からまばゆいばかりの光明を放った。その光は清らかで
481a 涼しく、王の身体を包むように照らした。身体の傷は癒え、うっとうしい気分は除かれた。王は傷が癒えて身体が軽くなり、すがすがしい気分になった。そこで王はジーヴァカ医に次のように言った。

『むかし聞いたことがある。この世間の存続が終わりに近づこうとする時、三つの月が現われ、その時、あらゆる生類の苦しみはみな取り除かれるという。しかしいま、その時は来ていないようであるのに、この光はどこから来て、私の身体を照らし、傷の痛みや苦しみを取り除き、安らいだ気分にしているのだろうか』

『大王、これは世間の存続が終わりに近づいた時に現われる三つの月の光ではありません。また、火の光や日光や星の光や宝石の輝きや天の光でもありません』

『ジーヴァカ、この光が三つの月の光でないというのなら、何がこの光を放っているというのか』

『大王、これは神のなかの神ともいわれる方が放つ光です。この光には根がなく、際限がありません。熱

くもなく冷たくもなく、恒常でもなく刹那でもなく、物質でもなく物質でないものでもなく、形があるとかないとかいうものでもなく、青・黄・赤・白などの色がありません。人々を彼岸に渡そうとするために見えるようにしているのです。したがって根があり、限界があり、熱かったり冷たかったり、青・黄・赤・白の色を見せたりして、その特徴があることを教えているのです。しかし大王、この光はそのような特徴を持っているかのように教えていますが、じつのところ説明することも見ることもできないのです。青・黄・赤・白の色などないのが真実です』

『ジーヴァカ、その神のなかの神といわれる方はどういう理由でこのような光を放っているのか』

『大王、このめずらしい光景はじつは大王のためになされています。大王が先に「世間に私の身心の病を治療できる名医はいない」と仰せられたので、それに応えてこの光を放ち、まず大王の身体の病を治療し、その後に心の病を治療しようとしているのです』

『ジーヴァカ、ブッダはそのようにお考えなのか』

『大王、たとえば七人の子を持つ親はその中の一人が病に罹ると、いつも七人の子供の面倒を等しくみていても、とくに病気の時には大変心配するものです。大王、ブッダも同じです。人々に等しく慈しみの心を持たれないわけはありません。とくに罪を犯した人に対しては一入(ひとしお)憐れみの心が強いのです。怠けている人には慈しみの気持ちを持ち、精進している人のことはまったく心配されません。

では、どんな人が精進している人でしょうか。それは求道の人と呼ばれる人たちです。ブッダは多くの人々に対して生まれや、老人・壮年・少年などの年齢や、貧富や、時節・日月・星などによる吉凶や、能力などで差別されません。また、卑しい身分の人とか召使とかいう身分の差別をされません。ただその人に善心があるかどうかを観察されます。もし善心があれば、その人を慈しまれます。いまここに放たれた光で照らされた光景は、ブッダが月愛三昧に入って放たれた光であることを知らなければなりません』

『ジーヴァカ、その月愛三昧というのはどんな三昧なのか』

『大王、たとえば月光が青蓮華（しょうれんげ）をはじめとしてすべての蓮華を開花させ、色鮮やかにさせるように月愛三昧もこれと同じです。この三昧は人々の善心を開かせます。

また、たとえば月光が夜道を行く人の心に喜びをもたらすように、月愛三昧も解脱への道を修めている
481b 人に喜びをもたらします。

また、たとえば月光は月の一日から十五日までの間に形や色、それに光が少しずつ増して行きます。月愛三昧も同じように最初の発心の時に現われた善心の根を少しずつ増長させ、最後に解脱を得させます。

また、たとえば月光は月の十六日から三十日までの間に形や色、そして光は少しずつなくなっていきます。月愛三昧も同じように光が照らし出すところの煩悩を少しずつ衰滅させます。

また、たとえば日中の灼熱のもとではだれでも涼しい月光が恋しくなります。そこで月光に照らされるとうっとうしい暑さがずっと消え去ります。月愛三昧も同じように人々の煩悩熱をすっかり取り除きます。

また、たとえば満月は星のなかの王で、甘露の味に喩えられます。人々はこの満月をもっとも愛し、見て楽しみます。

このような種々のはたらきを持つ三昧ですから、これを月愛三昧といいます』

『ジーヴァカ、聞くところによると、ブッダは大海が屍（しかばね）を止めて置くことがないように、おしどりが厠（かわや）に留まらないように、帝釈天が鬼と共住しないように、コーキラ鳥が枯れ木に止まらないように、悪人と一緒に歩いたり、坐ったり、寝たり、話したり、議論したりしないといわれるが、それは本当か。私はどうしたらブッダに会うことができるだろうか。会って、ブッダを見た瞬間に私の身体は埋没するのではないだろうか。私はブッダを目のあたりに見たら、どちらかといえば暴れ象やライオンや虎・狼や大火事や噴火などに近づくほうが極悪人と近づきになるよりいいと思うようになりはしないだろうか。だから私はいまいろいろと考えた末、どういう気持ちでブッダに会おうかと考え込んでいる』

『大王、たとえば喉が渇いた人はすぐに泉に行き、飢えた人は食を求め、怖れている人は救いを求め、病む人は医者を求め、暑い人は涼しさを求め、寒い人は火を求めるように、いま大王がブッダを求められるのもこれと同じです。大王、ブッダはあの極悪人の一闡提に対しても説法されています。極悪人の一闡提でもない大王がどうしてブッダの慈しみで救われないことがあるでしょうか』

『ジーヴァカ、私は昔、極悪人の一闡提は教えを信じることも聞くこともせず、ものの正邪の区別を見る目がなく、正しい道理を持たないという話を聞いたことがある。そんな輩たちにブッダは説法するだろうか』

481c 『大王、たとえばある人が重病に罹ったようなことを考えてみましょう。この人は柱のように建つ高殿に昇り、胡麻油を飲み、また、それを身体に塗り、灰のうえに横たわり、また、その灰を食べ、枯れ木に登り、猿と遊び、寝食を共にし、また、水中に沈んだり、泥に塗（まみ）れたりしました。ある時は楼閣から、ある時は高い山から、ある時は樹木から、ある時は象や馬や牛や羊の背から飛び下りたことがありました。

青・黄・赤・黒などの色物を着て、笑ったり、喜んだり、歌ったり、踊ったりしました。カラスや鷲や狐や狸の仲間を飼ったり、歯や髪の毛は抜け落ち、丸裸で、犬を枕にして糞だらけのゴミのなかに寝ています。浮浪者と一緒に起居し、手を携えて食べ歩いています。毒蛇が一杯いるような、だれでも逃げだしたくなるようなところで生活しています。夢のなかで着物代わりに髪で身体を覆っているような女と抱き合い、自らはターラ樹の葉を衣服とし、壊れた荷車をロバに牽かせ、南方を目指して放浪する姿を夢見ています。

彼は夢から醒めて内心悩み事がありました。その悩み事のために身体の調子が悪くなり、だんだんと悪化しました。病が悪化したので親戚の者に医者を呼んでくれるように頼みました。使いに出された者の身体は小さく、丈夫そうではありませんでした。頭は泥だらけで、汚れ破けた衣服を着ていました。彼は古い壊れかけた車を牽いて来て、医者に「早くこれに乗ってください」と言いました。

すると医者はこの男の風采を見て、

〈この使いの者を見ると貧相で、どうも不吉な予感がする。病人は治療しても治りそうもなさそうだ。しかし待てよ。使いの者は貧相で、不吉な予感がするが、治療していい日なのかどうかを日で占ってみよう。もし月の四日・六日・八日・十二日・十四日などの日に治療したら、病は治らないといわれる。しかし日が悪いといっても、星で治療していい日かどうかを占うこともできる。もし火星・金星・昴星(ぼうせい)、ヤマ天王の住む星、湿星・満星などの星が現われた時は、治療しても病は治らないといわれる。しかし星が悪いといっても、時で占うこともできる。もし秋の時節、冬の時節、太陽が沈む時、夜半の時、月が沈む時などに治療したら、病は治らないといわれる。しかしこのようないろいろの方法で占って、凶と出たとしても、それが確かであるかどうかは解らないのだから、とにかく病人を診ることにしよう。もしその病人に福徳があれば治療した効き目があるし、もし福徳がなければ占いで吉と出たとしても治療しても治らないだろう〉と考えました。

　このように考えてから医者はその使いの者と一緒に病人のところに向かいました。途中、医者は〈もし病人に長寿の相があったら治療してあげてもいいが、もし短命の相であったら治療はしまい〉と考えていました。

　しばらく進むと、前方に喧嘩する二人の子供がいました。頭を捉え、髪をわしづかみにし、石や杖で互いに殴り、傷つけあっているのを見ました。また、前方に火を持っている人が自然に消えるのを見ました。また、前方に樹木を伐り倒す人を見ました。また、前方の剥ぎ取った動物の皮を曳きずって歩いている人を見ました。また、前方の道に落とし物が散らばっている光景を見ました。また、前方に空の器を持ち歩く人を見ました。また、前方にただ一人歩いている沙門を見ました。また、前方に虎や狼、カラスや鷲や狐などがうろつく姿を見ました。

　これらの光景を見たのち、医者は

482a 〈この使いの者、それにこれまで道で見た光景はどれを見ても不吉な相ばかりであった。どうも病人の病は治りそうもない。と言って、もし行かなかったら医者として失格であるし、と言って行ってもその病は治りそうもない。たしかにいろいろと占ってもどうも不吉なことしか考えられないけれども、その病人を見捨てるわけにもいかないから、やはり病人のところに行くこととしよう〉と考え続けました。

こののち、また、前方に〈失う、死ぬ、崩れる、壊れる、折れる、剥げる、抜ける、落ちる、焼かれる、来ない、治らない、救われない〉という声がしました。また、南の方角にカラスや鷲やシャーリー（百舌鳥）などの鳥の声が聞こえました。また、犬やねずみや狐や兎や猪の声も聞こえました。これらの声を聞いて、医者は、この病人の病は治らないかもしれないと思いました。

そのうちに病人の家に到着しました。医者が病人の容態をみると、寒けと熱があり、節々が痛み、眼を真っ赤にして涙を流し、外に聞こえるかと思われるほどの耳鳴りがあり、喉は腫れて痛み、舌には裂目があって黒く、頭はぼんやりしていました。身体は衰弱して汗もかかず、大小便がなく、身体は腫れて、異常に赤くなっていました。荒々しい話し方をするかと思うとかぼそい声で話し、不安定でした。身体中に斑点が出て、青や黄の色をしており、普通ではありません。腹が膨張し、言葉がはっきりしませんでした。

これを見て医者は看病している家の者に訊ねました。

「この病人はこれまでどんなことをしてきましたか」

「先生、この人はこれまでブッダの教えや神々を信仰しておりました。ところが急変して、その信仰心がなくなりました。昔は喜んで人様に物を恵んでおりましたが、この頃はけちになってしまいました。この人はもともと少食の人でしたが、この頃は食べすぎのきらいがあります。昔は穏やかで善良な性分でしたが、この頃は悪のかたまりのようです。やさしい気持ちの人で両親を敬っていたのですが、いまはそのような気持ちはまったくありません」
と答えました。医者はこれを聞いたのち、病人の匂いを嗅ぎました。匂いにはいろいろあるが、医者は病人の身体に触って診ました。身体はちょうど織糸のように細く、カパーシャ（劫貝）やハマスゲ（莎）の花のように細く、また、石のように堅く、そして氷のように冷たく、火のように熱があり、肌は沙のようにざらざらしていました。

　この状態を診て、医者はこの病人は死んでもおかしくないと考えました。しかし彼はこの病人はまもなく死ぬだろうとは家の者に言えませんでした。そこで看病している家の者に言いました。

「私はいまたいへん忙しいので、また明日往診に来ます。病人がなにか求めることがあったら、好きなようにさせて、決して断ってはなりません」

　このように言いつけて帰りました。次の日、また、使いの者がやって来ました。ところが医者は使いの者に、

「私は仕事がまだ終わっていない。それだけではない、まだ薬を調合していないのだ」と愛想もなく返答したのです。

　大王、要するにこのような病人は決して死を免れないと知らなければなりません。ブッダも極悪人の一

482b 闡提の根性をよく知悉し、その上で説法されます。なぜなら、もし彼らに説法されなかったら、人々は

「ブッダには慈悲の気持ちなどないに違いない。なぜなら慈悲があったら、なんでも知り尽くした人と呼べるが、慈悲がなくなったら、どうしてなんでも知り尽くした人と呼べようか」

と言うに決まっているからです。だからブッダは極悪人の一闡提にも説法されます。

大王、ブッダは病人を見たら、かならず教えの薬を施されます。病人がそれを飲まないことがあっても、ブッダを責めることはできません。

極悪人の一闡提に二種類あります。一つには生きている間に善根を植えることができる輩と、二つには来世で善根を植えることができる輩です。ブッダは極悪人の一闡提にいま生存中に善根を植えることができる者がいることを知り、その者のために説法されます。また、来世に善根を植えることができる者のためにも説法されますが、それはいますぐに効果が顕われることはないが、いずれ来世に顕われる原因となるから説法されるのです。いずれにしてもブッダは極悪人の一闡提のためにも説法されます。

また、極悪人の一闡提にすぐれた能力を持つ輩と普通の能力を持つ輩がいます。勝れた能力を持つ輩はいま生きているうちに善根を植え、普通の能力を持つ輩は来世で善根を植えます。ブッダはこのような区別を知って説法されます。無駄な説法はされません。

大王、たとえばある人が厠に落ちたのを見たら、すぐにその人の髪をつかみ、引き上げて救い出すように、ブッダも人々が地獄に堕ちているのを見たら、いろいろと手を尽くして救いだされます。だからブッダは極悪人の一闡提にも教えを説かれます』

王はここでジーヴァカ医に告げた。

『もし君が語ったようにブッダが救ってくれるのであれば、いい日を選んで行くことにしよう』

『大王、ブッダの教えのなかには吉日とか星巡りのいい日とかを選ぶことはありません。ちょうど重病人が日とか時とか季節とかの吉凶に関係なく、名医を選ぶのと同じです。大王はいま重病に罹っておられます。ブッダという名医を選び、求められるべきです。吉日とか良い時とかを気にすべきではありません。大王、白檀樹が燃える時の火とエーランダ樹が燃える時の火は二つとも燃える時の火に違いはないようなことと同じで、吉日と凶日に日の違いはありません。ブッダのところに行かれると大王の罪はすべて消えることでしょう。いますぐに行きましょう』

そこで王は吉祥という名の大臣に命令した。

『大臣、私はいまブッダのところに行こうと思う。すぐに施す物を選んで用意したまえ』

『大王、承知しております。持っていくべき物はすべて用意しておきました』

阿闍世王は夫人たちと一緒に一万二千の飾り立てた車、五万の従順で頑健な象を引きつれて行きました。それぞれの象のうえには三人ずつ乗り、傘と旗を持たせました。花や香油・楽器、それに種々の布施の物を持って行きました。従者・騎馬隊など十八万人でした。マガダ国の人民で王について行く者の数は
482c 五十八万人でした。その時クシナーラの町の人々は数千キロメートル先の道路から道を埋め尽くす大衆が阿闍世王と一緒にやって来るのを見た。

その時、ブッダはまわりを囲んでいる大衆に告げられた。

『人々にとって最高のさとりを得る因縁は善友（ぜんゆう）に勝るものはない。なぜなら、阿闍世王がもしジーヴァカ医の進言を拒否していたら、王は来月七日にはかならず死んで地獄に堕ちていたと考えられるからだ』

その頃、阿闍世王はまた、前方から次のような声を聞いた。

『舎衛城のパセーナディ王の王子ヴィルーダカは船で海に出たおり、船火事にあって死に、提婆達多の弟のコーカーリカは生きたまま阿鼻地獄に堕ちたが、スナカッタ僧は種々の悪行をしたがブッダのところに行き、それまでの罪障をすべて除いた』

この声を聞いたのち、ジーヴァカ医に語った。

『私はいまこのような二つの声を聞いたが、まだよく解らない。ジーヴァカ、一緒に来てくれ。君と一緒に象に乗っていたい。もし私が阿鼻地獄に堕ちる時は、ジーヴァカ、私を捉えて堕ちないようにしてもらいたい。なぜなら、私はかつて道を得ている人は地獄に堕ちないということを聞いたからだ』

その頃、ブッダはまわりにいる大衆に向かって、

『阿闍世王はまだ迷っている。私がすぐに決心させなければならないようだ』

と告げられた。これを聞いていた大衆のなかに持一切菩薩がいた。その菩薩はブッダに申し上げた。

『世尊、ブッダが先にお説きになったように、すべてのものには確固たる特徴はなにもありません。物質にも確固たる特徴はなく、最終の妙寂にも確固たる特徴がありません。それなのにブッダがいま阿闍世王に決心させようと言われた決心とは一体なんでしょうか』

『よし、よし。私はいま阿闍世王に決心させようとしているが、じつは王が迷っている気持ちを打ちくだくことができるのは、ものに確固たる特徴がないからである。だから阿闍世王に決心させられるのだ。それはその心に確固たる特徴がないからだ。もし王の心に確固たる、不動の特徴や形があったら、王の重罪をなくすことはできまい。確固たる形、特徴がないから罪をなくすことができるのだ。だから私は阿闍世

王に決心させられるのである』

## 阿闍世王に対する説法

いよいよ阿闍世王はシャーラ樹林に到着し、ブッダのもとに参じ、三十二相八十種好相の瑞相を備えた、黄金の山のようなブッダの姿を仰ぎ見た。その王に対して八種の声を出して、ブッダは言われた。

『大王！』

この声を聞いた王は左右をキョロキョロ見ながら、

483a 〈この大衆のなかにだれか私以外の大王がおられるのか。私はすでに罪障の多い、まったく福徳がない人間である。ブッダが私を大王と呼ばれるはずがない〉

と独りつぶやいた。ブッダは再度、

『阿闍世大王！』

と呼ばれた。これを聞いた王は心のなかはうれしさで一杯であった。

『世尊、ブッダはいま私をお心にお止めくださり、そしてお声をかけてくださいました。ブッダはどんな者にも大悲の心で憐れみを垂れて、等しく差別なく接してくださることをはじめて知りました。世尊、もう私にはブッダに対する疑いはまったくありません。ブッダは人々のなかの最高の、偉大なる教師であることをはっきりと知ることができました』

これを聞いていたカッサパ菩薩は持一切菩薩に語りかけた。

『菩薩、ブッダは阿闍世王に確固たる気持ちを植え付けられたようです』

ここで阿闍世王はブッダに申し上げた。

『世尊、たとえ私はいま梵天や帝釈天の方々と起居飲食を共にすることがあっても、もうれしいとは思いません。私はブッダが一声かけてくださったこと、それだけで幸せです』

こののち、持参した旗や香油や花や楽器などを施して、阿闍世王はブッダの足下に伏して敬礼し、さらに三度右回りした。これが終わって片隅に坐った。

そこでブッダは阿闍世王に次のように説法された。

『大王、これから君のために正法の要(かなめ)を説くことにしよう。心してよく聞き給え。俗人がつねに心がけて、わが身を観察することに二十ある。

一つはこの身体は膨張したもので、汚いものばかりが詰まっている。

二つは善といわれる根がまったくない。

三つは生まれてから死ぬまでの生涯は順調ではない。

四つは深い落し穴に堕ちるように、行くところはどこも恐ろしい。

五つはどんな方法でもってブッダになる可能性を見ることができようか。

六つはどんな瞑想をもってブッダになる可能性を見ることができようか。

七つは生まれ変わり死に変わりは避けられないことで、そこは不変不動の安住のところ、そして完璧な清らかさなどない。

八つは八つの受難から逃れることができない。

九つはいつも敵に追い掛けられる。

十は一つとして世間に存在するものを思うように制御できない。

十一は三悪道に堕ちたら、そこから抜け出ることができない。

十二は種々の悪行や誤った考えをする。

十三は母や父を殺すなどの五つの重罪の河を渡るための渡し場をまだ造っていない。

十四は生まれ変わり死に変わりの輪廻に終わりがない。その終わりがわが身にはない。

十五はいろいろの善業を作ろうとせず、したがってその果報を得ることがない。

十六は自分が作り、他人がその果報を受けることがない。

十七は安楽の原因を作らない。したがって安楽の結果がない。

十八はなにか業を作れば、その報いはかならず受ける。

十九はおごりによって生まれがあり、それがついには死をもたらす。

二十は過去にも、現在にも、未来にもつねに怠ける。

大王、人はつねにこの二十の事柄をわが身を観察する時に心がけるべきである。このように観察しているならば、二度とこの生まれ変わり死に変わりの輪廻を願おうとは思わないだろう。そうなれば正しく観

483b 察する眼が得られたことになる。そして次第に心に種々の事柄が生じ、存在し、そして消えて行く有様を観察する力が得られる。事柄が生じ、存在し、そして消えて行く有様を観察したら、心が静まった状態、ものはすべて空であると知る状態、そしてそれを身体で実感する状態を自覚し、最後にはまったく悪を作らなくなる。そして死を怖れることもなく、三悪道に堕ちるのではないかという心配さえなくなる。これらの二十の事柄を観察しない人は務め励む気持ちがなく、悪いことをし続けるだろう』

『世尊、いまブッダが説かれた教えを聞いておりますと、私はこれまで二十の事柄についてまったく考えたこともありませんでした。だから悪いことばかりしてきたのです。悪いことばかりしてきたので、死後三悪道に堕ちることを怖れてきました。世尊、要するに私自身が禍を招き、それでまた悪行を重ねたのです。たとえば罪のない父王を思いどおりにいじめ、そして殺害したことを、この二十の事柄で鑑みると、私は地獄に堕ちることは決定的ですね』

　ブッダは王に次のように告げられた。

『自分の身体、これに関わるすべてのものの性質と形相は無常で、固定的なものはなにひとつない。大王、どうして自分はかならず阿鼻地獄に堕ちるはずだというのだ』

『世尊、もしすべてのものが確固たるものでなければ、私が犯した殺人罪は確固たる罪とはいえないことになりましょう。殺しの行為が確固たるものであるからこそ、すべての事象は定まっているといえるのではないでしょうか』

『大王、よし、よし。多くのブッダは「すべてのものにはみな確固たる形相がない」と説かれている。よいか、したがって大王の犯した殺害の罪も確固たるものでないことが解る。だから殺しという行為には確固たる特徴はない。

大王、あなたは罪のない父王を思いどおりにいじめ、そして殺してしまったわけだが、その父とはなにものだろうか。父といっているものはただ名前を持った生き物で、肉体と感覚器官のはたらきの、いわゆる五つの要素の集まりであって、それについて父という思いを持っているにすぎないのではないか。その感覚器官とそれが感覚する対象とその存在する領域のなかで父というものが作り出されているのではないか。もし肉体が父であるなら、感覚器官とそのはたらきは父ではないのか。もし感覚器官とそのはたらきが父であれば肉体は父ではないのか。もし肉体と肉体でないものが融合して父というものを構成しているなら、それは考えられないことである。なぜなら、肉体と肉体でないものとは本質的に融合できないからである。

大王、俗人はこの物質という要素の集まりに父という思いを作り上げているが、この物質という要素の集まりをじつは害することはできない。なぜなら、物質には、眼・耳・鼻・舌・身（皮膚に包まれた骨・筋肉・臓器など）の五つの感覚器官と、これらの感覚対象である色・音・香・味・感触などの五つのものを合わせた十種があり、その十種のなかでただ一種だけが見ること、持つこと、数えること、量ること、牽くこと、縛ることができ、見ること、乃至縛ることができるといってもその本質は存在しないからだ。存在しないから見ることができない。持つこと、数えること、量ること、牽くこと、縛ることもできないからである。物質の特徴はこのようなものであるから、どうして殺すという行為があるだろうか。もし物質が父であって、殺すことがあり、害することがあり、そしてその罪の報いがあったとしたら、他の九つの物質はその報いがないことになろう。もし報いがないなら罪はないことになろう。

大王、また、物質の存在に過去・現在、そして未来の三つがある。過去と現在には害するという行為はない。なぜなら、過去はすでに過ぎ去っているから害するという行為は成り立たない。現在は一瞬一瞬に消えているから害するという行為は成り立たない。そして来るべきことを遮断しているから、これを殺しというのだ。このように一つの物質を殺すこともできるが、殺せないともいえる。殺しがあり、殺しがないとなれば物質は確固たるものとはいえないことになる。もし物質が確固たるものでないとなれば、殺しという行為も確固たるものではない。殺しが確固たるものでないなら、報いも決定的なものではない。このことからどうしてかならず地獄に堕ちることがありえようか。

483c

大王、人々の犯す罪業に二種類ある。軽いものと重いものである。意識のなかと言葉で犯したものは軽い罪であるが、意識のなかと言葉と、それに身体で犯したものが加わると、その罪は重い。つまり意識のなかで思って、それが言葉で現われても、行動で犯さなければ、その罪は軽く、報いも軽い。

大王、あなたはむかし殺せとは命じなかったが、ただ足を斬れと言った。大王は臣下に「立ち上がったら王の首を斬れ」と命じたのに、坐っている時に臣下が斬ったら罪とならないであろう。ましてや王が命令していないのであれば、どうして罪になるだろうか。王がもし罪を得ることになれば、ブッダも罪を得ることになろう。なぜなら、あなたの父ビンビサーラ王はいつも私に供養し、種々の善根を積んでいた。だから今日まで王位に即いていたのだ。もし私が父王の施しを受けなかったら、彼は王とならなかっただろう。もし王とならなかったら、あなたは国のためにといって父王を殺害をすることができなかったであろう。あなたが父王を殺して罪を作ったのは、突き詰めれば私にも罪があることになる。もし私に罪がなければ、あなた一人だけにどうして罪があるといえようか。

大王、ビンビサーラ王はむかしマガダ国のビプラ山で鹿狩りをしたが、広野をくまなく回っても一頭も狩ることができなかった。その折、五つの神通力を取得した一人の仙人に出会った。国王はどうしたことかその仙人が憎くなった。つまりこれだけ探し回っても一頭も狩ることができなかったのは、この仙人が鹿を追い払ったからに違いないと考えたからである。すぐにまわりの臣下たちにこの仙人を殺すように命じた。この仙人は殺されようとする直前に怒りの気持ちを起こしたために神通力を失ってしまった。そこで彼は遺言を残した。

「私になんの罪もないのに、あなたは心に思い、そして言葉でもって殺せと命じた。私は来世でこのように心と言葉であなたを殺害するだろう」

これを聞いたビンビサーラ王は後悔の気持ちを起こし、すぐにその遺体を手厚く弔った。このようにしたことで王は罪が軽く、地獄に堕ちずに済んだ。ましてやあなたはこれほどではないのであるから、どうして地獄で報いを受けることがあろうか。

先の王は自ら罪を作って、その報いを受けたのである。どうしてあなたが殺人罪を受けることになるだろう。あなたは「父王には罪がなかった」と言っているが、どうして「ない」と言えるだろうか。罪がある人はかならずその報いを受ける。悪業がない人はその報いを受けることはない。あなたの父王にもし罪がなかったらどうして報いがあったのだろうか。

ビンビサーラ王は生存中に幸せな報いも苦しみの報いも受けたのである。だからその意味で父王もまた確固たるものとはいえないし、確固たるものでないのだから殺しもまた確固たるものではない。殺しが確固たるものでないのだから、どうして地獄にかならず堕ちるといえようか。

大王、人々の気が動転する場合に四種類が見られる。一つに貪欲で動転する。二つに薬によって動転す
484a る。三つに呪いによって動転する。四つに前世からの悪業によって動転する。

私の弟子のなかにもこれらの動転が見られる。彼らはいろいろな悪行をしてきたが、私は彼らが習慣や規律を破ったとも破っていないとも善悪をつけなかった。彼らの行なったことは地獄・餓鬼・畜生の三悪道に堕ちるほどのものではなかった。もし本心に戻ってしまえば、犯したとはいえない。大王は自分の国土を欲しがって父王を殺害した。それは貪欲に狂った心の仕業であった。それがどうして罪になるだろうか。

大王、人が酒によって母に危害を加えたのち、酔いが醒めて後悔することを考えてみよう。この場合の行為も報いを受けない。いま大王の場合もこれと同じで、貪欲に泥酔していたのであり、本心から殺害したのではない。本心からしたのでなければ、どうして罪になろう。

大王、たとえば魔術師が町の四つ辻で種々の男女や象・馬・飾り・衣服の幻を作り出しているの見て、愚者はそれが本物だと信じるが、智者はそれは本物でないことを見破るようなことと殺しの場合も同じである。俗人は殺しはじつにあったといい、ブッダはそれが事実ではなかったことを見破る。

大王、愚者はたとえば山間にこだまするやまびこの声を本物の声だといい、智者はこれはこだまだと見

破ることと殺しの場合も同じである。俗人は殺しはじつにあったといい、ブッダはそれが事実ではなかったことを見破る。

大王、敵が嘘でつくろいながら親しく近付いて来るのを愚者は本物の親しい人だと考え、智者はそれがすべて嘘偽りと見破ることと殺しの場合も同じである。俗人は殺しはじつにあったといい、ブッダはそれが事実ではなかったことを見破る。

大王、鏡に自分の顔を写してみた時、愚者はこれが本物の顔だと信じ、智者はそれは本物でないと見破ることと殺しの場合も同じである。俗人は殺しはじつにあったといい、ブッダはそれが事実ではなかったことを見破る。

大王、日照りの時のカゲロウを愚者は水と錯覚し、智者はそれを水とは見ないことと殺しの場合も同じである。俗人は殺しはじつにあったといい、ブッダはそれが事実ではなかったことを見破る。

大王、蜃気楼を見て、愚者はそれを本物と見、智者は幻だと見破る。これと殺しの場合も同じで俗人は殺しはじつにあったといい、ブッダはそれが事実ではなかったことを見破る。

大王、夢のなかで人は、眼・耳・鼻・舌・身の五つの感覚を楽しむが、愚者はこれを本物だと思い、智者はこれを本物でないと見破る。これと殺しの場合も同じで、俗人は殺しはじつにあったといい、ブッダはそれが事実ではなかったことを見破る。

大王、殺し方、殺しの行為、殺す人、殺しの報い、及びその報いからの解脱など、私はそれらについてすべて知り尽くしており、それらに罪はない。王が殺しをしたことを知っているが、どうして罪があるというのだろうか。

大王、たとえばある人が酒について詳しく知っていても、それを飲まなければ酔うことはできない。また、火について知っていても燃えないようなことと同じで、大王の場合も殺しについて知っていても、どうしてそれが罪になるだろう。

484b 大王、人々が日の出に種々の罪を作り、月が出る時に強盗をし、太陽や月が出ない時は罪を作らないということを考えて、太陽や月が出る時に罪を作ることがあるとしても、太陽や月が罪を作っているわけではない。殺しの場合もこれと同じで、大王によって殺しが行なわれたといっても大王に実際に罪があるというわけではない。

大王、あなたは宮殿で羊を犠牲（いけにえ）として屠殺することを命じているが、そのたびに少しも怖れを抱くことがない。それなのにどうして父王の時だけ怖れを抱いたのだろうか。人と畜生とは尊卑の差別があるが、命を宝のように思い、死を怖れることでは人も動物も違いはない。どうして羊を殺す時は軽く考え、怖れを抱かないのに、父王を殺したことについては重く憂い、苦しみを抱くのだろう。

大王、世間の人は欲の僕（しもべ）になり、欲に固く縛られている。欲に使われて殺しをする。報いがあるのはすなわち欲の罪による。大王がいま縛られているのは一体なんの過（とが）によるというのだろうか。

大王、たとえば妙寂はあるのでもなく、ないのでもないというようなことで、あるというなら、殺しもあることになる。あるのでもなく、ないのでもないといっても、それでもこれ（殺し）はある。慚愧（ざんき）の気持ちを起こしている人にはないということになり、慚愧の気持ちがない人にはないことはないということになる。報いを受ける人はあるといい、すべてのものは空であると考える人にはあるわけはないという。つねにものは不滅であると考える人はないということはできない。なぜなら、つねに不滅であると考える人は悪業の報いがあると考えるからである。この意味であるでもなくないでもないといっても、それでもある。

大王、生きているものとは息を呼吸しているものをいう。呼吸を断った時に、これを殺しという。私は世俗の言い方にしたがって殺しといったのである。

大王、物質は無常である。物質が生まれる原因と条件も無常である。無常なる原因から生じた物質がどうして不滅でありえようか。また、感覚器官のはたらきも無常である。感覚器官のはたらきが起きる原因と条件もまた、無常である。無常の原因から生じたはたらきがどうして不滅でありえようか。無常であるから思うようにはならないのだ。思うようにならないから、ものは空虚である。空虚であるから実体がない。もし、ものが無常で、思うようにならず、空虚で、実体がなかったら、何を殺すというのだろうか。無常なるものを殺すならば常住なる妙寂を得ることだろう。思うようにならないものを殺すならば、思うようになるものを得ることになろう。空虚なものを殺すならば、実なるものを得ることになろう。実体がないものを殺すならば、真実なる実体を得ることになろう。

大王、もし無常なるものと、思うようにならないものと、空虚なものと、実体がないものとを殺したら、その人は私と同じことになろう。私は無常なもの、思うようにならないもの、空虚なもの、実体がないものなどを殺したが、地獄に堕ちることがなかった。どうしてあなたが地獄に堕ちることがあろうか』

その時、阿闍世王はブッダが説かれたように肉体を観察し、感覚器官のはたらきを観察した。そしてブッダに次のように申し上げた。

484c 『世尊、私の肉体はいま無常であり、感覚器官は無常であることを知りました。私がもっと早くにこのことを知っていたら、あのような罪を犯すことはなかったでしょう。私はむかしブッダはつねに人々のために母になり父になられると聞いておりましたが、このことを信じられませんでした。それがいまはじめて判りました。

かつて私は

〈ヒマラヤは金・銀・瑠璃・水晶などの四つからできている。もし鳥たちがやって来ると、群れをなしている場所の色にその鳥たちの羽の色は同化する〉

と聞いたことがあります。しかしこの言葉は腑に落ちませんでした。ところがいまブッダというヒマラヤに来てみると、私はその色に同化しました。同化したとはすべてのものは無常であり、思うようにならない、実体がなく、そして私のものはないことを理解したことです。

世尊、私は世間ではエーランダ毒樹の種子からはエーランダ毒樹が生じることを見てきましたが、エーランダ毒樹から栴檀樹が生じたのを見たことはありません。ところがいまエーランダ毒樹から栴檀樹が生じたのを見ました。つまりエーランダの種子とは私の身体です。栴檀樹とは私の心の無根信、つまりブッダの助けによって生じた、それまでなかった私の信心です。無根とは私はかつてブッダを崇敬することも、教えを崇敬することも、そして修行者の集まりを崇敬することもまったくなかったことをいったのです。

世尊、いまブッダに遇わなかったら、おそらく私は数えきれない年月の間、地獄に堕ちて量り知れない苦しみを受けることになったでしょう。私はいまブッダを目のあたりに見ることができて、そのおかげで量り知れない功徳を得ました。この功徳であらゆる人々が持っているのと同じ、煩悩にまみれた悪心を取り除くことができました』

『大王、よし、よし。人々が持っていると同じ悪心をあなたが取り除いたことを知った』

『世尊、私が人々が持っていると同じ悪心を取り除くことができて、阿鼻地獄に住み、数えきれない年月の間人々の代わりに苦しみを受けることがあっても、私はそれを苦とは思いません』

その時、マガダ国の数えきれない人々はみな、阿闍世王のこの言葉を聞いて、ブッダの最高のさとりを求めようという気持ちを起こした。人々がこのようなすぐれた気持ちを起こしたことで、阿闍世王の重い罪は軽くなった。そして王の夫人や後宮や侍女たちもみなブッダのさとりを求めようという気持ちを起こした。

ここでまた、阿闍世王はジーヴァカ医に語りかけた。

『ジーヴァカ、私はいま生きながらにして天上界に生まれ変わったような状態になった。短命な身体が長寿を得た身体に変わり、はかない身体が不滅の身体に変わってしまった。私はこれから多くの人々がブッダの最高のさとりを求める気持ちを起こすようにし、天上界の身体、長寿で不滅の身体を得て、そしてすべてのブッダの弟子となることを勧めようと思う』

このように語ったのち、種々の旗や香油や花や飾り、そして妙なる音楽などをもってブッダを供養した。そして次のように詩偈でブッダを讃えた。

485a

『ブッダの真実の言葉は不思議で、文言は巧みにして深奥で、その秘密の教えの宝庫を人々に公開された。

広い範囲にわたる教えを人々のために要約して説き、人々の心を治療される。この言葉を聞いた人々は信じる者であれ、信じない者であれ、みなこれはブッダの言葉であることがかならず判るであろう。

ブッダはいつもやさしく語られるが、ためを思って粗い言葉で説かれることがある。粗い言葉もやさしい言葉も究極の真実に帰着する。ゆえに私は世尊に帰依する。

ブッダの言葉はすべて一味であり、大海の水のようである。これを究極の真実という。ゆえに真実でない言葉はない。

ブッダが説かれた量り知れない教えを老若男女が聞けば、みな同じ究極の真実を知ることができる。

その究極の真実は始めがなく、終わりがなく、生じることもなくなることもない。これは妙寂といわれ、これを聞いた人の悪業の報いは消える。

ブッダは人々のために優しい母となり、父となる。人々はみなブッダの子であると知らなければならない。ブッダは量り知れない慈悲の心から、人々のために代わりに苦行をされた様子は、人々が鬼神に憑かれて、狂って種々の無駄なことをしている姿に似ている。

私はいまブッダに遇えたことで身体・言葉、そして心に善根を得た。この功徳でこれから最高のさとりへの道に邁進しよう。この功徳によって供養するブッダ・教え・修行者の集まりの三つの柱が、つねにこの世間に永遠に在り続けるようにと願っている。

私が得た種々の功徳で、どうか人々がむさぼりなどの煩悩や身体の苦しみや死の恐怖や悪魔などを取り除くことができるように願っている。

私は悪友と付き合い、過去・現在に亙って罪を作ってきた。これをいまブッダの前で懺悔する。今後このような罪を作らないことを誓う。

どうか多くの人々がみなさとりを求める気持ちを起こし、心がけて十方のブッダたちを崇敬するように願っている。

485b
また、多くの人々が煩悩を取り除き、はっきりとブッダになる可能性を見ることができるように願っている』

その時、ブッダは阿闍世王を讃えて言われた。

『よし、よし。もしさとりを求める心を起こしたら、その人はブッダたちや大衆の心を飾ったことになる。大王、あなたはかつて過去七仏の一人ヴィパシイン仏のところでブッダの最高のさとりを求める心を起こした。この時以来、この世間に現われるまでの間、いまだ一度も地獄に堕ちて苦しみを受けたことがなかった。それはかつてさとりを求める心を起こしたことによる量り知れない果報がそうさせたのである。大王、今後もさとりを求める心を起こし続けるように努めなければならない。なぜなら、これによってこれまでの量り知れない悪を消すことができるからである』

これを聞いてのち、阿闍世王、及びマガダ国の人々はみな立ち上がって、ブッダのまわりを三度回り、辞退し、宮殿に帰った。

# 第十八章〓ブッダは嬰児に似る

ブッダは言われた。

『善男善女、一体嬰児(えいじ)の振る舞いとはどんなものだろうか。それは立ち上がり、立ち止まり、行ったり来たり、話したりすることが十分にできないのが嬰児の振る舞いである。

じつ私もそれと似ている。立ち上がれないといえば、私は心にほしいものを想い起こさない。立ち止まらないといえば、私はすべてのものに執着しない。来ることができないといえば、私の行動にはまったく動揺がない。立ち去ることができないといえば、私はすでに妙寂に到達している。話すことができないといえば、私はすべての人々のためにあらゆることを演説しているが、じつはなにも説いていない。なぜなら、なにかを説いているならば、それは世間の在り方となるから。私は世間の在り方にしたがっていないのであるから、説くという行為はない。

また、言葉がないといえば、嬰児の話す言葉ははっきりせず、言葉を発しているようでもじつは言葉ではないように、私の言葉もはっきりしない。というのは秘密の言葉であるからだ。説いているけれども人々は理解できないので、私に言葉がないことになる。

また、嬰児は名称とその物とが一致せず、そして正しい言葉を知らない。名称とその物とが一致せず、そして正しい言葉を知らないけれども、だから物を判別できないことでもない。私もそれと同じである。生類の種は各々異なり、話す言葉も異なる。そこで私は接近して、それぞれの種の言葉を使って語り、すべての生類が理解できるようにする。

また、嬰児は粗い大きな文字を書くが、私も同じように粗い大きな文字を書く。いわゆるバ（婆）とヴァ（啝）である。ヴァとは生滅の有様をいい、バとは生滅のない有様をいう。これを称して嬰児という。
485c ヴァは無常をいい、バは不変をいう。私は不変なるものを説くと、人々がこれを聞いてものには不滅なものがあると信じ、したがって無常を否定してしまう。これを嬰児の生き方という。

また、嬰児は苦楽、昼夜、母父などについてよく知らない。これは私においても同じである。私は人々のためには苦楽を意識せず、昼夜の区別さえ持たない。それは人々に対して等しく慈しみの心があるからで、したがって母とか父とか、親しい人とか親しくない人とかの差別をしない。

また、嬰児は大きな事件や小さな事件を引き起こすことができない。これは私でも同じである。私は生死輪廻するような悪業を作らない。つまり悪業の不作である。大きな事件とは母や父を殺すなどの五つの重罪のことで、私はこれを作らない。小さな事件とは未熟な修行者などの生き方をならうことで、私は彼らのさとりを求める気持ちを捨てて、しかも彼らの教えを実践しようとはしない。

また、嬰児の行動とは、嬰児が泣いた時、母や父は黄色の柳の葉を持って「泣くでない、泣くでない。泣き止んだらこの黄金をあげよう」

と語りかけた時、その葉を見て、純金の黄金であると想って泣き止むようなことをいう。じつはこの柳の葉は黄金ではないのだ。木製の牛や馬や、木製の男女の人形などを見せられて、嬰児は本物の牛や馬や男女だと想って泣き止むが、じつはそれらは牛でも馬でも男女でもないのに、それを本物と想うのが嬰児である。

じつは私もそれと同じである。もし人々が種々の悪行をしようとしていたら、私は帝釈天の住む天上界の勝れた生活、そこに住む神々の端正な姿、宮殿における感覚的快楽、感覚するものはすべて楽しいことばかりであると説いて聞かせるだろう。人々はこのような安楽な生活が天上界にあることを聞いたら、その生活をしたいと思い、そこに生まれたいと考えて悪行をしなくなるのだ。じつは帝釈天が住む世界で善行を努めて行なっても、それでもここでは生まれ変わり死に変わりがあり、無常であり、安楽がなく、自分所有の物はなく、不浄なものばかりである。つまり私は人々の眼を覚まさせようと思って、方便でこのような安楽の世界があるかのように説いているにすぎない。

また、人々がこの世間から逃げ出したいと思っている時に、私は未熟な修行者たちの教えを説いて聞かせるだろう。しかしじつのところ彼らの教えなどあるわけはないのだが、彼らの教えをもってこの世間の過ちを知り、そして妙寂の安楽を見ることができる。この妙寂を見ることで、世間には断滅するものと断滅しないものとがあり、また真実と真実でないものがあり、修めるべきものと修めるべきでないものがあり、得ることができるものとできないものがあることを自分自身で知ることができる。

カッサパ菩薩、あの嬰児が黄金でないものを黄金だと思い込んだのと同じように、私もまた、不浄なものを清浄なものと説くことがある。そうではあるが、私はいつも究極の教えを説いているので、そこには偽りがない。

　あの嬰児が牛や馬でないものを牛や馬と思い込んだのと同じように、人々が道でないものを本物の道であるように思い込んでいたら、私は道でないものを道だと説くことがある。実際には道でないところに道があるわけはない。道を生み出すようなかすかな条件があれば、道でないものを説いてもそこから道を導き出すことができる。

486a　また、あの嬰児が木製の男女を本物の男女だと思い込んだことと同じである。私も同じである。人でないことを知っていて人だと説くことがある。実際には人という姿はない。もし私が人は存在しないと説いていたら、人々は間違った考えに固執することになる。だから私は人は存在すると説くのだ。人について人という想いを抱く者は人という想いを取り払うことはできない。もし人について人という想いを取り払うことができたら、その人は完全な解脱を得ることができよう。このような解脱を得たら、泣くのを止めるだろう。これが嬰児の行動である。

　カッサパ菩薩、これまで説いてきた高潔な行ない、禁欲の行ない、大いなる行ない、仮病の行ない、嬰児の行ないの五つを保ち、伝え、その教えを暗唱し、書き写し、人々に解説して行けば、かならずその人はこの五つの行ないを完成することであろう』

『世尊、ブッダの説かれた教えの意味を私が理解した場合でもかならずこの五つの行ないを達成することができるのでしょうか』

『カッサパ菩薩、一人君だけでなく、ここにいる九十三万人の人々もみな達成することができるだろう』

**田上　太秀**（たがみ・たいしゅう）

昭和10年（1935）生まれ。
最終学歴　東京大学大学院卒
職　　歴　駒澤大学教授、同副学長、駒澤大学禅研究所所長を歴任。
駒澤大学名誉教授・文学博士。

［主な著書］
『仏典のことば　さとりへの十二講』『ブッダのいいたかったこと』『道元の考えたこと』『ブッダ最後のことば』（以上、講談社学術文庫）、『ブッダの人生哲学』（講談社選書メチエ）、『仏教の真実』（講談社現代新書）、『ブッダが語る人間関係の智慧　六方礼経を読む』『仏教と女性』（以上、東京書籍）、『釈尊の譬喩と説話』『人間ブッダ』（以上、第三文明社レグルス文庫）、『迷いから悟りへの十二章』『ブッダの最期のことば　涅槃経を読む』（以上、ＮＨＫ出版）、『仏性とは何か』（大蔵出版）、『道元のこころ』（大法輪閣）ほか多数。

本書は、1996～97年に大蔵出版株式会社より刊行された
『ブッダ臨終の説法―完訳 大般涅槃経―』の新装版です。

**ブッダ臨終の説法 ②** ―完訳 **大般涅槃経**―

2022年7月25日　初版第1刷発行

著　　者　田　上　太　秀
発 行 人　石　原　俊　道
印　　刷　亜細亜印刷株式会社
製　　本　東京美術紙工協業組合
発 行 所　有限会社 大 法 輪 閣
〒150-0022 東京都渋谷区恵比寿南 2-16-6-202
TEL 03－5724－3375（代表）
振替 00160－9－487196番
http://www.daihorin-kaku.com

　ISBN978-4-8046-1438-0 C0015